10

Politik aktuell

Verfassung und politischer Prozess in Deutschland

Unterrichtswerk für das Gymnasium in Bayern

Bearbeitet von:
Jan Castner
Anita Hitzler
Thomas Volkert

unter Beratung von:
Christine Betz
Friedrich Wölfl

C.C.Buchner

Politik aktuell 10
Verfassung und politischer Prozess in Deutschland

Bearbeiter: Jan Castner
Anita Hitzler
Thomas Volkert

Berater: Christine Betz
Friedrich Wölfl

Redaktion: Markus Willers

Dieses Werk folgt der reformierten Rechtschreibung und Zeichensetzung.
1. Auflage ⁴ ³ ² 2016 2015 2014
Die letzte Zahl bedeutet das Jahr des Druckes.
Alle Drucke dieser Auflage sind, weil untereinander unverändert, nebeneinander benutzbar.

www.ccbuchner.de

Grafische Gestaltung und Herstellung: Wildner + Designer GmbH, Fürth · www.wildner-designer.de
Druck: creo Druck & Medienservice GmbH, Bamberg

ISBN 978-3-661-**71010**-5

Zur Arbeit mit dem Buch

Politik aktuell 10 ist ein vollständig neu erarbeitetes, lebens- und unterrichtsnahes Lern- und Arbeitsbuch. Es ist besonders für den einstündigen Sozialkundeunterricht der zehnten Jahrgangsstufe in Bayern geeignet und trägt verstärkt der sich durchsetzenden **Kompetenzorientierung** Rechnung. Ziel des Bandes ist es, den Schülerinnen und Schülern Anregungen zur selbstständigen Arbeit zu geben und den Unterrichtenden Hilfen für einen methoden- und handlungsorientierten Unterricht im G8 anzubieten.

Der Aufbau der Kapitel

Auftaktseite

Die Auftaktseiten bieten ansprechende einleitende Materialien und Aufgaben. Damit dienen sie der Lernstandserhebung und der Annäherung an das jeweilige Oberthema. Die zu erwerbenden Kompetenzen werden für jedes Kapitel ausformuliert und machen den Schülerinnen und Schülern transparent, was sie am Ende des Kapitels können sollten.

Materialien und Verfassertexte

In den jeweiligen Unterkapiteln werden die Lehrplaninhalte über sorgfältig ausgewählte, authentische Materialien (Zeitungsartikel, Bilder, Karikaturen, Grafiken, ...) mit **differenzierten und kompetenzorientierten Aufgabenstellungen** Schritt für Schritt erschlossen. Ein Unterkapitel entspricht in etwa zwei Unterrichtsstunden und umfasst in der Regel vier Seiten. Gleich danach schließt sich jeweils eine Doppelseite mit den Rubriken **Wissen kompakt** und **Wissen im Kontext** an. Diese Rubriken helfen den Schülerinnen und Schülern, sich die Lehrplaninhalte anhand verständlicher Verfassertexte effizient und nachhaltig anzueignen. So erklärt die linke „**Wissen kompakt**"-Seite glossarartig und mithilfe grafischer Elemente fachspezifische Begriffe und Definitionen. Auf der rechten „**Wissen im Kontext**"-Seite werden die zuvor erklärten Begriffe in den jeweiligen Kontext gestellt bzw. weitergehende, themenbezogene Fragen in verständlicher Sprache beantwortet.

Methoden

An geeigneten Inhalten werden **fachspezifische Methoden** und Arbeitsweisen exemplarisch dargestellt, sodass sie auch an anderer Stelle herangezogen werden können. Im Laufe der **Reihe Politik aktuell** werden sämtliche für das Abitur relevanten (Fach-)Methoden in schülergerechter Progression eingeführt. (→ S. 4-5)

Kompetenzen anwenden

Die Rubrik **Kompetenzen anwenden** beendet die Großkapitel, indem sie die Schülerinnen und Schüler motiviert, das Gelernte auf weiterführende Beispiele anzuwenden, und ermöglicht damit den berühmten „Blick über den Tellerrand."

Hinweise

- Das **Register** ist ein wichtiges Hilfsmittel für die Arbeit mit dem Buch. Es dient dem Auffinden zentraler **Begriffe** und ermöglicht **Querverbindungen** innerhalb der einzelnen Themengebiete.
- Aufgrund der besseren Lesbarkeit wird im Folgenden darauf verzichtet, immer beide Geschlechter anzusprechen („Bürgerinnen und Bürger" ...), auch wenn selbstverständlich beide gemeint sind.
- Materialien ohne Quellenangaben sind vom Bearbeiter verfasst.
- Sofern bei den Materialien aus dem Internet kein Verfasserdatum ermittelt werden konnte, wird das Abrufdatum genannt.

Zur Arbeit mit der Reihe **Politik aktuell** – Methodenprogression

Methodengruppe	Politik aktuell 10		Politik aktuell 11 + 12	
Erhebungsmethoden	**Umfrage** S. 44	**Erkundung** S. 134	**Experten-befragung**	**Qualitatives Interview**
				Ergebnisse strukturiert und nachvollziehbar analysieren
			sich auf einen Gesprächspartner einstellen	
	planen, durchführen und auswerten			
Auswertungsmethoden	**Sachtexte** S. 28		**Meinungs-beiträge**	**Politische Reden**
				ideologiekritisch hinterfragen
			strukturiert analysieren	
	bearbeiten und verstehen			
	Karikaturen S. 61		**Bilder**	**Filmbeiträge**
				Einsatz filmtechnischer Mittel kritisch beurteilen
			vergleichen und in größere Zusammenhänge einordnen	
	beschreiben, interpretieren und bewerten			
	Diagramme und Schaubilder S. 125		**Struktur-modelle**	**Infografiken**
				die Funktionalität diskutieren
			mit der Realität konfrontieren und den Aussagewert beurteilen	
	auswerten und interpretieren			

<table>
<tr><th>Methodengruppe</th><th colspan="2">Politik aktuell 10</th><th colspan="2">Politik aktuell 11 + 12</th></tr>
<tr><td rowspan="4">Präsentations-
methoden</td><td>Wochenbericht
S. 99</td><td>Präsentation
S. 135</td><td>Fachreferat</td><td>Politischer Essay</td></tr>
<tr><td colspan="2"></td><td></td><td>Fakten und subjektive Wertung in ein ausgewogenes Verhältnis bringen</td></tr>
<tr><td colspan="2"></td><td colspan="2">Material strukturieren und publikumsgerecht aufbereiten</td></tr>
<tr><td colspan="4">recherchieren; ein Thema vor anderen präsentieren und den eigenen Standpunkt äußern</td></tr>
<tr><td rowspan="4">Artikulations-
methoden</td><td colspan="2">Pro-Kontra-Diskussion
S. 76</td><td>Politische Debatte</td><td>Talkshow</td></tr>
<tr><td colspan="2"></td><td></td><td>eine Spielrolle übernehmen und situationsgerecht agieren</td></tr>
<tr><td colspan="2"></td><td colspan="2">formalisierte Gesprächsregeln einhalten</td></tr>
<tr><td colspan="4">die eigene Meinung vertreten und im Austausch mit anderen überprüfen</td></tr>
</table>

Inhaltsverzeichnis

Kapitel 3

Kapitel 4

Methoden

Thomas Hobbes
(1588-1679)

John Locke
(1632-1704)

Charles-Louis Baron de Montesquieu
(1689-1755)

- *Er hat die Auffassung vertreten, dass sich die staatlichen Gewalten gegenseitig kontrollieren müssen, um Willkür zu verhindern.*
- *Er hat mit der Ansicht aufgeräumt, dass politische Herrschaft gottgegeben sei und daher keiner weiteren Rechtfertigung bedürfe.*
- *Er hat dem Volk ein Widerstandsrecht gegen staatliche Willkür zuerkannt.*
- *Sie hat dafür gekämpft, dass die Rechte der Frau im Grundgesetz verankert wurden.*
- *Er hat die Idee der direkten Demokratie entwickelt, derzufolge die mündigen Bürger über Sachfragen selbst abstimmen sollen.*
- *Sie gilt als eine der wichtigsten Architekten der UN-Menschenrechtserklärung.*

Jean-Jacques Rousseau
(1712-1778)

Eleanor Roosevelt
(1884-1962)

Elisabeth Selbert
(1896-1986)

1

Grundlagen unserer Verfassungsordnung

Das Grundgesetz, die deutsche Verfassung, konnte im Jahre 2009 bereits sein 60-jähriges Bestehen feiern. Damit ist das Grundgesetz die erste moderne deutsche Verfassung, die dieses respektable Alter erreicht hat. Entstanden auf den Trümmern der nationalsozialistischen Diktatur, hätte wohl niemand damit gerechnet, dass das Grundgesetz den Weg für eine freiheitliche, offene und stabile Demokratie in der Bundesrepublik Deutschland bereiten würde.

Doch, wie ist dies gelungen? Auf welchen Voraussetzungen beruht dieser Erfolg? Was sind die Grundbausteine des deutschen politischen Systems und wie gelingt es unserer Demokratie heute, die Gefahren abzuwehren und sich den Herausforderungen zu stellen, damit wir auch noch morgen in einem freien Deutschland leben können?

Am Ende des Kapitels sollten Sie Folgendes können:

- die Wertordnung des Grundgesetzes und zentrale Merkmale von Demokratie, Rechtsstaat, Sozialstaat und Bundesstaat kennen
- an ausgewählten Beispielen das Spannungsverhältnis einzelner Grundrechte erfassen und zu abwägenden Fallentscheidungen gelangen
- sich mit den vielfältigen Gefährdungen der Demokratie auseinandersetzen und für den Schutz der demokratischen Grundwerte eintreten

Was Sie schon wissen ...

1. Aktivieren Sie Ihr Vorwissen: Was trugen die dargestellten Persönlichkeiten zur Entwicklung der Demokratie bei?
2. Entwerfen Sie eine „Zehn-Punkte-Verfassung" für Ihre Klasse oder Schule, die Ihren Vorstellungen von einem friedlichen und gerechten Zusammenleben entspricht.

1.1 Menschenwürde und Menschenrechte – alles andere als selbstverständlich

Art. 1 GG

(1) Die Würde des Menschen ist unantastbar. Sie zu achten und zu schützen ist Verpflichtung aller staatlichen Gewalt.

M1 Kinderarbeit – ein weltweites Problem

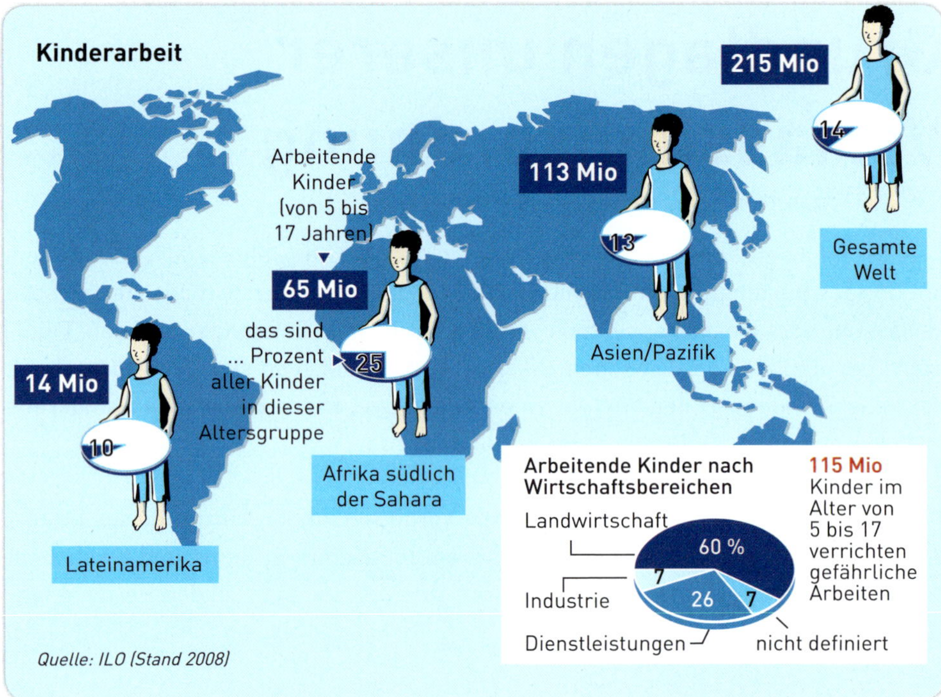

Bergmoser + Höller Verlag AG *631 580*

M2 Was Baumwolle wirklich kostet

In der Region Kurnool sind Kinder vor allem in der arbeitsintensiven Produktion von Baumwoll-Saatgut beschäftigt. Viele Familien hier sind Angehörige der niedrigsten indischen Kasten und völlig verarmt. Für die zahlreichen Kleinbauern sind Saatgut und Pestizide sehr teuer, bei Missernten haben sie oft keinerlei Reserven. Andere Familien besitzen überhaupt kein eigenes Land und schlagen sich als Tagelöhner durch. Ihre Kinder arbeiten oft schon als Sechsjährige auf den Baumwollfarmen – die meisten unter sklavenähnlichen Bedingungen, als so genannte Schuldknechte. Ihre Familien haben sich bei den Landbesitzern Geld leihen müssen und als Gegenleistung die Arbeitskraft ihrer Kinder zugesagt. [...] Fast alle Kinder, die in der Baumwollindustrie arbeiten, haben die Schule abgebrochen oder sind gar nicht erst eingeschult worden. [...] Viele leiden unter Kopfschmerzen, Schwindelgefühl, Hautausschlägen oder Atemnot. Doch die große Mehrheit der Kinder hat keinerlei Zugang zu medizinischer Behandlung. Die meisten würden es auch nicht wagen, sich krank zu melden. Denn wer nicht zur Arbeit kommen kann, erhält kein Geld mehr.

Deutsches Komitee für UNICEF e.V., Indien: Kinderarbeit in der Baumwollindustrie stoppen, in: http://www.unicef.de, Abruf am 10.1.2013

M3 Weshalb es Kinderarbeit gibt

Die Ursachen von Kinderarbeit liegen im wirtschaftlichen Ungleichgewicht dieser Welt und in einem Teufelskreis von mangelhaften Sozialsystemen, fehlender Bildung, Armut und Ausbeutung. Laut Statistiken der Vereinten Nationen hatte 2004 in den Entwicklungsländern gut jeder Fünfte weniger als einen US-Dollar pro Tag zur Verfügung. Das reicht nicht, um eine Familie zu ernähren. Die Eltern können sich einen Schulbesuch der Kinder nicht leisten oder sehen zum Teil auch gar keine Notwendigkeit dafür. In manchen Kulturen gilt es als selbstverständlich, dass Kinder als Zeichen ihrer Dankbarkeit mitarbeiten müssen, um die Familie zu ernähren. Diese Tradition kann allerdings von kleinen Jobs und etwas Mithilfe bis hin zu brutaler Ausbeutung reichen. Nicht selten bedeutet das: Die Kinder müssen Geld heimbringen, egal wie. Oft geht es dabei um das blanke Überleben. Statt zu lernen und eine richtige Ausbildung zu bekommen, müssen viele Kinder von klein auf arbeiten. Häufig geht es auch darum, die Schulden der Eltern abzuarbeiten. [...] Viele der Kinderarbeiter gehören Minderheiten oder anderen unterdrückten gesellschaftlichen Gruppen an. Besonders Mädchen, die in vielen Kulturen weniger gelten als Jungen, sind gefährdet. Statt zur Schule zu gehen, müssen sie arbeiten oder sich gar prostituieren. Besonders in Afrika führen Bürgerkriege und die Verbreitung von Aids dazu, dass viele Kinder zu Waisen werden und sich dann alleine durchschlagen müssen. Mangelnde Bildung ist eine Folge, aber auch eine der Ursachen von Kinderarbeit. Kinderarbeiter gehen meist gar nicht, manchmal nur für wenige Stunden zur Schule. [...] Es ist bewiesen, dass ehemalige Kinderarbeiter häufig ihre eigenen Kinder wieder zur Arbeit schicken.

Ulla Rehbein, Kinderarbeit, in: http://www.planet-wissen.de, 7.8.2012

Wann liegt Kinderarbeit vor?
Laut UNICEF kann Kinderarbeit als schädliche Ausbeutung betrachtet werden, wenn:
- die Kinder vollbeschäftigt werden,
- sie zu viel Verantwortung tragen, unter langen Arbeitszeiten und schlechter Bezahlung leiden,
- die Arbeit langweilig und monoton ist,
- das Arbeitsumfeld gefährlich ist, zum Beispiel unter Tage oder auf der Straße,
- die Arbeit sie körperlich oder seelisch zu stark belastet,
- keine Zeit und Kraft mehr für die Schule und zum Lernen bleiben.

Nach: Ulla Rehbein, Kinderarbeit, in: http://www.planet-wissen.de, 7.8.2012

M4 Was gegen Kinderarbeit getan wird

Aus der UNICEF-Konvention über die Rechte des Kindes:

Artikel 32: Schutz vor wirtschaftlicher Ausbeutung

(1) Die Vertragsstaaten erkennen das Recht des Kindes an, vor wirtschaftlicher Ausbeutung geschützt und nicht zu einer Arbeit herangezogen zu werden, die Gefahren mit sich bringen, die Erziehung des Kindes behindern oder die Gesundheit des Kindes oder seine körperliche, geistige, seelische, sittliche oder soziale Entwicklung schädigen könnte.

(2) Die Vertragsstaaten treffen Gesetzgebungs-, Verwaltungs-, Sozial- und Bildungsmaßnahmen, um die Durchführung dieses Artikels sicherzustellen. Zu diesem Zweck und unter Berücksichtigung der einschlägigen Bestimmungen anderer internationaler Übereinkünfte werden die Vertragsstaaten insbesondere a) ein oder mehrere Mindestalter für die Zulassung zur Arbeit festlegen; b) eine angemessene Regelung der Arbeitszeit und der Arbeitsbedingungen vorsehen; c) angemessene Strafen oder andere Sanktionen zur wirksamen Durchsetzung dieses Artikels vorsehen.

UN-Kinderrechtskonvention, in: http://www.unicef.de, 20.11.1989

UNICEF (ursprünglich: United Nations International Children's Emergency Fund, seit 1953 heißt es: United Nations Children's Fund)
UNICEF ist das Kinderhilfswerk der Vereinten Nationen. Deutschland hat die Kinderrechtskonvention im Jahr 1992 ratifiziert (= rechtskräftig bestätigt).

M5 Menschenwürde – Annäherungen an einen schwierigen Begriff

„Die Missachtung der Menschenwürde ist eine Kriegserklärung an alle Menschen."
(Gertrud Höhler)

„Die Pflicht gegen sich selbst besteht darin, dass der Mensch die Würde der Menschheit in seiner eigenen Person bewahre."
(Immanuel Kant)

„Für mich sind die Menschen in ihrer Würde gleich, aber nicht in ihren Lebenschancen. Da gibt es furchtbare Diskrepanzen. Die Politik ist dazu da, diese so weit es geht auszugleichen. Es geht um Chancengerechtigkeit."
(Gesine Schwan)

„Europa muss, seinem Erbe getreu, einen neuen Humanismus verkörpern, als Hort der Menschenwürde und der sozialen Gerechtigkeit."
(Richard von Weizsäcker)

„Auf seine Freiheit verzichten, heißt auf seine Menschenwürde, Menschenrechte, selbst auf seine Pflichten verzichten."
(Jean-Jacques Rousseau)

Zitate nach: VNR Verlag für die Deutsche Wirtschaft AG – Fachverlag für Kommunikation und Management, in: http://www.zitate.de, Abruf am 12.12.2012

M6 Was gehört zu einem menschenwürdigen Leben?

Der Leiter der Zentralen Aufnahmeeinrichtung für Asylbewerber (ZAE), Werner Staritz, organisiert die „Erstaufnahme-Einrichtung" für Asylbewerber in Bayern.

Art. 16a GG
(1) Politisch Verfolgte genießen Asylrecht.

Im Vorzimmer von Werner Staritz hängen zwei Schilder mit bayerischem Wappen. „Sammellager für Ausländer" steht auf dem ersten, auf dem anderen: „Zentrale Anlaufstelle für Asylbewerber". Beide Schilder sind Geschichte, die Einrichtung im fränkischen Städtchen Zirndorf wechselt öfters mal ihren Namen und inzwischen ist man bei „Zentrale Aufnahmeeinrichtung für Asylbewerber" angelangt, das klingt gut. Am Eingang der früheren Polizeikaserne – man steht vor einem blickdichten Schiebetor neben einem mannshohen Zaun – sieht die Einrichtung allerdings immer noch so aus als wäre sie ein Sammellager. Dabei ist es so, dass Werner Staritz – er leitet die Einrichtung – sich durchaus bemüht. [...] 500 Betten gibt es in der Einrichtung, derzeit schlafen dort 667 Menschen. Mit schlimmen Konsequenzen, sagt Erwin Bartsch [Religionspädagoge in Zirndorf, der einmal pro Tag die Asylbewerber besucht. Anm. d. R.]. [...] Familien werden auseinandergerissen, damit Betten nicht unbelegt bleiben. Zeitweise mussten sich zwei Kinder ein Bett teilen. Für 127 Männer gibt es einen Waschraum – um nicht anstehen zu müssen, behelfen sich viele am Spülbecken. Es fehle jegliche Privatsphäre, auch für traumatisierte Flüchtlinge, sagt Bartsch. Hauterkrankungen sind verbreitet, schlimmer noch ist der soziale Stress: Wo in einem Zimmer gebetet und geschlafen wird, da steigt das Konfliktpotenzial. Warum diese drangvolle Enge? Es gibt viele Gründe, sagt Staritz. Als die Zahl der Asylbewerber in den letzten Jahren abnahm, wurden viele Gemeinschaftsunterkünfte – auf die Asylbewerber nach den drei Monaten in Zirndorf verteilt werden – geschlossen. Im letzten Jahr stieg die Zahl der Bewerber dann stark an, für eine weitere Erstaufnahme-Einrichtung in Bayern aber fand die Staatsregierung keinen geeigneten Platz. „Die Kommunen sagen zwar, sie tun ihr Bestes, finden aber im Zweifelsfall für Asyl-Unterkünfte leider gerade keine geeignete Immobilie." Staritz lächelt sarkastisch. So entsteht der Stau in Zirndorf.

Katja Auer, Olaf Przybilla, 500 Betten für 667 Asylbewerber, Süddeutsche Zeitung, 2.12.2011, S. 34

M7 Warum das Grundgesetz die Menschenwürde garantiert

„Die Würde des Menschen ist unantastbar. Sie zu achten und zu schützen ist Verpflichtung aller staatlichen Gewalt." [...] Was bedeutet diese Garantie und warum ist sie ins Grundgesetz gekommen? Für den Parlamentarischen Rat war sie eine bewusste Antwort auf die systematische Menschenverachtung und tausendfache Verletzung der Menschenwürde durch das NS-Regime. Die Menschenwürde sollte künftig unantastbar, ihre Achtung und ihr Schutz das Fundament der neu zu errichtenden Ordnung sein. Und dies nicht nur als allgemeine Proklamation, sondern als verbindliche, normativ verpflichtende Grundentscheidung für alles staatliche Handeln und das Zusammenleben in der Gesellschaft. [...] Was ist der Inhalt dieser Menschenwürdegarantie? Über ihren Kerngehalt waren sich die Väter und Mütter des Grundgesetzes [...] einig; er ergab sich für sie einerseits aus christlicher Wurzel, dem Gedanken der Gottebenbildlichkeit des Menschen (Genesis 1,26), anderseits aus der Tradition des Humanismus und der Philosophie der Aufklärung, insbesondere Kants. Dieser Kerngehalt umfasst die Anerkennung und Achtung jedes Menschen als eigenständiges Subjekt, als Träger grundlegender Rechte und der Freiheit zur eigenen Entfaltung und verantwortlichem Handeln, den Ausschluss von Entwürdigung und Instrumentalisierung nach Art einer Sache, über die beliebig verfügt werden kann.

Die so verstandene Garantie ist ein zentraler Gründungsakt, auf dem unsere Verfassungsordnung ruht. Ihr verdanken wir die insgesamt menschenfreundliche Gestalt unserer Rechtsordnung. An ihr gilt es festzuhalten, sie darf nicht durch den Hinweis auf die Offenheit des Menschenwürdebegriffs in Frage gestellt oder relativiert werden. Dies wird [...] allgemein akzeptiert. Gleichwohl zeigen sich, wenn es um die konkrete Anwendung dieser Garantie auf neue Problemlagen [...] geht, Gefährdungen, denen entgegengetreten werden muss, soll die Garantie ihre Integrität behalten.

Ernst-Wolfgang Böckenförde, Die Garantie der Menschenwürde, in: http://www.bundestag.de, Abruf am 11.11.2007

Art. 79 GG
(3) Eine Änderung dieses Grundgesetzes, durch welche die Gliederung des Bundes in Länder, die grundsätzliche Mitwirkung der Länder bei der Gesetzgebung oder die in den Artikeln 1 und 20 niedergelegten Grundsätze berührt werden, ist unzulässig.

Proklamation
amtliche Verkündigung

Aufgaben

1. Erschließen Sie Ursachen und Folgen der in vielen Weltregionen alltäglichen Kinderarbeit und erarbeiten Sie in Gruppen politische und individuelle Maßnahmen gegen Kinderarbeit (M 1 – M 3).
2. Erörtern Sie kritisch, ob ein Verbot jeglicher Form von Kinderarbeit die Menschenrechtslage von Kindern wirklich verbessert (M 2 – M 4).
3. Entwickeln Sie eine Definition des Begriffs „Menschenwürde" (M 5 – M 7). Benennen Sie im Anschluss an M 7 aktuelle bzw. denkbare Problemlagen.
4. Diskutieren Sie mithilfe des Grundgesetzes mögliche Verstöße gegen die Menschenwürde aus Ihrem persönlichen Umfeld (M 5 –M 7).

Wissen kompakt

Verfassung

Die Verfassung (Konstitution) eines Staates vereint die grundlegenden Rechtsnormen des Zusammenlebens der Bürger im Staat. Sie regelt die Organisation und Funktionsweise der Staatsgewalt sowie die Rechtsstellung des Einzelnen im Verhältnis zur staatlichen Gemeinschaft. An die Einhaltung der Verfassungsnormen sind auch Gesetzgeber, Regierung und Justiz gebunden. Der Schutz der Verfassung ist Aufgabe des demokratischen Staates.

Grundgesetz

Das Grundgesetz (GG) ist die Verfassung der Bundesrepublik Deutschland. Es regelt die grundlegenden Werte, auf denen das Gemeinwesen insgesamt beruht:

- die Achtung der Menschenwürde und deren Konkretisierung in Menschen- und Bürgerrechten,
- die Strukturprinzipien unseres Staates,
- den Aufbau, die Aufgaben und das Zusammenwirken der staatlichen Organe.

Seine Bezeichnung drückt aus, dass das „Grundgesetz" ursprünglich als Provisorium gedacht war und nach der Vereinigung beider deutscher Staaten durch eine neue gesamtdeutsche Verfassung ersetzt werden sollte. Nach der Wiedervereinigung im Jahre 1990 war allerdings deren Ausarbeitung – auch wenn dies bis heute umstritten ist – rechtlich entbehrlich geworden; das Grundgesetz wurde zur Verfassung im vereinten Deutschland.

Unabänderlicher Verfassungskern

Die Menschenwürde (Art. 1 GG) wie auch die Verfassungsprinzipien des Art. 20 GG gelten als unabänderlicher Verfassungskern und dürfen nicht verändert werden. Niedergelegt ist dies in Art. 79 (3) GG, der so genannten „Ewigkeitsklausel". Durch diese Regelung sollte der Möglichkeit ein Riegel vorgeschoben werden, die Demokratie auf legalem Weg, also durch einen Mehrheitsentscheid des Parlaments, auszuhebeln.

Menschenwürde

Die Vorstellung einer unantastbaren Würde des Menschen geht geistesgeschichtlich zurück auf die christliche Lehre vom Menschen als Ebenbild Gottes sowie die „Naturrechtslehre" der Aufklärung. Ausnahmslos jeder Mensch hat demnach ein Recht auf Leben, körperliche Unversehrtheit und Gleichbehandlung vor dem Gesetz; als eigenverantwortliches Wesen soll er außerdem seine Persönlichkeit frei entfalten können, solange er nicht die Rechte anderer verletzt und nicht gegen die verfassungsmäßige Ordnung oder das Sittengesetz verstößt.

Im Unterschied zur Weimarer Reichsverfassung stellten die Väter und Mütter des Grundgesetzes den Schutz der Menschenwürde bewusst an den Anfang des Verfassungstextes (Art. 1 GG). Sie steht damit in der Wertordnung der Bundesrepublik Deutschland an oberster Stelle. Alle anderen Grundrechte leiten sich letztlich von dieser Fundamentalnorm ab.

Merkmale der Menschenwürde

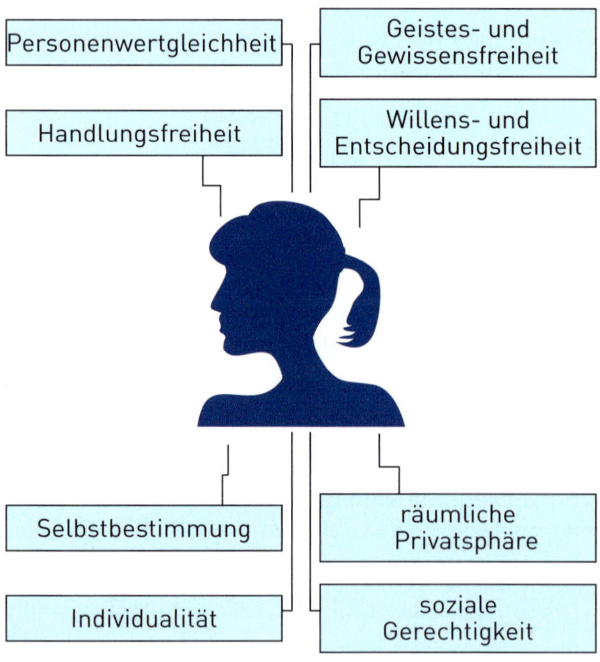

Wissen im Kontext

Der Kampf um die weltweite Durchsetzung der Menschenrechte steht und fällt mit dem Grundsatz ihrer universellen Geltung. Doch argumentieren z.B. die Machthaber undemokratischer Systeme, die Idee unverbrüchlicher Menschenrechte sei eine Erfindung des von Christentum und Aufklärung geprägten Abendlandes, die dem Denken und den Traditionen in anderen Weltteilen nicht oder nur ansatzweise entspreche. In erster Linie geht es ihnen aber nur darum, die eigene Macht zu stützen und begangene Menschenrechtsverletzungen ideologisch zu rechtfertigen. Denn warum sollte ein Menschenleben in China oder dem Iran weniger wert sein als in Europa oder Nordamerika?

Wieso müssen Menschenrechte universell gelten?
M 1 – M 4

Wer als „Mensch“ galt und wer nicht, beantwortete man in früheren Zeiten und in verschiedenen Kulturkreisen oft unterschiedlich. So wurden z.B. Sklaven, Menschen anderer ethnischer Herkunft, Frauen oder Mitglieder anderer Konfessionen häufig nicht als gleichberechtigte Mitglieder der Gesellschaft angesehen. Doch auch heute sind systematische Verstöße gegen die Menschenwürde an der Tagesordnung. Weder die von den meisten Staaten dieser Welt ratifizierte UN-Menschenrechtskonvention von 1948 noch andere völkerrechtlich verankerte Standards können bis heute verhindern, dass in etlichen Ländern noch immer Lohnarbeiter unter sklavenähnlichen Bedingungen leben und arbeiten müssen, dass es Frauen- und Kinderhandel gibt oder dass in vielen Gefängnissen dieser Welt systematisch gefoltert wird.

Weshalb ist die Würde des Menschen noch immer nicht selbstverständlich?

Die herausgehobene Bedeutung der Menschenwürde im Grundgesetz sowie die Auslegungspraxis des Bundesverfassungsgerichts dürfen nicht darüber hinwegtäuschen, dass es sich bei der „Menschenwürde“ um einen höchst schwierigen und letztlich nie abschließend definierbaren Begriff handelt. Wie weit die Menschenwürde reicht bzw. ab wann gegen sie verstoßen wird, ist in vielen Fällen eine Frage des Abwägens und somit Ausgangspunkt gesellschaftspolitischer Kontroversen:

- Wie weit darf der Staat Selbstbestimmung und räumliche Privatsphäre von Asylbewerbern einschränken?
- Verletzen die medizinischen Möglichkeiten der Pränataldiagnostik die Würde von Menschen mit Behinderung, weil sie – zumindest indirekt – deren Lebensrecht in Frage stellen?
- Ist die sog. „Sicherungsverwahrung“, also das zeitlich unbefristete Wegsperren gemeingefährlicher Straftäter über die Verbüßung der verhängten Haftstrafe hinaus, ein Verstoß gegen die Würde der Täter?

Es ist die Aufgabe der Gesellschaft, auf diese und weitere Fragen Antworten zu finden und Regelungen zu schaffen, die die Rechte aller Betroffenen angemessen berücksichtigen.

Warum ist „Menschenwürde“ ein schwieriger und auslegungsbedürftiger Begriff?
M 6, M 7

1.2 Grundrechte in der Diskussion

M1 Ein „Video" und seine Folgen

12.09.2012: Ein obskurer Amateurfilm hat die anti-amerikanischen Proteste in Ägypten und Libyen ausgelöst. Im Zentrum des Films: der Prophet Mohammed. Der Regisseur bezeichnet den Islam als „Krebs".

AFP, N24, Zwei Stunden Hass, in: http://www.n24.de, 12.9.2012

17.09.2012: Berlin (dpa) – Die rechtspopulistische Splitterpartei Pro Deutschland hat Teile des islamfeindlichen Schmähvideos auf ihrer Internetseite veröffentlicht. Der Film war vorübergehend in mehr als einer Stunde Länge zu sehen. Inzwischen wurde der Film von der Seite wieder entfernt. Unabhängig davon will Pro Deutschland das Video mit dem Titel „Die Unschuld der Muslime" auch in einem Kino in Berlin zeigen.

dpa, Pro Deutschland zeigte Schmähvideo auf Internetseite, in: http://www.pipeline.de, 17.9.2012

21.09.2012: Islamabad – Wieder Tote und Verletzte am Tag der Freitagsgebete: Ein Anti-Islam-Video aus den USA und bitterböse französische Mohammed-Karikaturen haben in der islamischen Welt erneut Massenproteste und blutige Unruhen provoziert. In Pakistan, [...] eskalierte die Gewalt trotz scharfer Sicherheitsvorkehrungen.

dpa-info.com, Weltweite Proteste gegen Schmähvideo – Tote in Pakistan, in: http://www.welt.de, 21.9.2012

14.09.2012: Außenminister Guido Westerwelle bestätigt die Angriffe auf die deutsche Botschaft in der sudanesischen Hauptstadt Khartum. „Die deutsche Botschaft in Khartum ist zurzeit Ziel von Attacken durch gewaltbereite Demonstranten", erklärt Westerwelle in Berlin.

Reuters, dpa, AFP, Protest in zahlreichen Ländern gegen Schmähvideo, in: http://www.focus.de, 14.9.2012

19.09.2012: Berlin (dpa) – Trotz weltweiter Massenproteste: Wegen des islamfeindlichen Videos soll es in Deutschland keine härteren Gesetze gegen Gotteslästerung geben. [...] Zugleich mahnte die Bundesregierung zu mehr Respekt im Umgang mit anderen Religionen.

dpa, Merkel gegen härteres Gesetz im Schmähvideo-Streit, in: http://nachrichten.t-online.de, 19.9.2012

GEBURT EINES GIGANTEN
Wie aus Glencore und Xstrata ein neuer Rohstoffkoloss entstehen soll AGENDA SEITE 23

FINANCIAL TIMES
DEUTSCHLAND

DONNERSTAG

Lufthansa lässt Berliner Airport fallen

Der Blasphemieminister warnt: Diese Zeitung enthält islamkritische Texte

Westen streitet über Meinungsfreiheit

Während neue Mohammed-Karikaturen Frankreich spalten, entdeckt Deutschland das Thema Blasphemie

Brüssel legt sich mit Versicherern an

LEITARTIKEL

Sinnvolle Provokation

22.09.2012: Berlin (dpa) – In Deutschland wollen heute wieder Muslime gegen das islamfeindliche Schmähvideo aus den USA auf die Straße gehen.

dpa, Weitere Demos gegen antiislamisches Schmähvideo in Deutschland, in: http://www.rga-online.de, 22.9.2012

M2 Das „Video" in der öffentlichen Diskussion

- Aiman Mazyek (Mitglied des Zentralrats der Muslime): „Ich denke, dass alle rechtlichen Mittel ausgeschöpft werden sollten, um ein Verbot der Vorführung zu erreichen. Es ist der Tatbestand der Volksverhetzung zu prüfen."
- Lamya Kaddor (Vorsitzende des Liberal-Islamischen Bundes): „Je mehr man über ein Verbot redet und die Tabuisierung solcher Inhalte vorantreibt, desto mehr Schaden richtet man an."
- Dieter Wiefelspütz (MdB, Innenexperte der SPD): „Eine bloße außenpolitische Rücksichtnahme reicht nicht aus, die Grundrechte zu beeinträchtigen."
- Hans-Peter Friedrich (CSU, Bundesinnenminister): „Organisationen [wie „Pro Deutschland"] wollen die Islamisten auch in Deutschland provozieren. Damit gießen sie grob fahrlässig Öl ins Feuer."
- Sabine Leutheusser-Schnarrenberger (FDP, Bundesjustizministerin): „Zu den Errungenschaften Deutschlands gehört nicht nur die Meinungsfreiheit, sondern auch ein behutsamer Umgang mit dieser Freiheit. [...] Ich rufe dazu auf, den Glauben anderer zu respektieren und religiöse Gefühle nicht zu verletzen."
- Youtube: „Meinungsfreiheit kann eine Herausforderung sein, denn was in einem Land in Ordnung ist, kann in einem anderen als verletzend wahrgenommen werden. Dieses Video [...] bewegt sich klar innerhalb unserer Regeln."

Aiman Mazyek, Lamya Kaddor, in: dn,dpa, Deutsche Muslim-Verbände uneins über Verbot, in: http://www.focus.de, 18.9.2012; Dieter Wiefelspütz, in: Konrad Litschko, Protest gegen Provokation, in: http://www.taz.de, 16.9.2012; Hans-Peter Friedrich, in: jjc, „Pro-Deutschland"-Chef will Mohammed-Film in Berlin zeigen, in: http://www.spiegel.de, 15.9.2012; Sabine Leutheusser-Schnarrenberger, Youtube, in: Peter Blechschmidt, Alexandra Borchardt, Der hohe Preis der Meinungsfreiheit, in: http://www.sueddeutsche.de, 17.9.2012

Volksverhetzung
Straftatbestand nach §130 (1) StGB; Störung des öffentlichen Friedens durch Aufstachelung zum Hass, zur Gewalt oder zu Willkürmaßnahmen gegen nationale, rassische, religiöse oder ethnische Gruppen oder den Angriff auf deren Menschenwürde durch Beschimpfung, Verleumdung oder Verächtlichmachung

M3 Der Streit um die „Mohammed-Karikatur" – karikiert

Tageszeitungen, u.a. aus Dänemark, veröffentlichten in den letzten Jahren sogenannte Mohammed-Karikaturen. Infolge dieser Karikaturen kam es vor allem in islamisch geprägten Staaten zu teils gewalttätigen Ausschreitungen. Nachfolgende Karikatur thematisiert diesen „Karikaturenstreit".

Karikatur: Jürgen Tomicek

Der schwedische Bildhauer Carl Fredrik Reuterswärd schuf diese „Non-Violence"-Skulptur nach dem Mord an John Lennon (britischer Musiker, The Beatles). Derzeit steht die Skulptur – auch „knotted gun" genannt – an weltweit über 16 Orten, u.a. in New York vor dem UN-Hauptgebäude.

M4 Was will eine Karikatur?

Jupp Wolter (1917-1993), bedeutender dt. Karikaturist

„Wir Karikaturisten leben von dem Mist, den andere produzieren. Wir formen ihn in handliche Pillen, die gar nicht wohlschmeckend sein sollen. Pillen sind meist bitter. Aber sie sollen heilen. […] Wenn von einer Karikatur nicht irgendjemand sich angegriffen, vielleicht sogar verletzt fühlt, dann war sie nicht gut, dann ging sie daneben. Mir liegt nichts daran, dass der Betroffene herzlich lacht. Wenn er weinen würde, wäre es mir lieber."

Jupp Wolter, zit. n. Hansjörg Tinti, in: Die Rheinpfalz 1989

M5 Was darf Satire?

Kurt Tucholsky (1890-1935), dt. Schriftsteller und Journalist

Wenn einer bei uns einen guten politischen Witz macht, dann sitzt halb Deutschland auf dem Sofa und nimmt übel.

Satire scheint eine durchaus negative Sache. Sie sagt: „Nein!" Eine Satire, die zur Zeichnung einer Kriegsanleihe auffordert, ist keine. Die Satire beißt, lacht, pfeift und trommelt die große, bunte Landsknechtstrommel gegen alles, was stockt und träge ist.

Satire ist eine durchaus positive Sache. Nirgends verrät sich der Charakterlose schneller als hier, nirgends zeigt sich fixer, was ein gewissenloser Hanswurst ist, einer, der heute den angreift und morgen den.

Der Satiriker ist ein gekränkter Idealist: er will die Welt gut haben, sie ist schlecht, und nun rennt er gegen das Schlechte an.

Die Satire eines charaktervollen Künstlers, der um des Guten willen kämpft, verdient also nicht diese bürgerliche Nichtachtung und das empörte Fauchen, mit dem hierzulande diese Kunst abgetan wird. […]

Übertreibt die Satire? Die Satire muss übertreiben und ist ihrem tiefsten Wesen nach ungerecht. Sie bläst die Wahrheit auf, damit sie deutlicher wird, und sie kann gar nicht anders arbeiten als nach dem Bibelwort: Es leiden die Gerechten mit den Ungerechten. […] Die echte Satire ist blutreinigend: und wer gesundes Blut hat, der hat auch einen reinen Teint.

Was darf die Satire?

Alles.

Kurt Tucholsky, Was darf Satire?; in: ders.: Gesammelte Werke, Bd. 2, 1919-1920, Reinbek b. H. 1993, S. 42ff.

Satire
Kunstform, die durch Übertreibung, Ironie und Spott Personen und Zustände anprangert, der Lächerlichkeit preisgibt und mit scharfem Witz geißelt.

M6 Das sagt die Rechtsprechung

Steht Satire vor Gericht, kann sie unter zwei mögliche Schutzbereiche fallen. Erstens unter die Freiheit der Kunst. Für diese Freiheit gibt es rechtlich kaum Einschränkungen. In einigen Paragrafen des Strafgesetzbuches (u.a. § 130 Volksverhetzung) sowie im Gesetz über die Verbreitung jugendgefährdender Schriften ist die Kunst von der Strafbarkeit sogar ausdrücklich ausgenommen. Natürlich greift diese Freiheit nur, wenn das betreffende Gericht die Satire auch als Kunst anerkennt. [...]

Wird Satire nicht als Kunst erachtet, fällt sie unter die Freiheit der Meinungsäußerung. Diese ist allerdings von vielen Seiten gesetzlich beschränkt. [...] Da Satiriker ihre eigentliche Botschaft immer zwischen den Zeilen vermitteln, dürften satirische Beiträge nicht aufgrund ihrer vordergründigen, plakativen Aussage beurteilt werden. Anstatt das unmittelbar Erklärte für bare Münze zu nehmen, müsse ihre wahre Mitteilung freigelegt werden. Nur so könne festgestellt werden, ob die angeklagten Beiträge überhaupt die Rechte Dritter verletzen. Daraus folgt, dass die Gerichte eine Trennung von satirischem ‚Gewand' und tatsächlich gemeintem ‚Gehalt' vornehmen müssen. Die satirische Einkleidung und der ermittelte Aussagekern werden dann unterschiedlich beurteilt.

Für die Bewertung der Einkleidung sind die Maßstäbe weniger streng. Da für die Satire laut Definition Übertreibung und Verfremdung charakteristisch sind, kann der Verfasser für sie künstlerische Freiheit beanspruchen. So gilt für persönliche Angriffe, dass eine Äußerung nur dann beleidigend ist, wenn die Einkleidung des Sinns ohne sachlichen Grund so übersteigert ist, dass die beleidigende Bedeutung der Darstellungsweise deutlich hervortritt. [...] Engeren Beschränkungen unterliegt der Aussagekern. Mit ihm kann man sich wie mit jeder normalen Meinungsäußerung strafbar machen. [...] Entscheidend ist auch das Medium, in dem Satire auftaucht. [...] „Ein und derselbe Artikel kann in einer Schülerzeitung eine ganz andere Bedeutung und Auswirkungen haben, als in einem satirischen Magazin, das sich an [...] Erwachsene wendet und das zudem nur käuflich zu erwerben ist."

Bundeszentrale für politische Bildung (Hg.), Methodentrainer für den Politikunterricht I, Bonn 2006, S. 26

Art. 5 GG

(1) Jeder hat das Recht, seine Meinung in Wort, Schrift und Bild frei zu äußern und zu verbreiten und sich aus allgemein zugänglichen Quellen ungehindert zu unterrichten. Die Pressefreiheit und die Freiheit der Berichterstattung durch Rundfunk und Film werden gewährleistet. Eine Zensur findet nicht statt.

(2) Diese Rechte finden ihre Schranken in den Vorschriften der allgemeinen Gesetze, den gesetzlichen Bestimmungen zum Schutze der Jugend und in dem Recht der persönlichen Ehre.

(3) Kunst und Wissenschaft, Forschung und Lehre sind frei. Die Freiheit der Lehre entbindet nicht von der Treue zur Verfassung.

Aufgaben

1. Erschließen Sie aus M 1 den Ablauf und Hintergrund des Ereignisses.
2. Erarbeiten Sie mithilfe des Grundgesetzes, welche Grundrechte in M 1 berührt werden. Diskutieren Sie im Anschluss die verschiedenen Standpunkte in M 2 sowie M 3 und entscheiden Sie für sich, welche Grundrechte Sie höher einstufen.
3. Erörtern Sie am Beispiel von Karikaturen die Möglichkeiten und Grenzen einer satirischen Darstellungsweise (M 2, M 4 – M 6, → S. 61).
4. Muslimischen Lehrerinnen ist es in Bayern nicht erlaubt, im Unterricht ein Kopftuch zu tragen. Nehmen Sie Stellung dazu und zeigen Sie mithilfe des Grundgesetzes, welche Grundrechte hier in Widerstreit geraten.

Wissen kompakt

Grundrechte im Grundgesetz

Artikel 1 – 19 GG

Schutz der	1		Menschenwürde
Freiheit der Person	2	3	Gleichheit vor dem Gesetz
Glaubens- und Gewissensfreiheit	4	5	Freie Meinungsäußerung
Schutz der Ehe und Familie	6	7	Elternrechte, staatliche Schulaufsicht
Versammlungsfreiheit	8	9	Vereinigungsfreiheit
Brief- und Telefongeheimnis	10	11	Recht der Freizügigkeit
Freie Berufswahl	12	12a	Wehrdienst / Zivildienst
Unverletzlichkeit der Wohnung	13	14	Eigentumsgarantie
Überführung in Gemeineigentum	15	16	Staatsangehörigkeit, Auslieferung
Asylrecht	16a	17	Petitionsrecht
Aberkennung von Grundrechten	18	19	Rechtsweggarantie
Volkssouveränität, Widerstandsrecht	20	101	Anspruch auf den gesetzlichen Richter
Gleicher Zugang zu öffentlichen Ämtern	33	103	Anspruch auf rechtliches Gehör vor Gericht
Wahlrecht	38	104	Schutz vor willkürlicher Verhaftung

Grundrechte – Menschenrechte – Bürgerrechte

Der Grundrechtskatalog unserer Verfassung kennt Grundrechte mit unterschiedlicher Geltungsweite. Als Menschenrechte werden diejenigen Grundrechte bezeichnet, die ausnahmslos für alle Menschen gelten („Jeder hat das Recht ..."). In den Genuss von Bürgerrechten kommen hingegen nur die Bürger mit deutscher Staatsangehörigkeit („Alle Deutschen ...").

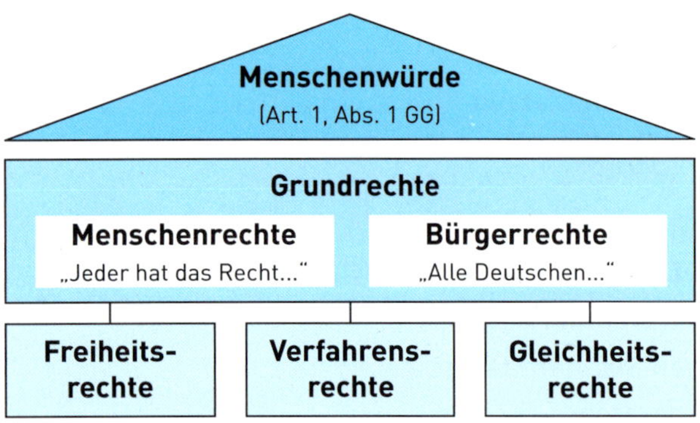

Freiheitsrechte

Freiheitsrechte schützen den Einzelnen gegenüber unzulässigen staatlichen Eingriffen. Sie sind daher vorrangig Abwehrrechte gegen den Staat. Neben der allgemeinen Handlungsfreiheit, dem Recht auf Leben, persönliche Freiheit und körperliche Unversehrtheit (Art. 2 GG) zählen hierzu u.a. die Gewissens- und Religionsfreiheit (Art. 4 GG), die Meinungsfreiheit (Art. 5 GG), die Versammlungsfreiheit (Art. 8 GG) und die Vereinigungsfreiheit (Art. 9 GG). Die Garantie der Freiheitsrechte verpflichtet den Staat darüber hinaus, gegen Verstöße im gesellschaftlichen Bereich vorzugehen, beispielsweise, wenn Arbeitgeber Stellensuchende aufgrund ihres Geschlechts benachteiligen.

Gleichheitsrechte

Gleichheitsrechte verpflichten die öffentliche Gewalt, alle Bürger nach den gleichen Maßstäben zu behandeln. Sie finden ihren Ausdruck im allgemeinen Gleichheitssatz des Art. 3 GG, kommen aber – hiervon abgeleitet – auch in anderen Artikeln unserer Verfassung zum Tragen. So beinhaltet z.B. Art. 6 GG das Recht nicht ehelicher Kinder, mit ehelichen gleichgestellt zu werden. Und Art. 33 GG sieht für alle Deutschen den gleichen Zugang zu jedem öffentlichen Amt vor, wenn Eignung, Befähigung und fachliche Leistung den Anforderungen entsprechen.

Verfahrensrechte

Verfahrensrechte konkretisieren die Grundprinzipien der Verfassung durch anwendbare Verfahrensregeln. Bedeutsam sind vor allem die Regelungen zum Verlauf von Gerichtsverfahren. Dazu zählt der Anspruch auf rechtliches Gehör (Art. 103 [1] GG), der Schutz vor willkürlicher Verhaftung (Art. 104 GG), aber auch die sog. Rechtsweggarantie (Art. 19 [4] GG), um sich als Bürger gegen ungerechtfertigte Verwaltungsakte wehren zu können.

Wissen im Kontext

Warum ist das Grundgesetz wertgebunden und gleichzeitig offen?

Das Grundgesetz ist Ausdruck einer wertgebundenen Ordnung, was z.B. im absoluten Schutz der Menschenwürde oder in den Elementen einer streitbaren Demokratie [→ Kap. 1.6] zum Ausdruck kommt. Seit seiner Verabschiedung im Jahr 1949 haben sich die gesellschaftlichen, wirtschaftlichen und politischen Verhältnisse in Deutschland aber dramatisch gewandelt, weshalb auch im Bereich der Grundrechte zahlreiche Anpassungen notwendig geworden sind.
So wurde unsere Verfassung 1993 um den Art. 16a GG ergänzt, der die Möglichkeiten politisch Verfolgter, in Deutschland Asyl zu erhalten, deutlich einschränkt. Seit 1994 hat mit Art. 20a GG der Schutz der natürlichen Lebensgrundlagen Verfassungsrang erhalten. Und angesichts der vielen, von der Öffentlichkeit mit Empörung aufgenommenen Fälle von Kindesmissbrauch, -vernachlässigung und -tötung wird seit Jahren darüber diskutiert, ob die Rechte von Kindern ausdrücklich im Grundgesetz verankert werden sollten.

Können Grundrechte zueinander in Konkurrenz treten?
M 1 – M 6

Wie alle demokratischen Verfassungen hat auch das Grundgesetz vorrangig die Aufgabe, die fundamentalen Rechte (und Pflichten) der Bürger zu definieren. Die eindeutige und unbedingte Formulierung seiner einzelnen Artikel täuscht aber darüber hinweg, dass in der Verfassungswirklichkeit zwei oder mehrere Grundrechte zueinander in Konkurrenz treten können.
Die oftmals schwierige Entscheidung, welches Grundrecht im Zweifelsfall höherrangig ist, kann aus dem Verfassungstext nicht direkt erschlossen werden. Sie ist Auslegungssache, erfordert also eine sorgfältige „Güterabwägung", für die in letzter Instanz das Bundesverfassungsgericht als „Hüter der Verfassung" zuständig ist.

Nach welchen Maßstäben entscheidet das Bundesverfassungsgericht?

Das Bundesverfassungsgericht hat die Aufgabe, die Verfassung vor Missbrauch zu schützen. Seine Glaubwürdigkeit hängt aber auch maßgeblich davon ab, dass es seine Entscheidungen nicht losgelöst von der sozialen Wirklichkeit trifft. Die Richter müssen berücksichtigen, dass sich die Werthaltungen der Bürger und deren Einstellungen zu gesellschaftspolitischen Fragen verändern können. Nur so ist sicher gestellt, dass das Grundgesetz auch künftig von einer Mehrheit der Bürger akzeptiert wird. [→ Kap. 3.5]

Warum verzichtet das Grundgesetz auf soziale Grundrechte?

Das Grundgesetz enthält – auch wenn dies aus den Reihen der Politik gelegentlich gefordert wird – keine sozialen Grundrechte, also Rechtsnormen, aus denen sich individuelle und einklagbare Rechtsansprüche auf staatliche Leistungen ableiten lassen.
So ist beispielsweise Vollbeschäftigung ein durchaus erstrebenswertes Staatsziel. Im Grundgesetz ein „Recht auf Arbeit" zu verankern, wäre aber problematisch, da der Staat die daraus erwachsenden Ansprüche arbeitsloser Bürger gar nicht einlösen könnte. Der Staat kann in die soziale Marktwirtschaft zwar regulierend eingreifen (Arbeitsmarktpolitik), aber gewiss keinen Arbeitsplatz für jeden Erwerbslosen garantieren. Ein entsprechender Artikel würde die Glaubwürdigkeit des Grundgesetzes auf Dauer untergraben.

1.3 Staatsprinzipien I – Demokratie und Rechtsstaat

M1 Nordkorea – ein Staat im Familienbesitz

*Seit dem 29.12.2011 ist **Kim Jong-un** „Oberster Führer" Nordkoreas.*

Sind Sie unser Typ?

Wir sind ein kleiner, familiär betriebener Staat im Norden der koreanischen Halbinsel mit einer langen Familientradition seit 1953.

Für unsere demokratische und volksnahe Regierung in Pjöngjang suchen wir ab dem 29.12.2011 eine/n motivierte/n

DIKTATOR/IN

Sie haben langjährige Erfahrung in Unterdrückung der Pressefreiheit, Verletzung der Menschenrechte, Folter, Mord und Verfolgung politisch Andersdenkender oder religiöser Minderheiten? Dann sind Sie unser/e Mann/Frau!

Möchten Sie mehr über uns oder unser herzliches Arbeitsumfeld erfahren, dann informieren wir Sie gerne unter:

www. igfm[1].de

Wir freuen uns auf Sie!

[1] igfm = Internationale Gesellschaft für Menschenrechte
Am 17.12.2011 verstarb der nordkoreanische Führer Kim Jong-il, weshalb Nordkorea ein neues Staatsoberhaupt suchte. Am 20.12.2011 schaltete die „ifgm" eine Stellenanzeige für diese „frei gewordene Stelle", um auf die Menschenrechtsverletzungen in Nordkorea aufmerksam zu machen. Schließlich trat Kim Jong-un, der Sohn des verstorbenen Führers, am 29.12.2011 die Nachfolge an.

Nach: Internationale Gesellschaft für Menschenrechte, Stellenanzeige: Diktator für Nordkorea gesucht, in: http://www.igfm.de, Abruf am 13.12.2012

M2 Russland – Putins ungeteilte Macht

„Ich will die gelenkte Demokratie" (Wladimir Putin)

Die russischen Versuche, [einen freiheitlichen Rechtsstaat] zu schaffen, sind [...] ein monströser Schwindel. Das System ist zwar nicht erklärtermaßen diktatorisch. Oppositionsparteien dürfen existieren, jedoch nur an den Rändern des politischen Geschehens. Sie können nicht frei demonstrieren. Sie haben keinen Zugang zu den wichtigen Medien. In einem freien Rechtsstaat wird die Exekutivgewalt von allen Seiten kontrolliert und ausgeglichen: durch gewählte Volksvertreter, durch die Medien, öffentliche Organisationen und die Judikative. All das – fast alles, was die Macht des Kreml beschränken könnte – ist zerbrochen oder kooptiert. Dasselbe gilt für die fundamentalsten politischen Rechte: Redefreiheit und Versammlungsfreiheit. Von der russischen Verfassung werden sie garantiert, und während der neunziger Jahre hatten sie ihre Blütezeit. Aber unter Putin sind sie verkümmert. Die schockierendste Form der Repression ist die Zwangseinweisung von Kritikern in psychiatrische Anstalten. [...] Zunehmend betrachten die Behörden Widerspruch als Zeichen einer gestörten geistigen Gesundheit. Wenn die meisten Leute mit ihrem Leben zufrieden sind und eine überwältigende Mehrheit in Präsident Putin einen fast gottgleichen Führer sieht, kann sich doch gewiss nur ein Verrückter gegen ihn stellen – oder gegen das von ihm regierte System.

Edward Lucas, Der Kalte Krieg des Kreml. Wie das Putin-System Russland und die Welt bedroht, München 2008, S. 100ff.

kooptieren
hier: personelle Besetzung von Entscheidungsgremien durch nachträgliches Hinzuwählen von Vertrauten, also ohne demokratische Legitimation

M3 Warum es zur Demokratie keine Alternative gibt

Nach wie vor gilt […] „die zweitbeste Demokratie ist immer noch besser als die beste Nicht-Demokratie". Die Demokratie mag nur als das kleinere Übel angesehen werden, vereint aber andererseits so viele Vorteile auf sich, dass sie als die beste bekannte Herrschaftsform bezeichnet werden kann. Einer dieser Vorteile ist ihre Lernfähigkeit, die sie in die Lage versetzt, auch große Herausforderungen zu bestehen […].

Die moderne Demokratie ist gemäßigt, basiert auf Gewaltentrennung, repräsentativer Willens- und Entscheidungsbildung und, ganz entscheidend, auf Recht und Verfassung. Mit der Achtung von Recht und Gesetz, mit unabhängigen Gerichten und einer Verfassungsgerichtsbarkeit kann auch der von Alexis de Tocqueville und John Stuart Mill in der Mitte des 19. Jahrhunderts beschworenen Gefahr einer Tyrannei der Mehrheit begegnet werden. Individuen und Minderheiten müssen sich nicht bedingungslos einer Mehrheit beugen, die sich ja auch irren kann. Leben, Freiheit und Eigentum genießen den Schutz des Rechtes. Individuelle Freiheit und demokratische Selbstregierung lassen sich in der modernen Demokratie miteinander vereinbaren. […]

Demokratien haben auch gelernt, mit grundlegenden gesellschaftlichen Problemen umzugehen. Sie können besser als nicht-demokratische Systeme zwischen Staat und Gesellschaft vermitteln. Durch Repräsentativität und Responsivität ihrer Institutionen greifen sie Problemlagen aus der Gesellschaft auf und entschärfen sie, indem sie sie zu allgemein verbindlichen Entscheidungen verarbeiten. So hat sich durch die Entwicklung wohlfahrtsstaatlicher Maßnahmen in Reaktion auf die „soziale Frage" beispielsweise die soziale Demokratie herausgebildet.

Gleichwohl vermag die Demokratie keineswegs alle Probleme zu lösen. Immer wieder wird ihr vorgehalten, dass sie nur die gut organisierten und machtvoll artikulierten Interessen berücksichtige und dabei nur die kurzfristigen Ziele, nicht aber das nachhaltige Gemeinwohl, auch nicht die Belange nachfolgender Generationen im Auge habe. Das mag in der Tat eine Achillesferse der Demokratie sein, aber ein prinzipieller Einwand gegen diese Herrschaftsform ist es nicht. Die Demokratie ist die einzige Herrschaftsform, die es den Bürgern erlaubt, Regierende zu sanktionieren, ohne das politische System selbst beseitigen zu müssen. Politische Führung kann ausgewechselt werden, weil es in der Demokratie nur Herrschaft auf Zeit gibt. […]

Und vor allem: Nur der Wille der Bürgerinnen und Bürger, artikuliert in Wahlen und Abstimmungen, begründet und legitimiert die Herstellung kollektiv verbindlicher Entscheidungen. Nur die Demokratie bietet den Menschen die Chance, sich umfassend an Willensbildung und Entscheidungsfindung zu beteiligen, ihre Angelegenheiten selbst in die Hand zu nehmen.

Hans Vorländer, Demokratie – die beste Herrschaftsform, Informationen zur politischen Bildung Nr. 284/2004, S. 56ff.

Art. 20 GG – Deutschlands Staatsprinzipien

Art. 20 GG postuliert die fünf (1 - 5) Prinzipien der staatlichen Organisation Deutschlands:

*(1) Die Bundes**republik**[1] Deutschland ist ein **demokratischer**[2] und **sozialer**[3] **Bundesstaat**[4]. (2) Alle Staatsgewalt geht vom Volke aus. […] (3) Die Gesetzgebung ist an die verfassungsmäßige Ordnung, die vollziehende Gewalt und die Rechtsprechung sind an **Gesetz und Recht gebunden**[5].*

***Republik**[1]*

Staatsformen werden heute v.a. durch das Kriterium „Staatsoberhaupt" unterschieden. Entsprechend gibt es weltweit zwei Typen von Staatsformen: Monarchie und Republik. Alle Staaten ohne Kaiser, König oder Fürsten sind Republiken. Der Staatsname Bundesrepublik weist also schon darauf hin, dass Deutschland über kein gekröntes Staatsoberhaupt verfügt.

***Demokratie**[2]*

Die bekanntesten Herrschaftsformen sind Demokratie und Diktatur. Während in der Demokratie das Volk die Herrschaft ausübt, verfügen in Diktaturen Einzelpersonen bzw. Gruppen/Parteien (meist) uneingeschränkt über die Staatsgewalt.

***Sozialstaat**[3]**, Rechtsstaat**[5] **und Bundesstaat**[4]*

→ Seiten 24f., 30 – 34

Responsivität

Bereitschaft der gewählten Repräsentanten, die Belange der Bürger bei der Gesetzgebung zu berücksichtigen

M4 Rechtsstaatsprinzip – verletzt durch Folter, früher wie heute

Vorbereitung der Folter, Holzschnitt aus der Bambergensis, Ausgabe von 1580.

Folter soll die Guantanamo-Häftlinge zum Reden bringen.

M5 Was ist einem Rechtsstaat erlaubt? – der Fall Gäfgen

Art. 2 GG

(2) Jeder hat das Recht auf Leben und körperliche Unversehrtheit. Die Freiheit der Person ist unverletzlich. In dieses Recht darf nur auf Grund eines Gesetzes eingegriffen werden.

Art. 104 GG

(1) Die Freiheit der Person kann nur auf Grund eines förmlichen Gesetzes und nur unter Beachtung der darin vorgeschriebenen Formen beschränkt werden. Festgehaltene Personen dürfen weder körperlich noch seelisch misshandelt werden.

Sieben Stunden lang hatten Fahnder den Verdächtigen Magnus Gäfgen während der Nacht bereits vernommen. Der Student log sie immer wieder an. Bestritt, der Entführer des Bankierssohns Jakob von Metzler zu sein. [...]

Frankfurts Vize-Polizeipräsident Wolfgang Daschner kannte jedes Wort der ergebnislosen Vernehmung. Der heute 60-jährige Chef-Fahnder wusste, dass Gäfgen der Täter sein musste. Immer wieder hatte er sich mit seinen Beamten beraten, war selbst in die Befragung eingestiegen und bestellte selbst die Mutter des Verdächtigen ins Präsidium. Nichts half. Deshalb traf Daschner nach wenigen Stunden Schlaf die wohl verhängnisvollste Entscheidung seiner Karriere. Im Führungsstab des Präsidiums diktierte er seinen Beamten, sie sollten Gäfgen bei der nächsten Vernehmung „Schmerzen" androhen. Daschners Untergebene gehorchten. Zurück im Vernehmungszimmer rückte einer der Beamten ganz nah vor den Verdächtigen, packte seine Schultern und sprach mit leiser Stimme. Das ganze hier sei „kein Spiel". Gäfgen müsse mit Schmerzen rechnen, die er noch nie in seinem Leben gekannt habe, wenn er nicht endlich auspacke. [...] Die Drohung allein wirkte. Innerhalb der nächsten 25 Minuten legte Gäfgen ein umfassendes Geständnis ab. [...] Nur eine Hoffnung der Fahnder erfüllte sich nicht. Statt den Ermittlern zu verraten, wo er Jakob versteckt hielt, konnte Gäfgen nur noch sagen, wo sie die Leiche des Entführten finden würden.

Matthias Gebauer, Anklage macht der Folter den Prozess, in: http://www.spiegel.de, 20.2.2004

M6 Warum der Zweck nicht alle Mittel heiligt

Der ehemalige Frankfurter Vize-Polizeipräsident Wolfgang Daschner ist wegen der von ihm angeordneten Folterdrohung im Entführungsfall Metzler zu einer Geldstrafe auf Bewährung verurteilt worden. [...] Das Frankfurter Landgericht sah es in seinem heutigen Urteil als erwiesen an, dass Daschner einen untergebenen Beamten zur schweren Nötigung verleitet hat. Die 27. Strafkammer unter dem Vorsitz der Richterin Bärbel Stock verurteilte Daschner zu 90 Tagessätzen je 120 Euro, also 10.800 Euro insgesamt. Der mitangeklagte Vernehmungsbeamte erhielt eine Geldstrafe von 60 Sätzen zu je 60 Euro. Die deutlich unter dem Regelstrafrahmen von einem halben bis fünf Jahren liegende Strafe wurde auf Bewährung ausgesetzt. Beide Angeklagten und die Staatsanwaltschaft nahmen das Urteil an. Die Verurteilten sind damit nicht vorbestraft.

Richterin Stock machte in ihrer Urteilsbegründung deutlich, dass die Gewaltdrohung gegen Gäfgen einen Verstoß gegen die im Grundgesetz verankerte Menschenwürde dargestellt habe. Als strafmildernd wertete die Kammer die ehrenwerten Motive der beiden Angeklagten. Beiden sei es vorrangig darum gegangen, das Leben des entführten Kindes zu retten. Zugutehielt das Gericht Daschner [...] außerdem, dass beide zum Zeitpunkt ihrer Entscheidung unter hohem Druck gestanden hätten und dass der Täter Gäfgen die Ermittler mit immer neuen Lügen in die Irre geführt habe.

SPIEGEL ONLINE, Ehrenwerte Motive, mildes Urteil, in: http://www.spiegel.de, 20.12.2004

Auch ein Mörder ist ein Mensch

Das Land Hessen muss dem Kindsmörder Magnus Gäfgen wegen der Folterdrohung im Polizeiverhör endgültig eine Entschädigung von 3.000 Euro zahlen. Das hat das Oberlandesgericht (OLG) Frankfurt am Mittwoch [...] in zweiter Instanz entschieden. [...] Die Androhung von Schmerzen verstößt nach Auffassung des OLG unter anderem gegen das im Grundgesetz verankerte Verbot, Festgenommene „körperlich oder seelisch zu misshandeln." Das Gericht verwies zudem auf ein von Gäfgen erwirktes Urteil des Europäischen Gerichtshofs für Menschenrechte (EuGH), wonach die Vernehmung eine „unmenschliche Behandlung" gewesen sei. Die beiden Polizisten hätten „bei allem Respekt für ihre Beweggründe vorsätzlich eine Amtspflichtverletzung begangen", sagte der Vorsitzende Richter Ulrich Stump. Dafür habe das Land Hessen einzustehen.

cp/dpa/AFP, Verurteilter Kindsmörder Gäfgen erhält Entschädigung, in: http://www.focus.de, 10.10.2012

Aufgaben

1. Entwickeln Sie aus den Länderbeispielen einen Katalog von Mindestanforderungen an eine demokratische Herrschaft (M 1 / M 2). Überprüfen und ergänzen Sie Ihre Ergebnisse mithilfe des Hintergrundtextes (M 3).
2. Stellen Sie die Vor- und Nachteile demokratischer Herrschaft tabellarisch gegenüber und beurteilen Sie, ob Hans Vorländer mit seiner Bewertung von Demokratie uneingeschränkt Recht hat (M 3).
3. „Demokratie ist der Wille der Mehrheit." Diskutieren Sie anhand treffender Beispiele, weshalb diese rein formale Definition zu kurz greift (M 3).
4. Simulieren Sie ein Rollenspiel, worin die Beteiligten im Fall Gäfgen, Experten und Vertreter der öffentlichen Meinung ihre Standpunkte austauschen (M 5 / M 6).
5. Fassen Sie zusammen, welche Merkmale einen Rechtsstaat auszeichnen.
6. Spielen Sie die Probleme rechtsstaatlicher Entscheidungsfindung an folgendem Szenario durch: Terroristen drohen, ein gekapertes, voll besetztes Passagierflugzeug in ein Kernkraftwerk zu stürzen. Sollte es von der Luftwaffe rechtzeitig vorher abgeschossen werden oder nicht?

Wissen kompakt

Demokratie

Deutschlands Herrschaftsform ist die Demokratie. Der Begriff kommt aus dem Griechischen und setzt sich aus den Wörtern *demos* (Volk) und *kratia* (Herrschaft) zusammen. Demokratie bedeutet also Herrschaft des Volkes bzw. Volksherrschaft.

Definition von Demokratie

Neben der Rechtsstaatlichkeit (→ Rechtsstaat) wird Demokratie v.a. durch folgende Wesensmerkmale definiert:

- **Volkssouveränität:** Volkssouveränität bedeutet, dass alle Gewalt vom Volk ausgeht, also jede staatliche Betätigung nur dann gerechtfertigt ist, wenn sie sich auf eine eindeutige Willensäußerung der entscheidungsberechtigten Staatsbürger zurückführen lässt.
- **Gewaltenteilung:** Der Idee der Gewaltenteilung liegt die Auffassung zugrunde, dass nur eine klare Trennung der staatlichen Gewalt in Legislative, Exekutive und Judikative und deren wechselseitige Kontrolle der Gefahr von Machtmissbrauch und Willkür vorbeugen kann. In parlamentarischen Regierungssystemen wie der Bundesrepublik spricht man eher von „Gewaltenverschränkung".
- **Pluralismus:** Das zentrale Merkmal von demokratischen Gesellschaften ist der Pluralismus. Eine Vielzahl frei gebildeter politischer, wirtschaftlicher, religiöser, kultureller oder ethnischer Interessengruppen stehen in legitimer Konkurrenz zueinander.

Formen von Demokratie

In einer ***direkten Demokratie*** ist das Volk unmittelbar an politischen Entscheidungsprozessen beteiligt [→ Kap. 2.5]. In der äußersten Konsequenz stimmen also alle Bürger über jede einzelne politische Frage selbst ab. Da diese Herrschaftsform nur in kleineren politischen Einheiten zu verwirklichen ist, überträgt das Volk in der ***mittelbaren oder repräsentativen Demokratie*** seine Entscheidungsbefugnisse durch die Wahl von Abgeordneten an eine Volksvertretung.

Mehrheitsprinzip und Minderheitenschutz in Demokratien

In Demokratien ist es unmöglich, alle Meinungen „unter einen Hut" zu bekommen. Daher genügen Mehrheiten für Entscheidungen. Die Bereitschaft der Minderheit, Mehrheitsbeschlüsse anzuerkennen, setzt aber voraus, dass die Minderheit der Mehrheit nicht schutzlos ausgeliefert ist.

Staatsprinzipien

Als Verfassung „in nuce" (lat. „in der Nuss", hier: in Kürze, kurzgesagt) versammelt Art. 20 GG in komprimierter Form die Prinzipien der staatlichen Ordnung Deutschlands: Republik, Demokratie, Rechts-, Sozial- und Bundesstaat. Diese Ordnung darf wegen der „Ewigkeitsklausel" (Art. 79, Abs. 3 GG) nie verändert werden.

Republik

Das Staatsprinzip Republik bezeichnet die Staatsform Deutschlands. In der Politikwissenschaft gilt heute u.a. das „Staatsoberhaupt" als das wesentliche Unetrscheidungskriterium für Staatsformen. Während die Monarchie über ein gekröntes oder fürstliches Staatsoberhaupt verfügt, sind alle Staaten ohne Kaiser, Könige oder Fürsten Republiken.

Rechtsstaat

Das Rechtsstaatsprinzip bindet die gesamte Staatsgewalt an Recht und Gesetz. Es wird u.a. durch folgende Grundsätze konstituiert:

- ***Rechtsbindung:*** Bindung der Legislative an die Grundsätze der Verfassung: Vorrang des Gesetzes gegenüber jeder anderen staatlichen Handlung
- ***Gesetzesvorbehalt:*** Handeln der Verwaltung nur auf Grundlage eines Gesetzes
- ***Rechtssicherheit:*** Rechtswegegarantie, rechtliches Gehör für jedermann
- ***Rechtsgleichheit:*** Gleichbehandlung gleich liegender Sachverhalte
- ***Verhältnismäßigkeit:*** Schutz des Einzelnen vor unnötigen staatlichen Eingriffen
- ***Unabhängigkeit der Gerichte:*** Freiheit der Rechtsprechung, keine Bindung an Weisungen der Regierung; aber Ausrichtung juristischer Entscheidungen an Recht und Gesetz

Wissen im Kontext

In Deutschland bedurfte es mehrerer gescheiterter Anläufe und nicht zuletzt der Schrecken des Nationalsozialismus, um einen funktionierenden demokratischen Verfassungsstaat zu begründen. Doch erst das enorme Wirtschaftswachstum der ersten Nachkriegsjahrzehnte („Wirtschaftswunder") bewirkte, dass sich bei einer breiten Mehrheit der Bevölkerung ein Bewusstsein für die Chancen demokratischer Herrschaft durchsetzen konnte.

Warum ist die Demokratie in Deutschland eine recht junge Herrschaftsform?

In Teilen der Bevölkerung herrscht heute jedoch das Bild einer „Schönwetterdemokratie" vor, deren Wert sich überwiegend daran ermisst, wie viel materiellen Wohlstand und individuelle Selbstverwirklichung sie gewähren kann. Diese Anspruchshaltung greift allerdings zu kurz. Demokratie ist weder ein „Selbstbedienungsladen" noch eine Errungenschaft, auf der man sich ausruhen könnte, sondern Auftrag und Verpflichtung für jeden Einzelnen. Sie kann auf Dauer nur bestehen, wenn es genügend Bürger gibt, die für ihre Interessen eintreten und sich für die Gemeinschaft engagieren.

Weshalb ist Demokratie keine Errungenschaft, sondern ein ständiger Auftrag?
M 3

„Das ist nur recht und billig." Hinter dieser Redewendung steht eine grundlegende Unterscheidung, die bereits im römischen Recht bekannt war und dort mit dem begrifflichen Gegensatzpaar Iustitia (Gerechtigkeit) und Aequitas (Billigkeit, Verhältnismäßigkeit) ausgedrückt wurde. Gemeint ist, dass im Rechtswesen nicht nur der Buchstabe des Gesetzes zählt, sondern auch die Umstände eines Falles zu berücksichtigen sind. In diesem Sinne kann z.B. die Tötung eines Menschen je nach den Tatumständen als „fahrlässige Tötung", „Totschlag" oder „vorsätzlicher Mord" gewertet werden.

Wann ist ein Gerichtsurteil gerecht?
M 4 – M 6

Was für das juristische Verfahren gilt, kennzeichnet aber auch die Konstruktion unseres Rechtsstaates insgesamt. So ergänzen sich in unserer Verfassungsordnung zwei Rechtsstaatsprinzipien: Formales und materielles Rechtsstaatsprinzip.

- **Formales Rechtsstaatsprinzip:** Ein Gesetz gilt dann, wenn es formal korrekt zustande gekommen ist **(positives Recht)**. Das formale Rechtsstaatsprinzip garantiert zweierlei: Vorrang des Rechts vor der Politik (Verfassungsstaatlichkeit, Gesetzmäßigkeit der Verwaltung) und Machtbeschränkung (Rechtssicherheit, Gewaltenteilung)
- **Materielles Rechtsstaatsprinzip:** Ein Gesetz ist nur dann legitim, wenn es im Sinne einer höherrangigen Idee von Gerechtigkeit Bestand hat. Der materielle Rechtsstaat garantiert die Menschenrechte und die Gerechtigkeit – im Sinne von Willkürverbot, Verhältnismäßigkeit und Gemeinwohl.

Nur die Wirksamkeit beider Prinzipien kann verhindern, dass Mehrheitsentscheidungen des Parlaments im Ergebnis zu „legalem Unrecht" führen können, wie dies in der Weimarer Republik z.B. bei der Außerkraftsetzung der Grundrechte per Notverordnung möglich war.

Was unterscheidet das formale vom materiellen Rechtsstaatsprinzip?

Methode

Sachtexte bearbeiten und verstehen

Textarbeit ist ein mehrstufiger Prozess, sich einen Text produktiv anzueignen: Man macht ihn für sich handhabbar, indem man ihn zerlegt, auf Wesentliches reduziert und visualisiert.

So entsteht ein kleines Produkt: ein strukturiertes Geflecht aus Markierungen und Anmerkungen, evtl. sogar eine Mind-Map oder ein grafisches Schaubild. Textarbeit nimmt einem den „Respekt" vor dem Text; am Ende versteht man ihn nicht nur (besser); man hat sich auch mit ihm auseinandergesetzt, hat Stellung bezogen. Er ist zu einem Bestandteil des eigenen Wissens und Denkens geworden.

Tipps zur Textbearbeitung

1. Lesen Sie den Text zügig durch, verschaffen Sie sich einen ersten Überblick über seinen Inhalt.
2. Lesen Sie den Text erneut und gründlich. Markieren Sie unbekannte Ausdrücke oder unklare Sachverhalte. Klären Sie diese durch gezieltes Nachfragen oder mithilfe geeigneter Nachschlagewerke.
3. Heben Sie Schlüsselbegriffe und Kernaussagen im Text deutlich hervor. Beachten Sie jedoch: Markieren heißt Reduzieren. In einem Text, worin (fast) alles markiert ist, ist letztlich nichts markiert!
4. Arbeiten Sie nach Möglichkeit mit sog. Randglossen (Stichwörtern, Abkürzungen, Symbolen am Textrand), um Auffälligkeiten oder eigene Kommentare zu fixieren.
5. Versehen Sie strukturierte Texte mit Zwischenüberschriften, um deren Gliederung augenfällig zu machen.

Leitfragen zur Texterschließung

1. **Fragen zum Gegenstand des Textes (Was?)**
   - Welches Thema behandelt der Text?
   - Wer ist sein Verfasser und wann ist er erschienen?
   - Welche Informationen bietet der Text?
   - Wie lassen sich die Hauptaussagen des Textes zusammenfassen?
2. **Fragen zur Herangehensweise an das Thema und zur Textsorte (Wie?)**
   - Um welche Textsorte handelt es sich (wissenschaftlicher Aufsatz, Essay, Pressebericht, Reportage, Kommentar etc.)?
   - In welchem Verhältnis stehen sachlich-informative zu wertenden Aussagen?
   - Welche sprachlich-rhetorischen Mittel kennzeichnen den Stil des Textes?
3. **Intention des Textes (Wofür?)**
   - Vertritt der Verfasser eine klar erkennbare wissenschaftliche bzw. politische Position?
   - Will der Text seinen Leser informieren, von etwas überzeugen oder beeinflussen?
   - Kommen davon abweichende Positionen zu Wort oder werden wenigstens referiert?
   - An welche Zielgruppe(n) wendet sich der Text?
4. **Beurteilung der Textqualität (Wie gelungen?)**
   - Geht der Verfasser von den richtigen Grundannahmen (Prämissen) aus?
   - Erscheinen Gedankenentwicklung und Argumentation logisch schlüssig?
   - Welche Antworten gibt der Text auf die aufgeworfenen Fragen? Sind sie überzeugend?
   - Was hat mir der Text gebracht? Wie würde ich selbst an das Thema herangehen?

Ein Textbeispiel

Staatsprinzipien im Dilemma

(1)

Dilemma

Fjodor Dostojewski hat das moralische Dilemma vor mehr als 130 Jahren unvergesslich in „Die Brüder Karamasow" aufgezeigt. Der tugendhafte Aljoscha Karamasow wird von seinem Bruder Iwan vor eine unerträgliche Entscheidung gestellt. Angenommen, sagt Iwan, dass es, um der Menschheit ewiges Glück zu bringen, absolut unvermeidlich ist, ein einziges kleines Geschöpf zu Tode zu quälen. Nur ein einziges Kind. Würdest du einwilligen? [...] Der Mann, der die Dostojewski-Frage in die Gegenwart übertragen und weltweit in die Diskussion eingebracht hat, ist der in Harvard lehrende Strafrechtler Alan Dershowitz. Konsequent und polemisch wie kein Zweiter hat er die mögliche Entscheidungsnot ausgemalt, indem er das Szenario der „tickenden Bombe" skizzierte: Im Gefängnis sitzt eine Person, die den Ort kennt, an dem eine Bombe deponiert ist, die gleich explodieren und Tausende Menschen töten wird. Würden Sie es tun? Würden Sie Folter verordnen, um Menschen zu retten? [...]

(2a)

Was er fordere, sei keine schrankenlose Wiedereinführung der Folter. Vielmehr gehe es ihm darum, deren Anwendung juristisch präzise zu regeln. [...] Ähnlich wie eine Hausdurchsuchung, so Dershowitz, solle auch die Anwendung von Folter bei Verhören nicht im Ermessen der Strafverfolger liegen, sondern nur auf richterliche Anordnung erfolgen. [...] Völkerrechtler, Menschenrechtler und das überwältigende Gros der Staatschefs lassen sich von Dershowitz' Argumenten nicht erweichen. „Ließen wir, in welch seltenen Ausnahmefällen auch immer, die Folterung eines Beschuldigten zu", so der in Marburg lehrende Professor für Strafrecht und Rechtsphilosophie, Walter Grasnick, „wir hätten damit den Rechtsstaat bereits aufgegeben." [...] Schützenhilfe erhält [Dershowitz] vom Heidelberger Staatsrechtsprofessor Winfried Brugger. [...] „Opferschutz muss vor Täterschutz stehen." Da es menschliche Würde ohne menschliches Leben nicht geben könne, müsse bei der Aufrechnung „Würde gegen Würde" diejenige des Opfers Vorrang haben. Sein Fazit: „Ein absolutes Verbot der Folter ist weder moralisch noch ethisch vertretbar." [...] Die große Mehrheit der Experten sieht in Bruggers Argumentation einen tollkühnen Gedankensprung, der in einer Kopflandung endet. Der deutsche Staatsrechtler Jochen Frohwein: „Der Tod, auch der gewaltsame Tod, nimmt dem Menschen nicht seine Würde." Die Folter aber sei „der stärkste Angriff auf die Menschenwürde überhaupt. [...]"

Vgl. aber Art. 1 GG!!

(2b)

≠ Naturrecht!

(3)

Hätten wir uns also die Abwägungsdiskussion nicht sparen können und das Tabu besser nicht angerührt, wie es den rigorosen Moraladvokaten vorschwebt? Nein. Wer die Diskussion vorher abbricht oder gar nicht erst beginnt, bleibt im Abstrakten. „Ein schlichtes Ja oder Nein zur Folter überzeugt weniger als der Blick auf die konkreten Dilemmata", so der Marburger Strafrechtler Walter Grasnick. Diesen Dilemmata entkommt auch der nicht, der in Extremfällen das Foltern ausnahmsweise bejaht. Als Ergebnis seiner Abwägung.

= Fazit

≠ klare Position

Urs Gehriger, Demokratie im Dilemma, in: http://www.weltwoche.ch, Abruf am 13.12.2012

Aufgabe

Ermitteln Sie den jeweiligen Grund für die vorgenommenen Markierungen und erschließen Sie den Text mithilfe der Tipps und Leitfragen.

1.4 Staatsprinzipien II – Sozialstaat und Bundesstaat

M1 Wie Armut und Reichtum zusammenhängen

Bertolt Brecht (1898-1956), dt. Dramatiker und Lyriker

Reicher Mann und armer Mann
Standen da und sahn sich an.
Und der Arme sagte bleich:
Wär ich nicht arm, wärst du nicht reich.

Bertolt Brecht, Das Alfabet (Auszug), 1934

M2 Wie hoch ist das Risiko, zu verarmen?

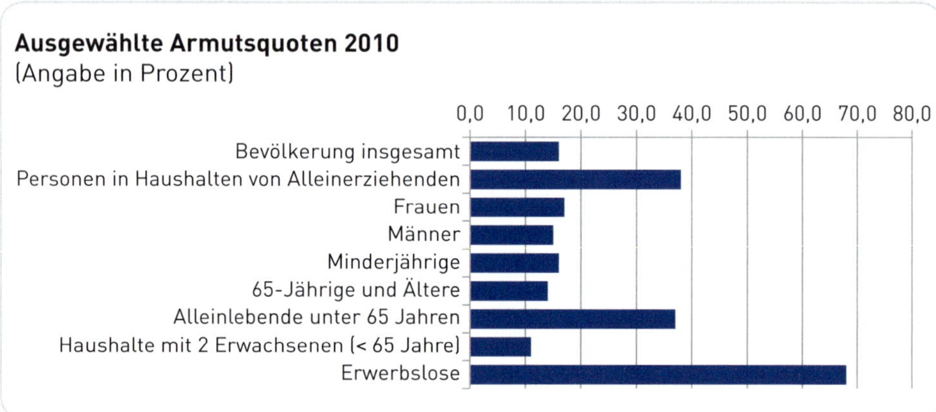

Erstellt vom Verfasser aus Daten des vierten Armutsberichts der Bundesregierung; Berechnungsgrundlage: 60-Prozent-Median nach modifizierter OECD-Skala, Einkommensbezugsjahr 2010, Erhebungsjahr 2012, Jahr der Veröffentlichung 2013

M3 Die Schere zwischen Arm und Reich wird größer

Art. 14 GG
(1) Das Eigentum und das Erbrecht werden gewährleistet. Inhalt und Schranken werden durch die Gesetze bestimmt.
(2) Eigentum verpflichtet. Sein Gebrauch soll zugleich dem Wohle der Allgemeinheit dienen.
(3) Eine Enteignung ist nur zum Wohle der Allgemeinheit zulässig. Sie darf nur durch Gesetz oder aufgrund eines Gesetzes erfolgen, das Art und Ausmaß der Entschädigung regelt.

Es ist eigentlich eine gute Nachricht: Innerhalb der vergangenen zwanzig Jahre hat sich das private Nettovermögen der Deutschen mehr als verdoppelt, von knapp 4,6 Billionen auf rund zehn Billionen Euro. Doch es gibt einen Haken, der Vermögenszuwachs ist ungleich verteilt. Die Schere zwischen Arm und Reich klafft immer stärker auseinander.

Den vermögensstärksten zehn Prozent der Haushalte gehörten inzwischen mehr als die Hälfte des gesamten Nettovermögens. Das berichtet die „Süddeutsche Zeitung" unter Berufung auf den Entwurf des Arbeitsministeriums für den vierten Armuts- und Reichtumsbericht der Bundesregierung. Gleichzeitig sei das Nettovermögen des Staates um 800 Milliarden Euro gesunken, so der Bericht. Das Schmelzen der Vermögenswerte der öffentlichen Haushalte sei bereits seit zwei Jahrzehnten ein deutlicher Trend.

Allein in der Krisenperiode zwischen 2007 und 2012 erhöhte sich das private Nettovermögen – das sind Immobilien, Bauland, Geldanlagen oder Ansprüche aus Betriebsrenten - um 1,4 Billionen Euro. Dabei ist der Anteil der vermögensstärksten Haushalte am Wohlstand deutlich gestiegen. Laut den amtlichen Zahlen belief er sich 1998 noch auf 45 Prozent, 2008 besaß diese Gruppe bereits mehr als 53 Prozent des Nettogesamtvermögens. Die untere Hälfte der Haushalte verfügt, laut dem Bericht, dagegen nur über gut ein Prozent des gesamten Nettovermögens. Verringert hat sich allerdings der Abstand zwischen West- und Ostdeutschland. Dabei haben westdeutsche Haushalte aber im Schnitt immer noch ein Immobilien- und Geldvermögen von etwa 132.000 Euro, bei den Ostdeutschen sind es dagegen rund 55.000 Euro.

Sehr groß sind die Unterschiede bei der Einkommensentwicklung. Im „oberen Bereich" habe es tatsächlich Zuwächse gegeben, so der Bericht. Bei den unteren 40 Prozent der Vollzeitbeschäftigten hat jedoch offenbar die Inflation dazu geführt, dass sie real Verluste hinnehmen müssen. „Eine solche Einkommensentwicklung verletzt das Gerechtigkeitsempfinden der Bevölkerung", heißt es dazu in dem Bericht. Das Papier verteidigt allerdings den Anstieg der so genannten atypischen Beschäftigung wie Teilzeit- und Minijobs, Leiharbeit oder befristete Stellen. Sie seien nicht zu Lasten der Normalarbeitsverhältnisse gegangen. Allerdings resümiert das Bundesarbeitsministerium in dem Bericht kritisch: „Stundenlöhne, die bei Vollzeit zur Sicherung des Lebensunterhalts eines Alleinstehenden nicht ausreichen, verschärfen Armutsrisiken und schwächen den sozialen Zusammenhalt."

Angesichts dieser Entwicklung nimmt die Debatte über eine stärkere Belastung Vermögender in Deutschland wieder Fahrt auf. In Deutschland hat das Bündnis „Umfairteilen" aus Gewerkschaften, Sozialverbänden und Nichtregierungsorganisationen bereits einen Vorstoß gestartet. Als Konsequenz aus der Euro-Krise werden eine dauerhafte Wiedereinführung der Vermögenssteuer sowie eine einmalige Vermögensabgabe gefordert. Auch das Deutsche Institut für Wirtschaftsforschung (DIW) plädiert dafür, Staatsschulden mit Zwangsanleihen und Vermögensabgaben zu finanzieren. Von SPD und Grünen geführte Länder machen sich mit einer Bundesratsinitiative für die Wiedereinführung der Ende der 90-er Jahre abgeschafften Vermögenssteuer stark.

Silke Henning, Schere zwischen Arm und Reich wird größer, in: http://www.br.de, 19.9.2012

Aufgaben

1. Deuten Sie Bertolt Brechts Standpunkt zur Ursache von Armut und Reichtum. Stellen Sie dar, weshalb das Zitat das Problem sozialer Ungleichheit nicht vollständig erfasst (M 1).
2. Erschließen Sie, wer von drohender Armut am häufigsten betroffen ist, und diskutieren Sie die möglichen Gründe hierfür (M 2).
3. Erörtern Sie, ob staatliche Umverteilungsmaßnahmen das richtige Mittel sind, die Ungleichverteilung von Vermögenswerten auszugleichen (M 3).
4. „Jeder ist seines Glückes Schmied." Setzen Sie sich, ausgehend von diesem Zitat, mit dem Verhältnis von Eigenverantwortung und sozialstaatlicher Fürsorge auseinander.

M4 Arme und reiche Bundesländer oder „Bayern zahlt Berliner Kindergärten" – Kritik am Länderfinanzausgleich

Bayern im Länderfinanzausgleich – vom Nehmer- zum Geberland
Bayern war jahrzehntelang Nehmer im Länderfinanzausgleich: Von 1950 bis 1986 und im Jahr 1992 bezog Bayern als rückständiges Agrarland finanzielle Hilfe von anderen Bundesländern. In den 1950er Jahren lagen von den 34 ärmsten Landkreisen 32 in Bayern. Erst nach der Ansiedlung großer Firmen besserte sich Bayerns finanzielle Situation.

Vom Agrarland zum Industrie-Standort: Bayern hat es geschafft – auch dank bundesstaatlicher Solidarhilfe. Nun will der Freistaat davon nichts mehr wissen – und weniger zahlen. Bayern macht Front gegen die riesige Umverteilungsmaschine mit dem sperrigen Namen Länderfinanzausgleich. Warum eigentlich?

„Berlin ist pleite/det iss'n Grund zum feiern/Wir sind verrückt und unsre Schulden zahl'n die Bayern" – der einstige Gassenhauer des Kabarettisten Thomas Pigor ist in den Berliner Kneipen längst verhallt, die Zornesröte der Bayern aber ist gestiegen. Grund für die bajuwarische Wut ist [...] der Länderfinanzausgleich. Hinter dem sperrigen Namen steckt eine einfache Grundidee: Die Starken helfen den Schwachen. Durch die Verteilung der Steuermittel unter den Bundesländern sollen wirtschaftliche Unterschiede ausgeglichen werden. So steht es auch in Artikel 107 des Grundgesetzes. Dadurch werden reichere Länder etwas ärmer und ärmere Länder werden etwas reicher. Es geht also um Solidarität – wer kann was dagegen haben? „Wir sind wirklich solidarisch, aber doof sind wir auch nicht", sagt Bayerns Finanzminister Markus Söder. „Es kann doch nicht sein, dass einer alles zahlt. So kann es nicht weitergehen." [...] „Bayern ist aber auch das einzige Land, das es vom Nehmer- zum Geberland geschafft hat", erinnert Finanzrechtler Ulrich Häde von der Europa-Universität Viadrina in Frankfurt/Oder im Gespräch mit tagesschau.de. „Und sie zahlen seit Jahren ziemlich große Summen ein. Wenn sich dann andere Bundesländer von den bayerischen Zahlungen Wohltaten für ihre Bürger leisten, etwa kostenlose Kindergärten oder Studienplätze, dann führt das zu Unzufriedenheit." [...] Nehmerländer gegen Geberländer, Zahlmeister gegen Bittsteller: Die Fronten sind klar – und die Mehrheiten auch. Nur noch drei große Geberländer gibt es: Bayern, Baden-Württemberg und Hessen.

Wenke Börnsen, Streit um den Länderfinanzausgleich – die Zahlmeister gegen die Kirchenmäuse, in: http://www.tagesschau.de, 17.7.2012

Föderalismus / Bundesstaatlichkeit
Der Föderalismus (lat. foedus = Bündnis zwischen Staaten) stellt eine politische Ordnung dar, bei der mehr oder weniger souveräne Einzelstaaten sich zu einem Gesamtstaat zusammengeschlossen haben. Die staatlichen Aufgaben sind zwischen Gesamt- und Gliedstaaten aufgeteilt, und zwar so, dass beide politischen Ebenen für bestimmte (verfassungsgemäß festgelegte) Aufgaben eigenverantwortlich zuständig sind.

M5 Die Bundesstaatlichkeit im Grundgesetz

GG Artikel	Was dazu im Grundgesetz steht
20	„Die Bundesrepublik Deutschland ist ein demokratischer und sozialer Bundesstaat"
79	Das bundesstaatliche Prinzip darf nicht aufgehoben oder geändert werden
30	Eigenstaatlichkeit der Länder
50 23	Mitwirkung der Länder an der Gesetzgebung des Bundes und in Angelegenheiten der Europäischen Union durch den Bundesrat
70 – 74	Gesetzgebung: Aufteilung der Zuständigkeiten zwischen Bund und Ländern
83 – 91d	Zuordnung der staatlichen Verwaltungsaufgaben
104a – 109a	Finanzhoheit: Verteilung des Steueraufkommens zwischen Bund und Ländern

Bergmoser + Höller Verlag *60060*

M6 Föderalismus – Pro und Kontra

Die Gliederung des Bundes in Länder garantiert viele wirtschaftliche, politische und kulturelle Mittelpunkte. Die landsmannschaftlichen, geschichtlichen, wirtschaftlichen und kulturellen Eigenheiten können so besser erhalten und weiterentwickelt werden.

Chancen und Wettbewerb der politischen Parteien werden dadurch gefördert, dass sie trotz Minderheitsposition im Gesamtstaat die politische Verantwortung in Gliedstaaten übernehmen und so ihre Leistungs- und Führungsfähigkeit erproben und beweisen können.

Parlamente, Regierungen und Verwaltungen von Bund und Ländern müssen gegenseitig auf Anstöße, Entscheidungen oder Zustimmungen warten und langwierige Verhandlungen miteinander führen, um zu gemeinsamen Lösungen zu kommen. Darüber kann viel kostbare Zeit vergehen.

Wechselseitige Kontrolle, gegenseitige Rücksichtnahme und Kompromisszwang verhindern oder erschweren doch zumindest Extrempositionen. Der Föderalismus wirkt ausgleichend und damit auch stabilisierend.

Die Eigenständigkeit der Länder führt zwangsläufig zu Unterschieden. Vielfalt ist das Gegenteil von Einheitlichkeit. Dadurch können Schwierigkeiten entstehen, zum Beispiel für Schüler beim Wohnungswechsel in ein anderes Bundesland.

Zur klassischen horizontalen Trennung der Staatsgewalten (Legislative – Exekutive – Judikative) kommt im Bundesstaat die vertikale Gewaltenteilung zwischen dem Gesamtstaat und den Gliedstaaten hinzu. Machtverteilung bedeutet Machtkontrolle und Schutz vor Machtmissbrauch.

Die Gliedstaaten stehen zwangsläufig im Wettbewerb zueinander. Konkurrenz belebt. Erfahrungsaustausch fördert den Fortschritt und beugt bundesweiten Fehlentwicklungen vor.

Die staatlichen Organe sind regionalen Problemen im Bundesstaat näher als im Einheitsstaat. Vergessene „Provinzen" gibt es nicht.

Die Gliederung in kleinere staatliche Einheiten erleichtert die Überschaubarkeit und Verstehbarkeit staatlichen Handelns und fördert damit die aktive Anteilnahme und Mitbestimmung. Der Bürger kann außerdem sein Wahlrecht als das urdemokratische Entscheidungsrecht doppelt einsetzen, denn im Bundesstaat wird zum Parlament des Gesamtstaates und zu den Parlamenten der Gliedstaaten gewählt.

Viele Entscheidungszentren in der Bundesrepublik, die Machtverteilung zwischen Bund und Ländern bedeuten: Zusammenwirken, Rücksichtnahme, gegenseitige Kontrolle und wechselseitige Begrenzung. Die in dieser Weise verflochtene Staatstätigkeit ist also kompliziert und manchmal für den Bürger schwer zu überschauen.

Nach: Konrad Reuter, Bundesrat und Bundesstaat – Der Bundesrat der Bundesrepublik Deutschland, 13. Auflage, 2006, S. 7ff.

Wer regelt was? Die Aufteilung der Gesetzgebungszuständigkeiten zwischen Bund und Ländern

Ausschließliche Gesetzgebung des Bundes (Art. 71, 73 GG) u. a. in folgenden Bereichen:
- Außenpolitik;
- Staatsangehörikeit und Passwesen
- Währung, Zoll und Außenhandel
- Eisenbahnen des Bundes und Luftverkehr
- Bundeswehr und Verteidigung
- Kernenergie
- Waffen- und Sprengstoffrecht

Konkurrierende Gesetzgebung (Art. 72, 74 GG)
Wenn der Bund seine Befugnisse nicht wahrnimmt, haben die Länder u.a. bei folgenden Punkten Entscheidungsrecht
- Rechtswesen
- Ausländerrecht
- Fürsorge
- Straßenverkehr
- Arbeitsrecht und Ausbildung
- Umweltschutz
- Lebensmittelrecht

Ausschließende Gesetzgebung der Länder (Art. 70 GG) u.a. in folgenden Bereichen:
- Kultur und Bildung
- Polizeiwesen
- Länderfinanzpolitik
- Gesundheitswesen
- Gaststätten und Ladenschluss
- Gemeinde- und Kommunalrecht
- Vereins- und Versammlungsrecht

Aufgaben

1. Die Geberländer im Länderfinanzausgleich Bayern und Hessen haben im März 2013 eine Klage gegen das Ausgleichssystem für finanzschwache Länder vor dem Bundesverfassungsgericht eingereicht. Angenommen, Sie wären der urteilende Richter: Verfassen Sie ausgehend von M 4 und M 5 ein begründetes Urteil.
2. Geben Sie den Statements in M 6 eine Überschrift und ordnen Sie sie nach Pro- und Kontra-Argumenten.
3. Kritiker des Föderalismus fordern die Abschaffung der Bundesländer und die Errichtung eines Zentralstaats. Spekulieren Sie u. a. über die Auswirkungen auf das Schulwesen.

Wissen kompakt

Sozialstaat

Das Sozialstaatsprinzip verpflichtet die staatliche Gemeinschaft zum Schutz von sozial und wirtschaftlich Schwachen. Anders als die anderen Verfassungsprinzipien ist es im Grundgesetz nur als Postulat formuliert und lässt dem Gesetzgeber damit einen großen Gestaltungsspielraum. Andererseits verpflichtet es den Staat, alle Entscheidungen auf ihre Sozialverträglichkeit hin zu prüfen. Als unstrittig gelten aber zwei große Handlungsbereiche, die dem Staat obliegen: Zum einen hat er die Existenzgrundlage seiner Bürger zu sichern (soziale Sicherheit); zum anderen muss er für sozialen Ausgleich zwischen sozial schwachen und sozial starken Bürgern sorgen. Vor allem dadurch erweist sich der Sozialstaat als Garant für den sozialen Frieden.

Prinzipien der sozialen Sicherung

Leistungen nach dem ...	**Versicherungsprinzip**
durch die ...	**Sozialversicherung**
erhalten ...	Mitglieder der Sozialversicherung, wenn sie Versicherungsbeiträge gezahlt haben
finanziert durch ...	Versicherungsbeiträge und Staatszuschüsse
Leistungen nach dem ...	**Versorgungsprinzip**
durch die ...	**öffentliche Versorgung**
erhalten ...	bestimmte Bevölkerungsgruppen, wenn sie besondere Opfer oder Leistungen für die Gemeinschaft erbracht haben
finanziert durch ...	Steuermittel
Leistungen nach dem ...	**Fürsorgeprinzip**
durch die ...	**Grundsicherung, Sozialhilfe**
erhalten ...	alle Bürgerinnen und Bürger, wenn sie bedürftig sind
finanziert durch ...	Steuermittel

Zusammenwirken von Rechtsstaat und Sozialstaat

Bergmoser + Höller Verlag AG *60050*

Bundesstaatlichkeit

Gemäß Artikel 20 GG ist die Bundesrepublik Deutschland ein Bundesstaat, auch föderativer oder föderalistischer Staat genannt. Dies bedeutet: Die Bundesrepublik als Gesamtstaat (Bund) besteht aus mehreren Gliedstaaten bzw. Bundesländern – seit 1990 aus insgesamt 16. Diese sind ebenso Staaten wie der Bund, jedoch mit eingeschränkter Souveränität. Die staatliche Qualität der Länder zeigt sich in ihren eigenen Verfassungen, ihren eigenen staatlichen Organen der Legislative, der Exekutive und der Judikative: den Landtagen, den Landesregierungen und den Verfassungs- und Staatsgerichtshöfen (Art. 28 Abs. 1 GG). Dass die Länder andererseits nur teilsouverän sind, verdeutlicht die Tatsache, dass sie nicht über ein Verteidigungsministerium und eine eigene Außenpolitik verfügen.

Wissen im Kontext

Zwischen 1991 und 2011 haben sich die Ausgaben für Sozialschutzleistungen von 383 auf 737 Milliarden Euro nahezu verdoppelt. Die soziale Lage in Deutschland, vor allem der demografische Wandel mit stetig steigender Lebenserwartung und niedrigen Geburtenraten stellen den Sozialstaat vor schwierige Herausforderungen. Wer soll künftig die ältere Generation versorgen, wenn immer weniger Erwerbstätige ihre Beiträge in die gesetzliche Sozialversicherung entrichten? Wie kann angesichts einer älter werdenden Gesellschaft der wachsende Bedarf an qualifizierter medizinischer Versorgung und Pflege finanziert werden?

Weshalb steckt der Sozialstaat in der Krise?
M 1 – M 2

Seit 2002 fördert der Staat die Lösung, Lebensrisiken parallel zur gesetzlichen Sozialversicherung durch private Zusatzversicherungen abzufedern. De facto zieht sich der Staat aus der Absicherung von Lebensrisiken – etwa durch die Einführung der „Riester-Rente" – ein Stück weit zurück. Vielen sozial Benachteiligten, etwa der stetig wachsenden Zahl an Geringverdienern, bleibt die Chance einer eigenverantwortlichen Zusatzvorsorge aber weitgehend verschlossen, da sie nicht über genügend Mittel verfügen, um sie zu bezahlen. Der Sozialstaat ist deshalb gefordert, nach Möglichkeiten zu suchen, diesen Bevölkerungsgruppen ein menschenwürdiges Leben zu sichern, das sie einerseits nicht zu bloßen Leistungsempfängern degradiert, auf der anderen Seite aber auch deren soziale Situation berücksichtigt. Wie schwierig das ist, zeigt die erschreckend hohe Zahl an Menschen, die von Armut betroffen und auf staatliche Hilfe angewiesen sind.

Wie kann der Sozialstaat den Problemen begegnen?
M 3

Die Bundesrepublik ist ein Rechtsstaat (Art. 20 GG). Während der Rechtsstaat auf der liberalen Idee der Freiheit des Einzelnen gegenüber dem Staat beruht, ist es das generelle Ziel des Sozialstaats, soziale Gerechtigkeit für alle herzustellen. Betont der Rechtsstaat die Eigenverantwortung des Individuums im vorstaatlichen Raum, greift der Sozialstaat steuernd und umverteilend in das Leben seiner Bürger ein, um für eine hinlänglich gerechte Sozialordnung zu sorgen und soziale Ungleichheiten auf ein sozialverträgliches Maß zu beschränken. Freiheitsprinzip und Gleichheitsprinzip stehen somit in einem Spannungsverhältnis, das bei allen politischen Entscheidungen bedacht werden will.

Warum stehen Rechts- und Sozialstaat in einem Spannungsverhältnis?

Der föderale (= bundesstaatliche) Aufbau des deutschen politischen Systems ist aus der Tradition der deutschen Kleinstaaterei (Partikularismus) historisch erwachsen. Die heutigen Bundesländer sind vor allem auch ein Ergebnis der territorialen Neugliederung Deutschlands nach dem Ende des Zweiten Weltkrieges. Immer wieder versuchen bestimmte Gruppen, die jetzige Aufteilung Deutschlands zu verändern: Im Jahr 1996 scheiterte eine von den Landesregierungen Berlin und Brandenburg angestrebte Fusion der Bundesländer, die in Art. 118a GG ausdrücklich ermöglicht wird, an dem Willen der brandenburgischen Bevölkerung. Neben Fusionen werden auch Teilungen diskutiert: Der sogenannte „Fränkische Bund" fordert eine Abspaltung Frankens von Bayern und die Schaffung eines eigenständigen Bundeslandes.

Wieso hat Deutschland überhaupt 16 Bundesländer?

1.5 Herausforderungen für die Demokratie

M1 Rechtsextremismus in Deutschland

M2 „Döner-Morde" – Unwort des Jahres 2011

Unwort des Jahres
Das Unwort des Jahres wird von der Gesellschaft für deutsche Sprache (GfdS) ausgewählt.

Aus der Begründung der Jury:

Mit Döner-Morde wurden von Polizei und Medien die von einer neonazistischen Terrorgruppe verübten Morde an zehn Menschen bezeichnet. Der Ausdruck steht prototypisch dafür, dass die politische Dimension der Mordserie jahrelang verkannt oder willentlich ignoriert wurde. [...] Im Jahre 2011 ist der rassistische Tenor des Ausdrucks in vollem Umfang deutlich geworden: Mit der sachlich unangemessenen, folkloristisch-stereotypen Etikettierung einer rechtsterroristischen Mordserie werden ganze Bevölkerungsgruppen ausgegrenzt und die Opfer selbst in höchstem Maße diskriminiert, indem sie aufgrund ihrer Herkunft auf ein Imbissgericht reduziert werden.

TU Darmstadt, Die Unwörter ab 2010, in: http://www.unwortdesjahres.net, 17.1.2012

M3 Deutsche mit rechtsextremistischen Einstellungen

Chauvinismus
überzogene, aggressiv auftretende Form von Nationalismus; Verherrlichung der eigenen, Abwertung anderer Nationen

Sozialdarwinismus
unkritische Übertragung der Evolutionstheorie Charles Darwins von der natürlichen Auslese der „Besseren" auf die menschliche Gesellschaft

	gesamt		West		Ost	
(Angaben in Prozent)	2010[1]	2012[2]	2010	2012	2010	2012
Befürwortung Diktatur	5,1	3,5	4,6	3	6,8	5,4
Chauvinismus	19,3	19,4	19,2	18,4	19,8	23,5
Ausländerfeindlichkeit	24,7	25,1	21,9	21,7	35	38,7
Antisemitimus	8,7	8,6	9	8,2	7,7	10,4
Sozialdarwinismus	4	4,3	3,4	3,4	6,2	7,8
Verharmlosung des Nationalsozialismus	3,3	3,1	3,7	3	1,8	3,5

1) O. Decker u.a., Die Mitte in der Krise, Rechtsextreme Einstellungen in Deutschland 2010, Bonn 2010
2) O. Decker u.a., Die Mitte im Umbruch, Rechtsextreme Einstellungen in Deutschland 2012, Bonn 2012
(Zusammenstellung vom Verfasser)

M4 Der Rechtsextremismus ist in der Mitte angekommen

Im Osten Deutschlands hat fast jeder Sechste ein geschlossenes rechtsextremistisches Weltbild. Nach einer Untersuchung der Friedrich-Ebert-Stiftung hat sich dieser Wert seit 2006 verdoppelt. Im Westen, so die Studie, ist jeder Vierzehnte ein Rechtsextremist. Hier gehen die Zahlen leicht zurück. Im Osten glauben mehr als zwei Drittel, dass Ausländer nur ins Land kommen, um den Sozialstaat zu melken. Im Westen findet das jeder Fünfte. [...]

Wo leben wir eigentlich?, muss sich fragen, wer diese Untersuchung liest, die leider nicht nur repräsentativ ist, sondern auch an der Universität Leipzig erstellt wurde – also resistent ist gegen das Argument blindwütiger Ossi-Feindlichkeit. Die verheerenden Zahlen attestieren den Bewohnern der neuen Länder eine deutlich menschenfeindlichere Haltung als dem Westen. Und sie zeigen, dass die irrlichternde Ablehnung derer, die als „fremd" gelten, vom Rand der wiedervereinigten Gesellschaft in ihre Mitte gewandert ist. Das kann man zum Davonlaufen finden, aber genau das darf nicht weitergehen: dass weggesehen und verdrängt wird.

23 Jahre nach dem Mauerfall hat sich in den unteren Etagen der Gesellschaft eine giftige Schlacke angesammelt. Sie breitete sich besonders dort aus, wo es an Arbeit fehlt, an Bildung, Selbstbewusstsein – und an der Überzeugung, dass Solidarität mit Minderheiten oder Schwächeren etwas bringt. Immer mehr Menschen fühlen sich da als Verlierer und agieren nach dem Motto: Wir sind schon abgehängt, wir geben nichts ab. Daraus wird, frei nach Brecht: Wer getreten wird, der tritt.

Wer das sozialromantisch findet, möge sich die jüngsten Zahlen der Bundesregierung zur Wirtschaftsentwicklung ansehen. Der Osten fällt zurück, beim Bruttoinlandsprodukt von 73 auf 71 Prozent des Westens. Die Arbeitslosigkeit bleibt unerträglich hoch. [...]

Die Ostgesellschaft, auch das gehört zur verdrängten Wahrheit, hat ihr braunes Erbe nie aufgearbeitet. Und im Westen, unter Migranten und Verlierern der Wohlstandsgesellschaft, schotten sich immer mehr gegen eine Gesellschaft ab, die sich pluralistisch nennt, aber Vielfalt nur widerwillig erträgt.

Constanze von Bullion, Wer getreten wird, der tritt, Süddeutsche Zeitung, 14.11.2012, S. 4

Im Auftrag der Friedrich-Ebert-Stiftung wird seit 2002 im Zwei-Jahres-Rhythmus die Verbreitung rechtsextremer Einstellungen in Deutschland empirisch erfasst. Auf Grundlage bundesweiter Repräsentativerhebungen entsteht so ein Barometer antidemokratischer Einstellungen in Verbindung mit Ursachenanalysen und Interventionsstrategien. Der aktuellen Studie zufolge glauben u.a. 16 Prozent der Ostdeutschen und der Migranten, dass Juden mit übleren Methoden vorankommen als andere. Knapp jeder Dritte in Deutschland meint, so die Studie weiter, Juden nützen die Erinnerung an den Holocaust aus. Darüber hinaus berichtet die Studie, dass 60 Prozent der Deutschen eine negative Einstellung zum Islam haben.

Aufgaben

1. Informieren Sie sich über die Hintergründe der Mordserie seit dem Jahr 2000, insbesondere über die Motive der Täter und ihr rechtsextremistisches Umfeld (M 1).
2. Nehmen Sie Stellung zum Unwort des Jahres 2011 und der Begründung der Jury. Versetzen Sie sich in die Lage der Hinterbliebenen: Wie musste der Ausdruck auf sie wirken (M 2)?
3. Erschließen Sie die Ergebnisse der aktuellen „Mitte-Studie" und die Gründe für rechtsextremistische Einstellungen (M 3 / M 4).
4. Diskutieren Sie, welche neuen Gefahren die Ankunft des Rechtsextremismus in der Mitte der Gesellschaft mit sich bringt.

M5 Islamismus in Deutschland

Heinz Fromm, 63, hat 2012 die Verantwortung für Ermittlungspannen des Bundesamtes für Verfassungsschutz in Zusammenhang mit den „NSU"-Morden übernommen und ist von seinem Amt als Präsident des Bundesamtes für Verfassungsschutz zurückgetreten.

In einem Drohvideo im Netz ruft Islamist Yassin Ch. zum Mord an Mitgliedern der rechtsextremen Partei Pro NRW und an Journalisten auf. In BILD spricht Heinz Fromm (63), Präsident des Bundesamtes für Verfassungsschutz, über Salafisten, die Terrorgefahr […].

BILD: Herr Fromm, Salafisten fordern den Staat mit Gewalt heraus und attackieren Polizisten bei Protesten sogar mit Messern. Wurde die Bewegung unterschätzt?

Heinz Fromm: „Den zuständigen Behörden und auch in der Politik ist die Gewaltbereitschaft von Teilen der salafistischen Bewegungen seit längerem bekannt. Von der breiten Öffentlichkeit ist das offensichtlich nicht in dieser Deutlichkeit wahrgenommen worden. Durch die Angriffe auf Polizisten Anfang Mai hat sich das jetzt geändert."

BILD: Warum wurde nichts unternommen?

Fromm: „Seinem Auftrag entsprechend beobachtet der Verfassungsschutz diese Extremisten sehr intensiv, was dazu geführt hat, dass Verbotsmaßnahmen geprüft werden. Das ist allerdings schwierig, weil wir es hier mit einer Bewegung zu tun haben, die nur zum Teil vereinsähnliche Strukturen aufweist, die man verbieten könnte."

BILD: Was wollen die Salafisten?

Fromm: „Ziel ist, kurz gesagt, ein ‚Gottesstaat', in dem wesentliche Grundrechte und die Werte unserer Verfassung nicht gelten würden. Salafisten wollen einen Staat, in dem islamisches Recht gilt, die Scharia. Das ist ein umfassender Anspruch, der sich nicht auf unser Land beschränkt. Ein Teil der Salafisten ist bereit, dieses Ziel durch Gewalt zu erreichen."

BILD: Kommt der ‚Heilige Krieg' jetzt also auch nach Deutschland?

Fromm: „Nein, so kann man das nicht sagen. Allerdings haben wir es mit einem schwerwiegenden Sicherheitsproblem zu tun. Mit ihrer intensiven Propaganda über das Internet, auf der Straße, in Moscheen und auch in sogenannten Islamseminaren erreichen salafistische Prediger vor allem junge Leute, die für diese Ideologie empfänglich sind. Fast alle aus Deutschland stammenden islamistischen Terroristen haben sich auf diese Weise radikalisiert."

BILD: In einem neuen Drohvideo wird zu Attentaten in Deutschland aufgerufen …

Fromm: „Das muss man ernst nehmen. Es kann durchaus sein, dass dieses Video zum Anlass für Anschläge genommen wird."

BILD: Mit wie vielen Salafisten haben wir es in Deutschland zu tun?

Fromm: „Es ist eine rasch wachsende, international vernetzte Bewegung. In Deutschland rechnen wir dieser Szene knapp 4.000 Anhänger zu. Es ist mir sehr wichtig, darauf hinzuweisen, dass das nur ein sehr kleiner Teil der hier lebenden Muslime ist und dass die große Mehrheit der Muslime in Deutschland und auch deren Verbände sich klar von den Salafisten distanziert haben und Gewalt verurteilen."

Heinz Fromm im Interview mit N. Blome und F. Solms-Laubach, Wie gefährlich sind die Salafisten, Herr Fromm?, in: http://www.bild.de, 22.5.2012

M6 Linksextremismus – coole Sprüche mit radikaler Botschaft

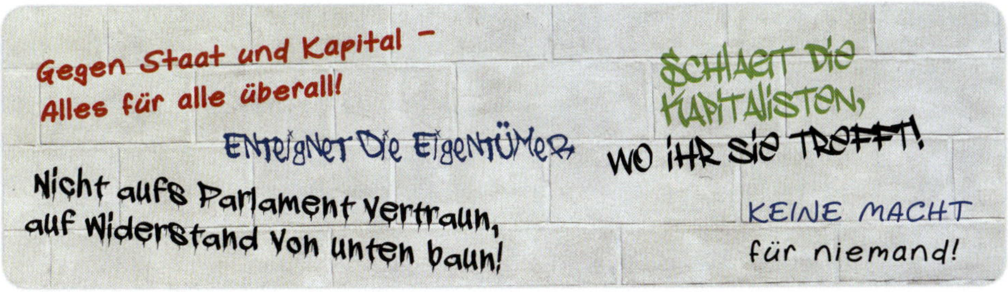

M7 Die „Immer-Recht-Haber"

Der erste Pflasterstein ist immer der schwerste. […] Ist der erste Stein aber herausgelöst, seien die anderen kein Problem, sagt Hannah aus Frankfurt, die schon als Schwarzvermummte an Demonstrationen teilgenommen hat. „Man kann sie dann einfach heraushebeln." […] Der fliegende Pflasterstein ist in Deutschland zu einem Symbol geworden für die Gewaltbereitschaft radikaler Gruppen. Fliegende Pflastersteine und Brandsätze sind ein Grund, warum Polizisten mittlerweile auf Demonstrationen auftreten wie Profispieler einer Footballmannschaft, mit dicken Polstern, Schonern und Helmen. […] Das Bundesamt für Verfassungsschutz schätzt, dass in Deutschland 6.600 „gewaltbereite Autonome" leben, das sind Menschen, die „Anwendung von Gewalt – auch gegen Personen – zur Durchsetzung ihrer Ziele für legitim halten", heißt es. […] „Ich erkenne das Gewaltmonopol des Staates nicht an", sagt [der Autonome] Tom. „Der Staat setzt damit Sachen um, die dem widersprechen, was ich unter einer guten Gesellschaft verstehe. Die Gewalt, die wir bei Demonstrationen ausüben, ist nur die praktische Entsprechung der Politik." Dabei ist das Denken in Monopolen auch Tom nicht fremd, er beansprucht eines in moralischer Hinsicht. Der – aus seiner Sicht – zutiefst bürgerliche Einwand, in einer Demokratie sollte eine Minderheit ihre Interessen nicht mit Zwang durchsetzen, beeindruckt Tom nicht. Er sieht sich als Teil einer Avantgarde. „Die Linke war immer für Modernisierungen der kapitalistischen Verwertungskette zuständig."

Justus Bender, Die immer recht haben, http://www.faz.de, 27.10.2012

1. Mai Demonstration in Hamburg

Avantgarde
hier: politische Bewegungen, die als Vorreiter des gesellschaftlichen Fortschritts gelten wollen und gegenüber den bestehenden Verhältnissen häufig betont radikal auftreten

Aufgaben

1. Der Salafismus ist eine Strömung des Islamismus. Schätzen Sie ein, welche Gefahren von der Verbreitung salafistischen Gedankenguts und dem Wirken einzelner Anhänger in Deutschland ausgehen können (M 5).
2. Erschließen Sie die Einstellungen der Linksextremisten zum Staat sowie deren Haltung zu Gewalt im Umgang mit ihren Gegnern (M 6 / M 7).
3. Erarbeiten Sie die Gemeinsamkeiten und Unterschiede von Rechtsextremismus, Linksextremismus und Salafismus.

Wissen kompakt

Politischer Extremismus

Vereinigungen und Parteien, deren Zielsetzung darauf ausgeht, die freiheitliche demokratische Grundordnung zu beseitigen, werden als extremistisch eingestuft.
Sie zu beobachten und die Sicherheitsbehörden vor drohenden Gefahren zu warnen, ist die Aufgabe des Bundesamts für Verfassungsschutz. Hierbei kommen auch geheimdienstliche Methoden, etwa das Einschleusen so genannter „V-Leute" in die personellen Strukturen extremistischer Organisationen, zum Einsatz.

Rechtsextremismus

Das verbindende Kennzeichen rechtsextremistischer Einstellungsmuster ist die Ablehnung der Personenwertgleichheit aller Menschen. Stattdessen wird der Wert einer Person an ihrer Zugehörigkeit zu einer bestimmten Ethnie, Nation oder „Rasse" ermessen, woraus sich antisemitische, fremdenfeindliche und sozialdarwinistische Haltungen ergeben.
Rechtsextremisten treten in aller Regel für eine autoritäre bzw. diktatorische Regierungsform ein. Sie lehnen demokratische Entscheidungsverfahren ab und sehen das Heil der ethnisch homogenen Volksgemeinschaft in einer starken Führerpersönlichkeit. Nicht zuletzt deshalb wird auch der Nationalsozialismus verharmlost bzw. gerechtfertigt.

Islamismus und Salafismus

Der Islamismus ist eine uneinheitliche sozialrevolutionäre Bewegung, die für die Errichtung einer „islamischen" Gesellschafts- und Rechtsordnung eintritt. Ihre Legitimation erhält diese Ordnung durch den Koran sowie das Wirken des Propheten und der muslimischen Urgemeinde. Dementsprechend werden der moderne säkulare Staat und seine Institutionen als „unislamisch" abgelehnt. Militante Islamisten glauben, ihre Ideen mit Gewalt durchsetzen zu dürfen, und interpretieren die im Koran enthaltene Aufforderung zum „heiligen Krieg" (Jihad) – abweichend von anderen muslimischen Rechtsschulen – als Pflicht zum physischen Kampf gegen alle „Ungläubigen" .

Linksextremismus

Linksextremisten diffamieren den demokratischen Staat als Veranstaltung der herrschenden Klasse. Sie orientieren ihr politisches Handeln an Vorstellungen, deren Ziel es ist, die bestehende Staats- und Gesellschaftsordnung zu zerschlagen und durch ein sozialistisches bzw. kommunistisches System oder eine „herrschaftsfreie" anarchistische Gesellschaft zu ersetzen. Die Ablehnung des staatlichen Gewaltmonopols hat zur Folge, dass Gewalt gegen Sachen wie gegen Personen als legitimes Mittel im Kampf für eine vermeintlich „gerechtere Welt" betrachtet wird.

Wissen im Kontext

Seit Jahren belegen sozialpsychologische Studien, dass in der deutschen Bevölkerung ein beträchtliches Potenzial rechtsextremistischer Einstellungen existiert. So verfügten 2012 rund neun Prozent der Deutschen über ein rechtsextremes Weltbild; in Ostdeutschland waren es sogar 16 Prozent. Als Besorgnis erregend gilt, dass rechtsextremes Denken kein Randgruppenphänomen mehr darstellt, sondern auch die bürgerliche Mittelschicht erfasst hat.

Wie demokratisch denken die Deutschen?
M 3

Die Gefahren des Rechtsextremismus wurden lange Zeit unterschätzt und gerieten erst nach der Wiedervereinigung, dem Einzug der NPD in etliche Landesparlamente und durch die Mordserie des „Nationalsozialistischen Untergrunds" (NSU) ins öffentliche Bewusstsein. Seit den Terroranschlägen des 11. September 2001 gilt darüber hinaus der Islamismus als massive Bedrohung der demokratischen Welt. Auch in Deutschland treten fundamentalistische Salafisten zunehmend selbstbewusster und militanter auf.

Von welchen Gruppierungen droht Gefahr?
M 1 – M 7

Der Ruf nach mehr staatlichem Handeln zur Abwehr terroristischer Bedrohungen erscheint vor diesem Hintergrund berechtigt. Auf der anderen Seite jedoch kann jede gesetzliche Maßnahme zur Stärkung der „inneren Sicherheit" auch mit Beeinträchtigungen der Privatsphäre oder anderen bürgerlichen Freiheiten und Rechten einhergehen, was selbst wiederum Wesensmerkmale der Demokratie berührt. So musste in der Vergangenheit mehrmals das Bundesverfassungsgericht einzelne Grundrechte schützen, indem es etwa in Zusammenhang mit der Vorratsspeicherung von Telekommunikationsdaten oder der Ausweitung des so genannten Großen Lauschangriffs (Überwachungsmaßnahmen der Strafverfolgungsbehörden und Nachrichtendienste) für das Recht auf informationelle Selbstbestimmung eintrat. Aus ähnlichen Gründen müssen auch Initiativen, verfassungsfeindliche Parteien wie die NPD vom Bundesverfassungsgericht verbieten zu lassen, wohl überlegt sein.

Warum kann mehr Sicherheit weniger Demokratie bedeuten?

Schaut man genauer auf die verschiedenen Merkmale des politischen Extremismus, erkennt man viele Gemeinsamkeiten von Islamismus, Rechts- und Linksterrorismus. Hierzu gehören vor allem:

- Intolerantes Beharren auf der eigenen Weltsicht (Dogmatismus)
- Unterteilung der Welt in Freund und Feind
- Glaube an Verschwörungstheorien
- Orientierung an einer Weltanschauung, nicht an politischen Programmen (Glaube an die Nation, Arbeiterklasse, Diktatur des Proletariats, islamischer Gottesstaat)
- Immunisierung gegen Kritik (Alle Ideologien sind geschlossene Denkgebäude.)
- Vorstellung eines „ewigen Überlebenskampfes" gegen die „Verräter", „Ungläubigen", „Kapitalisten", „jüdisch bolschewistische Weltverschwörung", „Imperialisten"
- Glaube an eine homogene Gesellschaft („Volksgemeinschaft", „klassenlose Gesellschaft" oder „Gottesstaat")

Gibt es Gemeinsamkeiten der politisch-extremistischen Ideologien?
M 1 – M 7

1.6 Demokratie – wie kann sie sich schützen?

M1 Parteienverbot – das letzte Mittel?

NPD-Verbotsantrag
Als Reaktion auf die Morde des Nationalistischen Untergrunds (NSU) beschlossen die Bundesländer Ende 2012, einen NPD-Verbotsantrag beim Bundesverfassungsgericht zu stellen. Die NPD, argumentieren die Bundesländer, sei verfassungswidrig und würde insbesondere in einigen Regionen Ostdeutschlands rechtsextremistisches Gedankengut verbreiten.

Man kann zwar die Partei verbieten. An den Einstellungen ihrer Anhänger würde sich dadurch aber nichts ändern.

Rechtsextremen würde ein wichtiges Instrument zur politischen Arbeit genommen. Sie hätten weniger Gelegenheit zum öffentlichen Auftreten und zur politischen Agitation.

Die NPD ist eine unbedeutende Splitterpartei. Ein Verbotsverfahren würde sie nur unnötig aufwerten.

Andersdenkende sollten nicht durch Gerichte bekämpft werden, sondern mit den besseren Argumenten.

Die NPD arbeitet seit einigen Jahren zunehmend mit gewaltbereiten rechtsextremistischen Gruppen.

Es ist unerträglich, dass der Steuerzahler über die Parteienfinanzierung Feinde der Demokratie unterstützen muss.

Quelle: Bearbeiter

M2 Jeder kann etwas tun, um die Demokratie zu schützen

Fan-Randale in Fußballstadien

Kampf, Kameradschaft, Ehre – der Fußball bietet Schlagworte, mit denen auch Rechtsextreme gerne hantieren. Kein Wunder, dass Parteien wie die NPD immer wieder versuchen, sich den Sport zunutze zu machen. [...] Der Angriff von Rechtsaußen beginnt nicht erst, wenn Neonazis Reichsadler und Runenschrift in den Fanblock einschleusen und dort ganz offen Nachwuchs für rechte Kameradschaften oder Parteien rekrutieren. Solche Unterwanderungsversuche gibt es zwar [...], doch die rechte Offensive funktioniert meist viel subtiler.

Den Rechtsextremisten reicht es oft schon, einfach dabei sein zu können beim großen Gemeinschaftserlebnis Fußball. Als Jugendbetreuer oder Trainer, als Kreisklassen-Schiedsrichter oder Fanclub-Aktivist. „Die Rechten wollen in die Mitte der Gesellschaft vordringen", sagt Ronny Blaschke, [ein Journalist,] der jahrelang in vielen deutschen Regionen recherchiert hat. „Und wo ist diese Mitte? Im Sport." [...]

Neonazis wähnen sich im Fußballumfeld auf vertrautem Terrain, weil dort vielerorts immer noch Alltagsrassismus den Ton mitprägt. Schwulenfeindliche Sprüche, Antisemitismus und Antiziganismus[1] sind längst nicht aus allen Fanblocks verbannt. Blaschke: „Im Fußball gibt es immer ein Wir und die anderen." Wo dieser Gegensatz nicht mit ironischer Leichtigkeit, sondern mit ernster Überhöhung aufgebaut wird, passt er prima zur rechtsextremen Weltsicht.[...]

Den rechten Missbrauch müssen nach Überzeugung Blaschkes Verbände, Vereine und Fans gemeinsam verhindern. Eine Fanbewegung wie die Ultras, die sich in vielen deutschen Stadien als antirassistische und gegen rechts gerichtete Subkultur versteht, könne dabei eine wichtige Rolle spielen.

Hans-Peter Kastenhuber, Wie Neonazis den Fußball missbrauchen, Nürnberger Nachrichten, 17.4.2012, S. 11
[1] Zigeunerfeindlichkeit

M3 Preis für die UEFA – warum Fairplay nicht nach dem Abpfiff endet

Die UEFA hat für ihre Kampagne für Respekt und gegen jegliche Form von Rassismus oder Gewalt im Fußball den Willi-Daume-Fair-Play-Preis erhalten. Insbesondere wurde dabei die Förderung und das Fairplay im Rahmen der UEFA EURO 2008™ in Österreich und der Schweiz gelobt. UEFA-Vizepräsident Şenes Erzik nahm die Auszeichnung in Abwesenheit von Präsident Michel Platini am 26. Januar 2009 auf einer Gala in Istanbul an. Unter der Schirmherrschaft vom Internationalen Komitee für Fair Play (CIFP), der UNESCO und dem IOC wurde die Gala vom Nationalen Olympischen Komitee der Türkei veranstaltet. Die UEFA erhielt großes Lob für die Fair-Play-Kampagne „Respekt", welche sich gegen jegliche Form von Rassismus oder Gewalt im Fußball einsetzt. Diese wurde vor der UEFA EURO 2008™ von Platini ins Leben gerufen und trug zu einer Atmosphäre bei, welche die CIFP als bemerkenswerte Veranschaulichung für die Auswirkungen der Kampagne beschrieb. [...]

Die Kampagne ist mittlerweile auf alle UEFA-Wettbewerbe und Events ausgeweitet worden, damit die Fußballfamilie überall davon profitiert. Nur so kann Respekt für die Unterschiedlichkeit und Vielfältigkeit, welche unseren Kontinent bereichert, als Botschaft verbreitet werden. Konkret bedeutet dies, dass der Kampf gegen soziale Krankheiten wie Rassismus, Gewalt, Ausländerhass und Homophobie[1] weiter geht. Außerdem werden so unsere Partner unterstützt, die sich für den Behindertensport stark machen.

©UEFA.com 1998 – 2012, UEFA gewinnt Fair-Play-Preis, in: http://www.de.uefa.com, 29.1.2009
[1] Feindseligkeit gegen Lesben und Schwule

Respekt für Vielfalt

„Die vergangenen drei Wochen haben gezeigt, wie der Fußball Menschen mit einer gemeinsamen Leidenschaft zusammenbringen kann. Nationalität, Religion, Geschlecht oder sexuelle Orientierung spielen dabei keine Rolle. Meine Teamkollegen und ich als Kapitän der deutschen Nationalmannschaft bitten Sie, gemeinsam mit uns alle Formen von Diskriminierung abzulehnen und die Botschaft der UEFA ‚Respekt für Vielfalt' zu unterstützen."

Ansprache Philipp Lahms vor dem EM-Halbfinalspiel 2012, Deutschland – Italien

Aufgaben

1. Diskutieren Sie das Pro und Kontra eines Verbots der NPD (M 1).
2. Verfassungsfeindliche Parteien dürfen nur durch das Bundesverfassungsgericht verboten werden. Tauschen Sie sich darüber aus, warum das Grundgesetz an ein Parteiverbot so hohe Anforderungen stellt.
3. Stellen Sie dar, weshalb der Sport ein ideales Umfeld bietet, um rechtes Gedankengut zu verbreiten (M 2).
4. Zeigen Sie, wie die Gesellschaft und jeder Einzelne der Verbreitung extremistischer Einstellungen entgegenwirken kann (M 2, M 3).

Methode

Eine Umfrage planen, durchführen und auswerten

Meinungen bestimmen das politische Leben und sind die Grundlage jeder demokratischen Streitkultur. Wer die Mehrheitsmeinung auf seiner Seite weiß, kann politische Entscheidungen leichter durchsetzen. Kein Wunder also, dass Meinungsumfragen groß im Trend liegen. Eine ganze Branche, die Demoskopie, ist damit beschäftigt, die Menschen zu allen möglichen und manchmal auch unmöglichen Dingen zu befragen.

Wollen auch Sie einmal genau wissen, was Ihre Mitbürger denken? Dann führen Sie doch selbst eine Meinungsumfrage durch. Mit ein wenig Vorplanung ist das gar nicht so schwer und macht sogar Spaß.

Arbeitsphasen einer Meinungsumfrage

Phase 1: Planung und Vorbereitung

- Vorüberlegungen zum Ziel der Meinungsumfrage
- Festlegung der Themenbereiche, des Umfangs und der Zielgruppe(n) der Befragung
- Sammeln und Ausarbeiten geeigneter Fragen (am besten in Kleingruppen)
- Zusammenstellung und Gestaltung eines Fragebogens PC

Phase 2: Datenerhebung

- Verteilung und Rückforderung der Fragebögen oder Durchführung von Befragungsinterviews (Anonymität wahren!)

Phase 3: Auszählung und Auswertung

- Auszählung der Antworten PC
- Statistische Auswertung der Ergebnisse PC
- Kommentierung der Ergebnisse (erst Beschreibung, dann Interpretation)

Phase 4: Ergebnispräsentation

- Grafische Aufbereitung der Ergebnisse PC
- Wahl einer geeigneten Präsentationsform (z.B. Wandzeitung, Ausstellung, Veröffentlichung in der Schülerzeitung oder auf der Homepage der Schule) PC

PC: Bei diesen Arbeitsschritten hilft der Computer (Textverarbeitung, Tabellenkalkulation oder GrafStat, eine speziell zur Durchführung von Umfragen entwickelte Software der Bundeszentrale für politische Bildung).

Frageformen

Die Qualität eines Fragebogens steht und fällt mit der Frageformulierung. Mehrdeutige, missverständliche oder unlogische Fragen machen ihn schnell wertlos. Grundsätzlich stehen zwei Frageformen zur Wahl:

a) Offene Fragen erlauben eine freie Formulierung und lassen deshalb einen breiten Beantwortungsspielraum. Unterstützt werden also individuelle Antworten, die aber einen größeren Auswertungsaufwand erfordern, bei dem der PC kaum helfen kann.

b) Geschlossene Fragen (Multiple-Choice) verlangen vom Befragten, sich zwischen zwei („ja/nein") oder mehreren Antwortalternativen (Items) zu entscheiden, wobei auch Mehrfachnennungen zugelassen werden können. Sie sind schnell zu beantworten und relativ einfach auszuwerten. Bewährt hat sich ein ausgewogenes Verhältnis von offenen und geschlossenen Fragen.

Tipps zu Aufbau und Gestaltung des Fragebogens

- Jeder Fragebogen braucht einen Kopf. Er nennt den Titel, das Thema und die Zielsetzung der Umfrage. Außerdem ist hier der Ort für Angaben zur Person (Alter, Geschlecht, berufliche Tätigkeit, Bildungsabschluss) und den unverzichtbaren Hinweis auf die Anonymität der Befragung.
- Berücksichtigen Sie das Prinzip der Steigerung, einfache Fragen gehören an den Anfang, schwierige oder „sensible" ans Ende.
- Formulieren Sie einfach, allgemein verständlich und so konkret wie möglich. Vermeiden Sie wenig geläufige Fremdwörter.
- Legen Sie Wert auf eine sachliche und neutrale Ausdrucksweise. So genannte Suggestivfragen wie „Sie sind doch sicher auch der Meinung, dass ..." sind streng verboten.
- Jede Frage sollte sich auf genau einen Sachverhalt beziehen. „Würden Sie lieber täglich bis zum späteren Abend und an jedem zweiten Sonntag arbeiten?" lässt sich nicht eindeutig beantworten.
- Räumen Sie den Befragten das Recht ein, keine Antwort zu geben. Sehen Sie in sinnvollen Fällen immer ein Item „Weiß nicht", „Keine Meinung" o.Ä. vor.
- An den Schluss gehört eine Dankesformel. Geben Sie den Befragten auch noch die Möglichkeit zu einem persönlichen Kommentar (Anregungen, Wünsche, Kritik etc.).

Aufgabe

Erarbeiten Sie eine (Kurz-)Umfrage zu einem der folgenden Themen:
Islamismus, Rechtsextremismus, Linksextremismus

Wissen kompakt

Wehrhafte Demokratie

Die Erfahrungen aus dem Nationalsozialismus haben die Gründer der Bundesrepublik für die Gefahren sensibilisiert, die von extremistischen Ideologien ausgehen können. Das Grundgesetz enthält daher eine Reihe von Maßnahmen zum Schutz der Verfassung, die der politischen Ordnung Deutschlands insgesamt den Charakter einer „wehrhaften" oder „streitbaren" Demokratie geben.

Parteienverbot

Auf Antrag können verfassungswidrige Parteien vom Bundesverfassungsgericht verboten werden. (→ Art. 21, Abs. 2 GG)

Nur drei Verfassungsorgane können laut Bundesverfassungsgericht einen Verbotsantrag stellen: Deutscher Bundestag, Bundesrat oder die Bundesregierung. Sollte die zu verbietende Partei auf ein Bundesland beschränkt sein, so kann auch die entsprechende Landesregierung einen Verbotsantrag beim Bundesverfassungsgericht stellen.

Bundesweit sind in der Bundesrepublik Deutschland bisher zwei Parteien verboten worden: Sozialistische Reichspartei (SRP) im Jahre 1952 und die Kommunistische Partei Deutschlands (KPD) im Jahre 1956.

Verbot von Vereinigungen

Vereinigungen, die sich gegen die verfassungsmäßige Ordnung richten, können vom Innenminister verboten werden. (→ Art. 9, Abs. 2 GG)

Widerstandsrecht

Das Grundgesetz räumt den Deutschen ein Recht zum Widerstand gegen jeden ein, der es unternimmt, die verfassungsmäßige Ordnung zu beseitigen, wenn keine andere Abhilfe möglich ist. (→ Art. 20, Abs. 4 GG)

Verwirkung der Grundrechte

Die Grundrechte einzelner Personen können vom Bundesverfassungsgericht aberkannt werden, wenn sie diese zum Kampf gegen die Demokratie missbrauchen. (→ Art. 18 GG)

Dies kann bedeuten, dass z. B. Grundrechte wie

- die Pressefreiheit (Art. 5, Abs. 1),
- die Lehrfreiheit (Art. 5, Abs. 3),
- die Versammlungsfreiheit (Art. 8 GG),
- die Vereinigungsfreiheit (Art. 9 GG),
- das Brief-, Post- und Fernmeldegeheimnis (Art. 10 GG),
- das Recht auf Eigentum (Art. 14 GG) oder
- das Asylrecht (Art. 16a GG)

vom Bundesverfassungsgericht eingeschränkt werden. An der Tagesordnung ist dies allerdings nicht, da das Verfahren an hohe Hürden gekoppelt ist, um Willkür auszuschließen.

Verpflichtung zur Verfassungstreue

Bedienstete im öffentlichen Dienst können auf ihre Verfassungstreue verpflichtet werden. Dies gilt zum Beispiel für Richter und Lehrer.

Ewigkeitsklausel

Auch die sogenannte Ewigkeitsklausel aus Art. 79 GG kann als Element der „wehrhaften Demokratie" gesehen werden. Hier ist festgelegt, dass die Artikel 1 und 20 des Grundgesetzes nie verändert werden dürfen. Die Würde des Menschen und die Staatsstrukturprinzipien (u.a. Demokratie) können also niemals angetastet werden, es sei denn, das Grundgesetz verliert seine Gültigkeit, indem eine neue Verfassung in Kraft tritt, die von dem deutschen Volk in freier Entscheidung beschlossen worden ist. (→ Art. 146 GG)

Wissen im Kontext

Wie kann man extremistischen Haltungen vorbeugen?
M 1 – M 3

Um die Demokratie vor ihren Feinden zu schützen, reichen gesetzliche Maßnahmen allein nicht aus. Wo die Mehrheit der Bürger mit ihren Lebensverhältnissen zufrieden ist, niemand um seinen gesellschaftlichen Status bangen muss und soziale Gerechtigkeit herrscht, findet extremistisches Denken keinen Nährboden. Wichtig sind aber gleichermaßen gut informierte und aufgeklärte Bürger, die sich mit ihrem Gemeinwesen identifizieren.

Warum ist es so schwierig, die NPD zu verbieten?
M 1

Im Zuge der Morde des Nationalsozialistischen Untergrunds (NSU) und dessen Verbindungen zur NPD beschlossen die Bundesländer im Dezember 2012, wenn nötig auch ohne Bundestagsbeteiligung, einen NPD-Verbotsantrag beim Bundesverfassungsgericht zu stellen. Die Chancen, dass das Bundesverfassungsgericht die NPD als verfassungswidrig einstuft, werden unterschiedlich eingeschätzt. Die Bundesländer argumentieren u.a., dass der Verfassungsschutz die NPD als rechtsextrem – und damit verfassungswidrig – einstuft. Die NPD träume offen von einem „Vierten Reich", einem völkischen, autoritär geführten Staat, was es zu verbieten gelte. Weiter argumentieren die NPD-Verbotsbefürworter, dass sich insbesondere in Ostdeutschland mithilfe der NPD immer weiter rechtsextremistisches Gedankengut verbreite und selbst der Bundesinnenminister davor warnt, dass Neonazis dort in einigen Regionen das gesellschaftliche Leben unterwandern. Zudem sollen die Fehler beim gescheiterten NPD-Verbotsantrag im Jahre 2003 durch den Abzug von V-Leuten aus den Führungskreisen der NPD vermieden werden.
Die NPD-Verbotsgegner meinen hingegen, dass unser demokratisches System auch eine NPD ertragen müsse und man durch ein Verbot zwar die Partei verdränge, aber nicht das in der Bevölkerung offensichtlich vorhandene Gedankengut. Es bestehe dann sogar die Gefahr, dass sich neue, andere noch nicht bekannte rechtsextreme Gruppen bilden, die zu kontrollieren schwieriger sein dürfte als die „bekannte" NPD. Ferner würde ein Verbotsverfahren der NDP eine gewisse „Publicity" geben und die Partei als „Opfer" stilisieren.

Wie garantiert das Grundgesetz die Demokratie?
M 1 – M 3

Im Zentrum der streitbaren Demokratie steht die sogenannte Ewigkeitsgarantie des Art. 79 Abs. 3 GG. Darin heißt es: „Eine Änderung dieses Grundgesetzes, durch welche die Gliederung des Bundes in Länder, die grundsätzliche Mitwirkung der Länder bei der Gesetzgebung oder die in den Artikeln 1 und 20 niedergelegten Grundsätze berührt werden, ist unzulässig." Zu den Grundsätzen gehören die Menschenwürde, die Rechts-, Sozial- und Bundesstaatlichkeit sowie das Demokratieprinzip.

Was kann jeder Einzelne tun, um unsere Demokratie zu schützen?
M 2 – M 3

Die Möglichkeiten, sich für die Demokratie einzusetzen, sind sehr vielseitig. Nachfolgende Aufzählung ist leicht erweiterbar und verdeutlicht, wie jeder Einzelne durch sein Verhalten unsere Demokratie schützen kann: Menschenrechte jedem zubilligen, wählen gehen, andere Meinungen akzeptieren, sich ehrenamtlich engagieren, sich um die eigene Umgebung in Stadt und Gemeinde kümmern, sich für andere Menschen einsetzen etc.

Staatsprinzipien herausgefordert

M1 Demokratie im Dilemma?

Dilemma
Unter einem Dilemma (gr. zweigliedrige Annahme; Pl. Dilemmata oder Dilemmas) versteht man eine problematische Situation, die zwei (oder auch mehr) Entscheidungsmöglichkeiten nahelegt, von denen keine zu einer wünschenswerten Lösung führt. Die Ausweglosigkeit wird von den Beteiligten als paradox empfunden.

A) Im Vorfeld einer geplanten Demonstration gegen die Bildungspolitik der bayerischen Staatsregierung ist mit dem Auftreten gewaltbereiter autonomer Gruppen zu rechnen.

Sollten die Behörden die Demonstration unter diesen Umständen verbieten oder nicht?

B) Das Satiremagazin „Titanic" zeigte den ehemaligen Papst Benedikt XVI. im Juli 2012 auf seiner Titelseite mit vermeintlich urinbefleckter Soutane und spielte damit auf einen kurz davor aufgeklärten Enthüllungsskandal im Vatikan an.

Hätten Sie einen Boykottaufruf katholischer Christen gegen den Kauf der Zeitschrift mitgetragen oder nicht?

M2 Rechtsstaat – muss er vor seinen Bürgern geschützt werden?

Artikel 21, Abs. 1 HV (Hessische Landesverfassung)
Ist jemand einer strafbaren Handlung für schuldig befunden worden, so können ihm auf Grund der Strafgesetze durch richterliches Urteil die Freiheit und die bürgerlichen Ehrenrechte entzogen oder beschränkt werden. Bei besonders schweren Verbrechen kann er zum Tode verurteilt werden.

Jörg-Uwe Hahn sitzt in einem Frankfurter Café. Er ist hessischer FDP-Chef, Justizminister, stellvertretender Ministerpräsident [...]. Warum lässt er nicht die Todesstrafe aus der Verfassung streichen? „Ich habe seit Beginn der Neunzigerjahre immer wieder rumgenölt und gesagt, das kann doch nicht wahr sein", beginnt er, munter wie immer. „Aber niemand hat das auf die Tagesordnung gesetzt, weil man schlicht die Angst hat, dass man verliert."

Man könnte es so nennen: Feigheit vor dem eigenen Volk. Wer die hessische Verfassung ändern will, der braucht dazu anders als beim Grundgesetz die Zustimmung der Bürger, eine Volksabstimmung. Und die Regierung traut den Hessen offenbar kein besseres Urteilsvermögen zu als den Kaliforniern. „Ich sehe ein erhebliches Risiko", sagt Minister Hahn. Was passiert zum Beispiel, wenn drei Wochen vor der Abstimmung ein Kind entführt und ermordet wird – wie vor zehn Jahren der Bankierssohn Jakob von Metzler? Wie stimmen die Hessen dann ab?

Man muss kein Hellseher sein, um Übles zu ahnen, es genügen ein paar Kontaktversuche mit Tobias Rade. Der junge Mann aus Kassel entdeckte vergangenes Jahr eher zufällig im Internet, dass die Todesstrafe in seiner Heimat noch immer in der Verfassung steht, er fand das ungeheuerlich. Er schrieb eine Petition an den Landtag für die Streichung, er wandte sich an die Lokalzeitung und hoffte, dass ein Aufschrei durchs Land gehe.

Der Aufschrei kam tatsächlich, nur anders, als sich Rade ihn erhofft hatte. Zwei Lokalzeitungen berichteten über seine Initiative, unter die Texte schrieben die Leser im Internet ihre Meinung. „Der Typ muss ja Komplexe haben ohne Ende", tippte jemand um vier Uhr nachts. „Herr Rade, ich weiß nicht, was für ein Zeug Sie nehmen, aber hören Sie besser auf damit." In diesem Ton geht es weiter. Blödsinn! Humbug! Reine Selbstdarstellung! Was das kosten würde! Soll er doch wegziehen, der Rade. Kaum jemand ergriff das Wort für den jungen Mann, dafür mancher für die Giftspritze. „Ich bin auch für die Todesstrafe", schrieb ein Anonymous, „Weg mit dem Gesindel, was andere Menschen einfach so tötet." Kein Wunder, dass Tobias Rade heute nichts mehr sagen will zu seiner Petition. Auf eine Antwort vom Landtag wartet er bislang vergebens.

Marc Widmann, Feigheit vor dem Volk, Süddeutsche Zeitung, 27.11.2012, S. 3

Aufgaben

1. Diskutieren Sie – auch mithilfe einer Textausgabe des Grundgesetzes – die beiden demokratischen Dilemmata aus M 1. Sie können sich an folgendem Ablaufschema orientieren:
   - **A.** *Unkommentierte und ungeordnete Spontanaussprache über den Dilemma-Fall; erste Abstimmung*
   - **B.** *Systematische Erarbeitung und schriftliche Fixierung aller relevanten Argumente (nach Möglichkeit in Kleingruppen)*
   - **C.** *Reflexion der Argumente; Ermittlung einer tragfähigen Rangfolge*
   - **D.** *Einordnung des Dilemmas in weiter gefasste Zusammenhänge (z.B. rechtliche und politische Folgen der diskutierten Entscheidungsvarianten, Durchsetzbarkeit angesichts bestimmter gesellschaftlicher Interessenlagen und politischer Machtkonstellationen); Schlussabstimmung*
2. Seit dem Inkrafttreten der Hessischen Landesverfassung im Jahr 1946 ist zwar noch kein Straftäter zum Tode verurteilt worden (M 2). Überprüfen Sie dennoch (mithilfe des Grundgesetzes), ob dies zumindest theoretisch möglich (gewesen) wäre.
3. Erschließen Sie den Text M 2 und diskutieren Sie, ob die Zurückhaltung der hessischen Landesregierung in der Frage einer formellen Abschaffung der Todesstrafe akzeptabel ist.

GREENPEACE

OMNIBUS FÜR DIREKTE DEMOKRATIE IN DEUTSCHLAND
VOLKSABSTIMMUNG

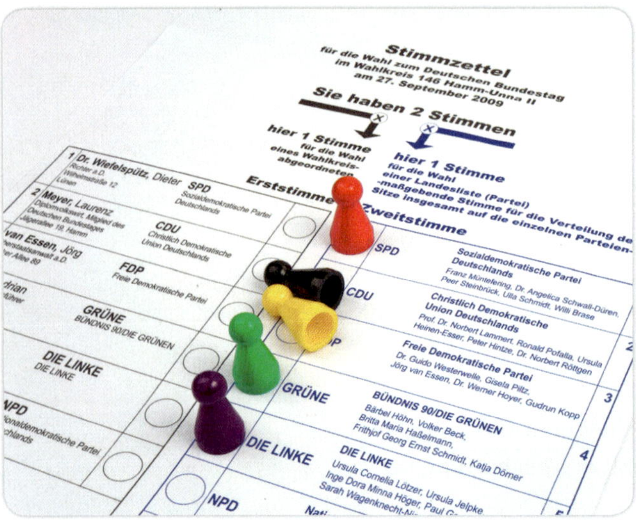
Stimmzettel
für die Wahl zum Deutschen Bundestag
im Wahlkreis 146 Hamm-Unna II
am 27. September 2009
Sie haben 2 Stimmen
hier 1 Stimme
für die Wahl
eines Wahlkreis-
abgeordneten
hier 1 Stimme
für die Wahl
einer Landesliste (Partei)
Erststimme
Zweitstimme
SPD
Sozialdemokratische Partei Deutschlands
CDU
Christlich Demokratische Union Deutschlands
FDP
Freie Demokratische Partei
GRÜNE
BÜNDNIS 90/DIE GRÜNEN
DIE LINKE
NPD

SANYO
NEIN
zu Rassismus
in Politik, Alltag und Institutionen
GENUG - gemordet, geschwiegen, geduldet, gedeckt!

2

Mitwirkungsmöglichkeiten in der demokratischen Gesellschaft

„Alle Staatsgewalt geht vom Volke aus" – so steht es im zweiten Absatz des Artikels 20 im Grundgesetz. Aber was bedeutet dieser Satz konkret? Wie kann der einzelne Staatsbürger sich beteiligen und einbringen in die „große Politik"? Wie kann er darüber hinaus deren Entscheidungsprozesse mitbestimmen?
Im ersten Kapitel wird erklärt, dass „Demokratie" Volksherrschaft bedeutet, aber viele Bürger glauben, dass damit nur gemeint ist, alle vier Jahre einen Wahlzettel anzukreuzen und dann „die da oben" machen zu lassen. Doch das ist unzutreffend. Vielmehr stehen dem Einzelnen zahlreiche Möglichkeiten zur Verfügung, seine Interessen zu vertreten und sich für deren Umsetzung zu engagieren.

Am Ende des Kapitels sollten Sie Folgendes können:
- die Funktion und Merkmale von freien Wahlen kennen
- verschiedene Wahlsysteme beurteilen
- die Rolle und Funktion der politischen Parteien analysieren
- die Aufgaben von Verbänden und Interessengruppen einschätzen
- plebiszitäre Mitwirkungsmöglichkeiten in Bayern erklären

Was Sie schon wissen ...

Ermitteln Sie mithilfe der links stehenden Bilder Ihnen bekannte politische Partizipationsmöglichkeiten in Bayern und in Deutschland. Sammeln Sie sie in der Klasse und bewerten Sie die einzelnen Partizipationsmöglichkeiten nach Effektivität.

2.1 Wahlen – warum sollen sie wichtig sein?

M1 Wahl-Frust oder Wahl-Lust?

	+	–	0
1. „Demokratie funktioniert nur, wenn sich alle Bürger daran beteiligen."	+1	-1	0
2. „Mein Alltag hat mit Politik nichts zu tun, ich interessiere mich nicht sonderlich für Politik. Wieso sollte ich da wählen gehen?"	-2	+2	0
3. „Jede Stimme ist wichtig, auch meine. Ich gehe wählen, weil ich so mit geringem Aufwand über die Zukunft unseres Landes mitentscheiden kann."	+2	-2	0
4. „Die Parteien gleichen sich wie ein Ei dem anderen. Da kann ich mich gar nicht entscheiden."	-1	+1	0
5. „Das Recht zur Wahl der eigenen Volksvertretung ist das wichtigste Bürgerrecht. Darauf sollte man nicht leichtfertig verzichten, denn viele Menschen haben dafür gekämpft und gelitten."	+2	-2	0
6. „In der Masse der Wähler zählt meine Stimme ohnehin nichts."	-2	+2	0
7. „Ich gehe wählen, weil sonst andere über mich entscheiden."	+1	-1	0
8. „Ich würde gerne an einem Volksentscheid teilnehmen und über eine politische Sachfrage abstimmen, aber wählen und Politikern einen Blankoscheck ausstellen, damit sie vier Jahre tun und lassen können, was sie wollen, dazu bin ich nicht bereit."	-1	+1	0
9. „Ich gehe wählen, weil wir einen Politikwechsel in unserem Land dringend nötig haben."	+1	-1	0
10. „Ich kenne keine Partei, die meine Interessen vertritt."	-1	+1	0
SUMME			

Nach: Bruno Zandonella, Wahlen für Einsteiger, BpB, Bonn 2011, S. 3

Wählertypen

-14 bis -10 Punkte

Politikverdrossener Nichtwähler

-9 bis -3 Punkte

Wahlmuffel

-2 bis +2 Punkte

Unentschlossener Wackelkandidat

+3 bis +9 Punkte

Überzeugter Wähler

+10 bis +14
~~+3 bis +9 Punkte~~

Begeisterter Wähler

Nach: Bruno Zandonella, Wahlen für Einsteiger, BpB, Bonn 2011, S. 3

M2 Die Bedeutung von Wahlen

Aufgrund der regelmäßig stattfindenden freien Wahlen muss die Politik den Aspekt der Herrschaft auf Zeit stets mit einkalkulieren. Die Politikverantwortlichen müssen, wenn sie wieder gewählt werden wollen, die Meinungs- und die Willensbildung der Wählerschaft berücksichtigen. Das gilt unabhängig davon, ob sich durch Kreuze auf dem Wahlzettel die Machtverhältnisse ändern oder nicht. Die Einflussmöglichkeiten der Bürgerinnen und Bürger auf die Politik sind somit umfassender und längerfristiger, als es der kurze Wahlakt suggeriert – sofern faktisch unterschiedliche Personen, Parteien und Programme zu wählen sind. Parteien sowie Politikerinnen und Politiker reagieren auf Trends der öffentlichen Meinung und berücksichtigen die Erwartungen sowie die Reaktionen derjenigen, die sie gewählt haben, in ihren Entscheidungen. Karl R. Popper hat diesen Zusammenhang treffend beschrieben: „Jede Regierung, die man wieder loswerden kann, hat einen starken Anreiz, sich so zu verhalten, dass man mit ihr zufrieden ist. Und dieser Anreiz fällt weg, wenn die Regierung weiß, dass man sie nicht so leicht loswerden kann." Die Bürgerinnen und Bürger entschei-

Karl R. Popper
Karl Raimund Popper, 1902 – 1994, österreichisch-britischer Philosoph, begründete u.a. den *kritischen Rationalismus* (philosophische Denkrichtung).

den nicht nur über die Verteilung der politischen Macht für eine bestimmte Zeit, sondern sie legitimieren sie auch. Regieren kann nur dann legitim sein, wenn es auf einer Form der Zustimmung der Regierten beruht. Wahlen legitimieren politische Herrschaft, kontrollieren die Regierenden und garantieren die Bindung der Politik an die Meinungen der Regierten. Die Regierung bleibt durch die Wahlen gegenüber der Wählerschaft politisch verantwortlich. Der Wahlakt ist eine aktive Teilhabe am politischen Entscheidungsprozess. Aber auch diejenigen, die nicht wählen, üben Einfluss aus. Die Höhe der Wahlbeteiligung hat Auswirkungen auf das Ergebnis. Je nach Wahltypus können die Wählenden über die Zusammensetzung der Parlamente, die Regierungsbildung und somit über die politischen Sachprogramme der kommenden Jahre entscheiden. Die Auswirkungen der Stimmabgabe sind vielfältig. Sie bedeutet weit mehr als die Entscheidung darüber, wer die zukünftige Regierung bilden wird.

Rudolf Korte, Wahlen in Deutschland, Bonn 2010, S. 9f.

M3 Die Wahlgrundsätze in Deutschland

Art. 28 GG:
„In den Ländern, Kreisen und Gemeinden muss das Volk eine Vertretung haben, die aus allgemeinen, unmittelbaren, freien, gleichen und geheimen Wahlen hervorgegangen ist."

Art. 38 GG:
„Die Abgeordneten des Deutschen Bundestags werden in allgemeiner, unmittelbarer, freier, gleicher und geheimer Wahl gewählt."

Bergmoser + Höller Verlag AG 86030

Wahlgrundsätze außerhalb Deutschlands
Die in Deutschland überall anerkannten Wahlgrundsätze gelten z.B. nicht in den USA, Belgien oder Luxemburg. Während die USA ihren Präsidenten nicht unmittelbar wählen lassen, sind die Wahlen in Belgien oder Luxemburg nicht frei. Dort existiert eine Wahlpflicht. Selbst die Wahl zum Europäischen Parlament genügt nicht den Wahlkriterien aus Art. 38 GG. Die Stimmen der Zyprioten sind z.B. „gleicher" als die der Deutschen, da sie mehr „Gewicht" haben.

Das Grundgesetz legt in Artikel 20 fest, dass die Bundesrepublik Deutschland ein demokratischer Bundesstaat ist. Artikel 38 bestimmt darüber hinaus, dass die Bürger nicht ständig über alle Angelegenheiten selbst abstimmen, sondern Abgeordnete wählen, die im Parlament für sie stellvertretend entscheiden. Allgemein sind Wahlen daher die wichtigste Form der politischen Mitbestimmung in demokratischen Staaten. Im Laufe der Jahrhunderte haben sich verschiedene Wahlrechtsgrundsätze herausgebildet, deren Umsetzung ein Wesensmerkmal heutiger Demokratien geworden ist. In Deutschland müssen Wahlen laut Art. 38 GG allgemein, unmittelbar, frei, gleich und geheim sein.

M4 Wahlen im Verlauf der deutschen Geschichte

A) Das preußische Dreiklassenwahlrecht in der Karikatur

„Warum gilt ein Reicher bei den preußischen Wahlen mehr als hundert Unterbemittelte? – Aus schwerwiegenden Gründen!"
Karikatur: bpk

B) Wahlen im Nationalsozialismus

„Mit peinlicher Genauigkeit bemühten sich die Wahlvorstände, alle Vorschriften strikt innezuhalten, so dass [...] der streng geheime Charakter der Wahl und der Abstimmung unbedingt gewahrt blieb", schrieben die ‚Kieler Neuesten Nachrichten' 1933. Allerdings hingen im Wahllokal Hakenkreuzfahnen und Portraits des Reichskanzlers Adolf Hitler. Den Parteimitgliedern war es „erlaubt" in Dienstuniform den Wahldienst zu verrichten. Nach fast allen Wahlen erhielt man ein Wahlabzeichen, wodurch man auf der Straße sozialen Druck gegenüber den Nichtwählern ausübte, ebenfalls wählen zu gehen. Die SA durfte die Wählerlisten einsehen und begann von Mittag an ihren „Wahlschleppdienst", um sogenannte „säumige" Wählerinnen und Wähler zu Hause aufzusuchen. Wer sich diesem Zwang, zur Wahl zu gehen, entzog, konnte auch nach der Abstimmung noch mit Sanktionen rechnen. [...]
Den Bruch des Wahlgeheimnisses belegt ein Brief eines Rechtsanwalts an den Landrat des Kreises Rendsburg im Oktober 1934: „Der dortige Wahlvorsteher bei der letzten Volksabstimmung [...] hat das Wahlgeheimnis dadurch gebrochen, dass er bei bestimmten Wählern die Klappe des Umschlages zum Wahlzettel durch Einknicken kenntlich machte."

Nach: Frank Omland, Wahlen 1933 bis 1938. „Du wählst mi nich Hitler!". Die Reichstagswahlen und Volksabstimmungen der NS-Diktatur (1933-1938), in: http:www.geschichte-s-h.de, Abruf am 20.12.2012

C) Bericht über die Volkskammerwahl (8.6.1986) in der DDR

Im Wahlkreis 56 Halberstadt-Wernigerode standen drei Frauen und sechs Männer auf dem Stimmzettel. Außer dem Namen der Kandidaten gab es keine weiteren Angaben. Über den Namen war zu lesen: „Wahlvorschlag der Nationalen Front der Deutschen Demokratischen Republik zur Wahl der Volkskammer". Stimmkreise für ein Ankreuzen sind nicht vorhanden.

Der Wähler nimmt nach Vorlage des Personalausweises und der Wahlbenachrichtigung einen Stimmzettel für die Volkskammer (blau) und einen Stimmzettel für den Bezirkstag (weiß) entgegen. Um mit Ja zu stimmen, wurden die Stimmzettel gefaltet und in die Urne geworfen. Wer abweichend vom Wahlvorschlag wählen wollte, konnte die Wahlkabine benutzen. Die Streichung einzelner Kandidaten wäre aber keine Neinstimme. Wer mit Nein stimmen wollte, musste alle Kandidaten einzeln durchstreichen. Wer die Wahlkabine benutzt, macht damit deutlich, dass er abweichend vom Wahlvorschlag abstimmen möchte. Er macht sich verdächtig! Er weiß nicht, ob und welche Folgen sein Verhalten haben kann. Von 196 Wahlberechtigten im Wahlbezirk 7 in Wernigerode benutzt nur ein Wähler die Kabine. Bei der Stimmenauszählung zeigt sich, dass auf einem Stimmzettel ein Name gestrichen ist. Wer bis gegen 14 Uhr nicht im Wahllokal war, wird mit einer „Fliegenden Urne" zu Hause aufgesucht. In Wernigerode weigerte sich eine junge Frau zu wählen, und das vor laufender West-Kamera und offenem Mikrofon. Es bedurfte keiner Meinungsforschung, um für Beteiligung und Ergebnis das Überschreiten der 99%-Marke vorherzusagen.

Gerald Syring, Hintergrund: Wahlen in der DDR, in: http://www.planet-schule.de, Abruf am 19.12.2012

Nationale Front
Die Nationale Front war ein Zusammenschluss der Parteien und Massenorganisationen in der DDR. Durch sie sollten dem Anspruch nach alle gesellschaftlichen Gruppen Einfluss auf gesellschaftspolitische Prozesse nehmen können. Tatsächlich aber war die Nationale Front ein Mittel, um die zu einem „Block" zusammengeführten Parteien (Blockparteien) und Massenorganisationen zu disziplinieren und die Vormachtstellung der SED im Staat zu festigen.

Aufgaben

1. Die unter M 1 aufgeführten Meinungen über das Wählen sind in der Öffentlichkeit häufig zu hören. Stellen Sie sich vor, Sie dürften wählen. Welchen Aussagen stimmen Sie zu? Bestimmen Sie Ihre persönliche Punktzahl (+ = ich stimme zu; - = ich stimme nicht zu; 0 = unentschieden) und ermitteln Sie, welcher Wählertyp (Randspalte) Sie sind. Vergleichen Sie abschließend Ihre Ergebnisse in der Klasse (M 1, Randspalte S. 52).

2. Erarbeiten Sie aus dem Text die Bedeutung von Wahlen in demokratischen Staaten (M 2).

3. Ermitteln Sie, inwieweit die unter M 3 aufgeführten Wahlrechtsgrundsätze in der Karikatur und den Quellentexten aus M 4 verletzt wurden.

4. **Vertiefung:**
In der Presse wird oft von „demokratischen Wahlen" gesprochen. Gemeint sind jedoch freie Wahlen, die u.a. den Wahlgrundsätzen aus Art. 38 GG entsprechen. Diskutieren Sie mit Blick auf Wahlen in den USA, Belgien oder auf die Wahl zum Europaparlament, welche Wahlgrundsätze mindestens vorliegen sollten, um als „freie" Wahl eingestuft zu werden.

Wissen kompakt

Demokratische Legitimation

Abstammend vom lateinischen Wort „lex“ (das Gesetz) bedeutet der Begriff Legitimation die Beglaubigung oder Rechtfertigung, etwas Bestimmtes tun zu dürfen. So besitzt etwa der Bundestag eine „demokratische Legitimation“, die Gesetze/Regeln in Deutschland zu bestimmen, weil er vom Volk gewählt bzw. dazu legitimiert wird.

Aktives Wahlrecht

Um wahlberechtigt für die Wahl zum Deutschen Bundestag zu sein, müssen drei Bedingungen erfüllt sein: Man muss die deutsche Staatsangehörigkeit nach Art. 116 [1] GG besitzen, am Wahltag das 18. Lebensjahr vollendet haben und nach dem 23. Mai 1949 sowie vor einem Fortzug mindestens drei Monate ununterbrochen in der Bundesrepublik Deutschland eine Wohnung innegehabt oder sich sonst gewöhnlich aufgehalten haben. Bei Kommunalwahlen sind – ebenso wie bei Wahlen zum EU-Parlament – auch Ausländer aus EU-Staaten wahlberechtigt. Zudem darf in einigen Bundesländern bei Kommunalwahlen schon mit 16 Jahren gewählt werden. In Bremen (seit 2011) und in Brandenburg (ab 2014) gilt dies auch bei der Bürgerschafts- bzw. Landtagswahl.

Legislaturperiode

In demokratischen Staaten wird ein Parlament nur für einen bestimmten Zeitraum, eine Legislatur- oder auch Wahlperiode gewählt, der Deutsche Bundestag beispielsweise für vier Jahre. Danach endet die Amtszeit der jeweiligen Regierung und es finden Neuwahlen statt.

Passives Wahlrecht

In den Deutschen Bundestag gewählt werden kann jeder Deutsche im Sinne des Art. 116 [1] GG, der am Wahltag das 18. Lebensjahr vollendet hat. Eine Ausnahme stellt die Wahl zum Bundespräsidenten dar, da man als Kandidat mindestens 40 Jahre alt sein muss (Art. 54 [1] GG).

Verlust des Wahlrechts

Das Wahlrecht kann durch richterlichen Beschluss aberkannt werden. Dies ist in der Regel nur bei sehr schweren Verbrechen der Fall oder bei Personen, die auf eine Totalbetreuung zur Besorgung aller Angelegenheiten des täglichen Lebens angewiesen sind.

Der Wahlvorgang

Briefwahl

Kann ein Wähler aus irgendwelchen Gründen nicht im Wahllokal erscheinen, so hat er die Möglichkeit der Briefwahl.

Auf Antrag erhält er von der Gemeinde alle Wahlunterlagen. Der versiegelte Wahlumschlag muss am Tag der Wahl bis 18 Uhr beim Kreis- bzw. Gemeindewahlleiter eingegangen sein.

Wahllokal

Für die Durchführung der Wahlen sind Städte und Gemeinden zuständig.

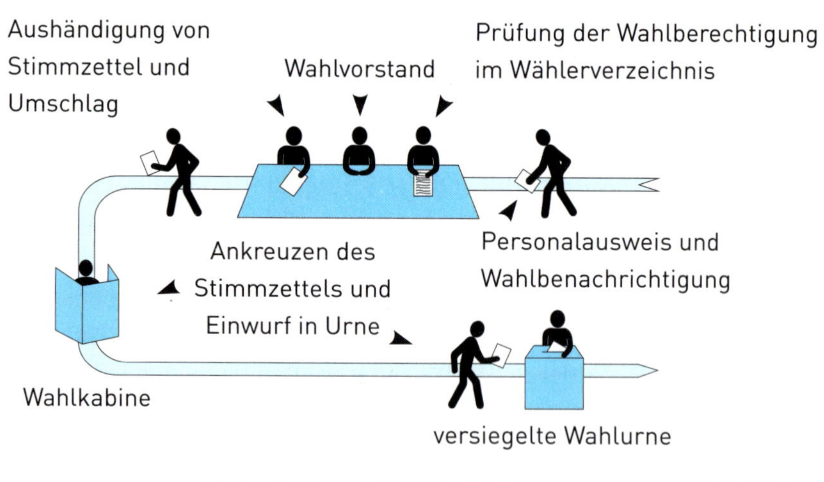

Wissen im Kontext

Wahlen gehören zum Fundament der Demokratie. Nichts Anderes bedeutet die Formulierung „Alle Staatsgewalt geht vom Volke aus", wie es in Artikel 20 [2] des Grundgesetzes steht. Durch sie wird es den Bürgern der Bundesrepublik Deutschland ermöglicht, den eigenen politischen Willen kundzutun und politisch mitzubestimmen. Denn sie entscheiden über die Zusammensetzung des Parlaments und damit über die politische Ausrichtung der Regierung.

Welche Bedeutung haben Wahlen für eine Demokratie?
M 2

Die Verantwortlichen in der Politik sollten darauf achten, stets auch Meinungen und Willensbekundungen der Wähler in ihre Entscheidungen mit einzubeziehen. Denn gewählt sind sie nur „auf Zeit", d.h. sie müssen sich nach Ablauf einer Legislaturperiode wieder einer Wahl stellen, und laufen deshalb Gefahr, von den unzufrieden gewordenen Bürgern abgewählt zu werden.

Weshalb finden regelmäßig Wahlen statt?
M 2

Im preußischen Königreich des 19. und beginnenden 20. Jahrhunderts oder auch in den deutschen Diktaturen des Nationalsozialismus und der DDR gab es zwar auch Wahlen, doch entsprachen diese keinesfalls heutigen Wahlprinzipien in Demokratien. Das Grundgesetz formuliert in Artikel 38 [1] fünf zentrale Wahlgrundsätze: Wahlen müssen *allgemein* sein, d.h. alle Bürger besitzen – frei von Diskriminierung – das aktive und passive Wahlrecht. Sie müssen zudem *unmittelbar* sein, so dass die Abgeordneten – anders als etwa in den USA – direkt ohne Zwischenschaltung von Wahlmännern gewählt werden. Des Weiteren erfolgen sie *frei*, also ohne staatlichen Druck auf den Wähler, verpflichtend zur Wahl gehen zu müssen. Wahlen sollen außerdem *gleich* sein, d.h. jeder Wahlberechtigte hat die gleiche Anzahl von Stimmen und jede Stimme zählt gleich viel. Schließlich erfolgt jede Wahl *geheim*, mit Wahlzellen, verdeckter Stimmabgabe, versiegelten Wahlurnen usw., so dass die persönliche Wahlentscheidung niemand erfährt.

Woraus entwickelten sich die bundesdeutschen Wahlrechtsgrundsätze?
M 4

Da Wahlen die wichtigsten Mitwirkungsmöglichkeiten der Bürger in der Demokratie darstellen, wird der Wahlvorgang in der Bundesrepublik eigens in der sogenannten Bundeswahlordnung geregelt. Jede Gemeinde führt die Wahlberechtigten, die in dem betreffenden Verwaltungsgebiet ihren ersten Wohnsitz haben, in einem Wählerverzeichnis. Etwa vier Wochen vor dem Wahltermin schickt sie jedem Wahlberechtigten eine Wahlbenachrichtigungskarte mit der Mitteilung, wann und in welchem Wahllokal er seine Stimme abgeben kann. Am Tag der Wahl bringt der Wähler seine Benachrichtigungskarte (nicht zwingend notwendig) sowie ein Ausweisdokument (zwingend notwendig) mit ins Wahllokal. Dort erhält er einen Stimmzettel, den er in einer Wahlkabine ausfüllen kann. Danach wirft er seinen anonymen Stimmzettel in eine Wahlurne. Ein ehrenamtlicher Wahlvorstand zählt die Stimmen am Ende des Wahltages öffentlich aus, damit keine Unregelmäßigkeiten vorkommen. Wähler, die aus irgendwelchen Gründen nicht im Wahllokal erscheinen können, haben die Möglichkeit, ihre Stimme nach Antrag per Briefwahl abzugeben.

Wie läuft eigentlich eine Wahl ab?

2.2 Wahlsysteme – wie unterscheiden sie sich?

M1 Aussagen über Wahlsysteme

Ein Wahlsystem ist gerecht, wenn jede Stimme gleich viel zählt und auch kleine Parteien entsprechend ihrer Stärke im Parlament vertreten sein können.

Ein Wahlsystem sollte durch die unmittelbare Wahl im Wahlkreis eine intensivere Verbindung zwischen dem Abgeordneten und seinem Wahlkreis ermöglichen.

Ein gutes Wahlsystem berücksichtigt den gesellschaftlichen Wandel, denn neue politische Strömungen und Parteien erhalten leichter Zugang zum Parlament.

Ein Wahlsystem sollte Experten größere Chancen geben, im Parlament vertreten zu sein.

Wähler sollten direkt über die Regierung entscheiden und nicht die Parteien in Koalitionsverhandlungen nach der Wahl.

Ein effizientes Wahlsystem bringt eine stabile Regierung hervor.

Nur große Parteien sollten ins Parlament einziehen. Somit wird eine Zersplitterung durch viele Parteien verhindert.

Wahlergebnisse sollten sich nicht durch die Einteilung von Wahlkreisen im Interesse einer Partei manipulieren („Wahlkreisgeometrie") lassen.

Ein Wahlsystem sollte geringe Änderungen in der Wählerschaft auffangen und zu Regierungswechseln führen.

Wahlsysteme sollten dazu beitragen, dass über Koalitionen viele gesellschaftliche Kräfte, ethnische und religiöse Gruppen gleichzeitig in Regierungsverantwortung gelangen können.

Nach: Bruno Zandonella, Mehrheitswahl oder Verhältniswahl? (2), Thema im Unterricht – Wahlen für Einsteiger, Bpb (Hg.), Bonn 2011, S. 9

M2 Welche Wahlsysteme gibt es?

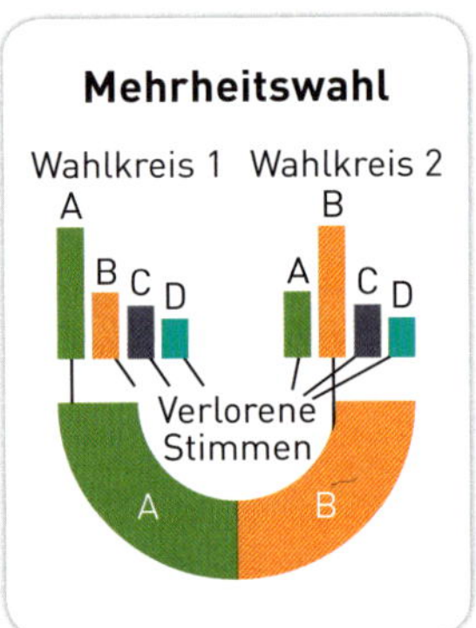

Mehrheitswahl: „Dem Sieger alles"

Bei der Mehrheitswahl wird das Wahlgebiet in so viele Wahlkreise eingeteilt, wie Abgeordnete zu wählen sind. Der Wähler hat eine Stimme, die er dem Wahlkreiskandidaten gibt. Der Kandidat, der die meisten Stimmen erhält, zieht ins Parlament ein (relative Mehrheit). Die Stimmen der unterlegenen Kandidaten verfallen. Bei einer absoluten Mehrheitswahl benötigt ein Kandidat über die Hälfte der Wählerstimmen. Erreicht er das im ersten Wahlgang nicht, findet eine Stichwahl unter den beiden Bewerbern mit den meisten Wählerstimmen statt.

Verhältniswahl: „Jeder nach seinem Anteil"

Beim reinen Verhältniswahlrecht entscheiden sich die Wähler nicht für einzelne Kandidaten, sondern für die Liste einer Partei. Welche Personen als Volksvertreter ins Parlament einziehen, entscheidet die Reihenfolge der Kandidaten auf den Listen, die von den Parteien selbst festgelegt werden. Jede Partei schickt so viele Abgeordnete ins Parlament, wie es ihrem Anteil an abgegebenen Stimmen im gesamten Wahlgebiet entspricht. Wenn es keine Sperrklauseln gibt, sind auch sehr kleine Parteien im Parlament vertreten.

Nach: Bruno Zandonella, Wahlen für Einsteiger, Bpb, Bonn 2011, S. 3

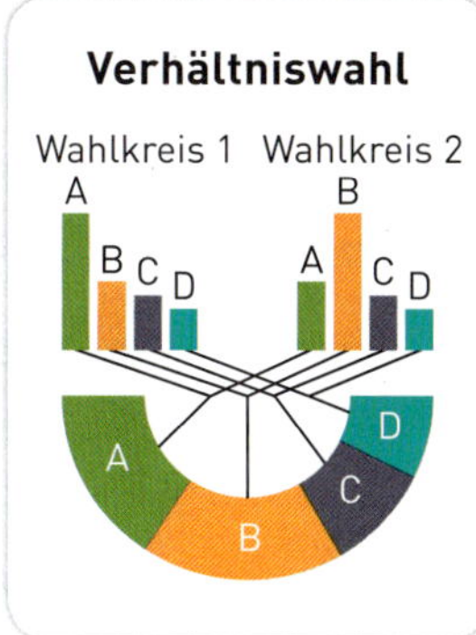

M3 Mehrheitswahl versus Verhältniswahl – am Beispiel einer fiktiven Bundestagswahl

Angenommen, 100 wahlberechtigte Bürger würden in zehn Wahlkreisen die Zusammensetzung des Deutschen Bundestags wählen. Zur Wahl stehen fünf Parteien. Das Wahlergebnis der einzelnen Wahlkreise sieht wie folgt aus:

Wahlkreis	Partei A / Stimmen	Partei B / Stimmen	Partei C / Stimmen	Partei D / Stimmen	Partei E / Stimmen
1	20	20	35	15	10
2	10	25	45	12	8
3	25	30	25	29	21
4	40	20	25	10	5
5	45	15	10	15	15
6	20	25	30	20	5
7	15	20	25	30	10
8	20	25	15	20	20
9	15	20	30	25	10
10	35	15	25	15	10

Das Wahlsystem[1] hat einen entscheidenden Einfluss auf die Sitzverteilung im Deutschen Bundestag:

A) Sitzverteilung (Ergebnisse wurden gerundet) im Verhältniswahlsystem

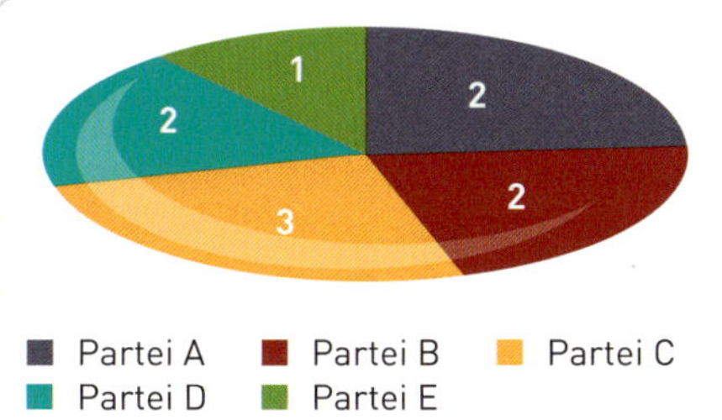

B) Sitzverteilung im (relativen) Mehrheitswahlsystem

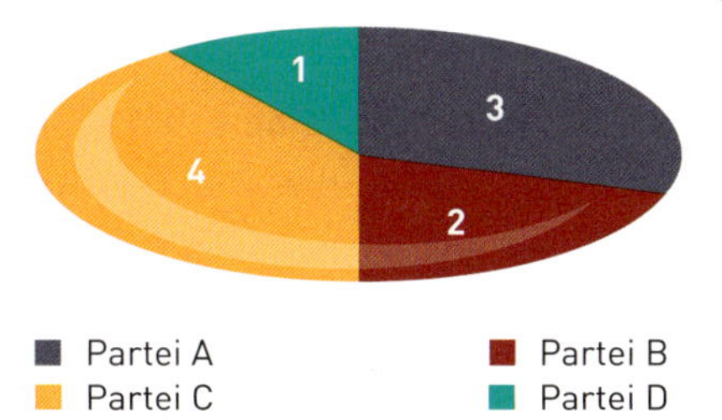

[1] Das Wahlsystem an sich hat einen Einfluss auf die Wahlentscheidung des Wählers, was hier nicht berücksichtigt wird.

M4 Wie funktioniert das „personalisierte Verhältniswahlsystem" in Deutschland?

Beim Wahlakt sind zwei Stimmen zu vergeben. Der Deutsche Bundestag zählt seit 2002 – ohne Überhangmandate – 598 Abgeordnete. Die Hälfte von ihnen, also 299, wird nach relativer Mehrheitswahl direkt in Wahlkreisen gewählt. Diesen Direktmandaten gilt die Erststimme. Die Erststimme macht den „personalisierten" Teil des Wahlsystems aus, weil die Wählerinnen und Wähler damit eine bestimmte Person ihres Wahlkreises wählen. Mit der Zweitstimme werden Parteien gewählt. Die Zweitstimme entscheidet

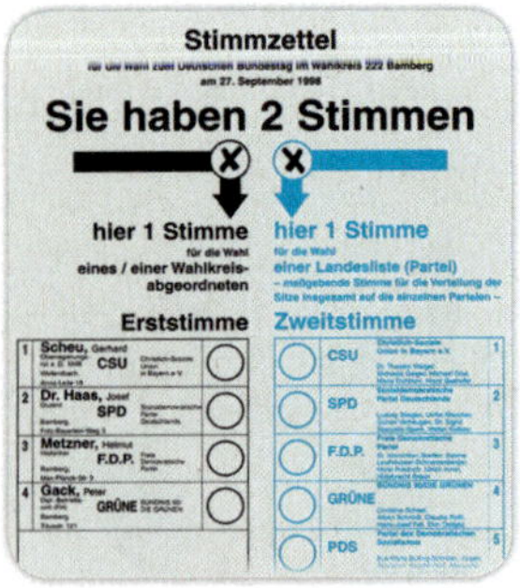

Stimmzettel zur Bundestagswahl

Sainte-Laguë-Verfahren
Bei Wahlen müssen die Stimmen in Abgeordnetenmandate umgerechnet werden. Hierfür gibt es mehrere Methoden. Der französische Mathematiker François-André Sainte-Laguë entwickelte Anfang des 20. Jahrhunderts ein Verfahren, mit dem die Wählerstimmen wertgleich in Mandate umgerechnet werden können. Dieses Zählverfahren wird in Deutschland in vielen Bundesländern und seit 2009 auch bei den Bundestagswahlen angewendet.

über die Zusammensetzung des Bundestages. Sie ist daher eindeutig wichtiger als die Erststimme.

Die meisten Parteien (die CSU als Regionalpartei ausgenommen) sind zwar bundesweite Organisationen, treten aber zur Wahl mit Landeslisten an. Die Wählerinnen und Wähler ein und derselben Partei kreuzen daher in unterschiedlichen Bundesländern verschiedene Landeslisten an.

Zunächst werden alle Zweitstimmen zusammengezählt, die eine Partei über die Landeslisten erhalten hat. Das ist die Anzahl ihrer Zweitstimmen. Wird sie durch die Gesamtzahl der gültigen Zweitstimmen geteilt, ergibt sich ihr Anteil an den Zweitstimmen aller Parteien. Dieser muss mindestens fünf Prozent betragen, sonst scheidet die Partei für die Vergabe von Sitzen grundsätzlich aus. Allerdings gilt dabei folgende Ausnahme: Eine Partei erringt mindestens drei Direktmandate (Grundmandatsklausel).

Nun wird nach dem Verfahren Sainte-Laguë berechnet, wie viele Mandate jede Partei im Bundestag erhält. Dabei werden nur noch die Zweitstimmen für Parteien berücksichtigt, die an der Mandatsvergabe überhaupt teilnehmen, indem sie die Fünfprozenthürde geschafft oder mindestens drei Direktmandate errungen haben.

Nachdem feststeht, wie viele Sitze eine Partei insgesamt im Bundestag hat, werden sie auf die verschiedenen Landeslisten aufgeteilt. Jedes Bundesland erhält entsprechend dem Anteil der Zweitstimmen für seine Landesliste Mandate. Die Berechnung erfolgt auch hier nach dem Verfahren Sainte-Laguë. Von der Anzahl der Sitze, die auf eine Landesliste im Bundestag entfallen, wird die Anzahl der Direktmandate abgezogen. Die ihr verbleibenden Sitze werden mit Listenkandidaten besetzt. Es kommt vor, dass eine Landesgruppe mehr Direktmandate gewonnen hat, als ihr Mandate zustehen. Es ziehen trotzdem alle erfolgreichen Direktkandidaten in den Bundestag ein. Die Mandate, die „zu viel" vergeben werden, heißen „Überhangmandate". Die Anzahl der Bundestagsabgeordneten nimmt um die Überhangmandate zu. Ab 2013 werden die Überhangmandate der einen Partei durch sogenannte Ausgleichsmandate neutralisiert.

Nach: Karl-Rudolf Korte, Das personalisierte Verhältniswahlrecht, in: http://www.bpb.de, 20.5.2009, aktualisiert durch den Bearbeiter

Aufgaben

1. Fertigen Sie eine Tabelle „Mehrheits- und Verhältniswahlsystem" an und ordnen Sie die Aussagen aus M 1 dem jeweiligen Wahlsystem aus M 2 zu.
2. Erläutern Sie die beiden Wahlsysteme in Ihren eigenen Worten und beziehen Sie dabei auch die Abbildungen am Rand in Ihre Ausführungen mit ein (M 2).
3. Vergleichen Sie die Grafiken zur Sitzverteilung nach der fiktiven Bundestagswahl und erläutern Sie das Zustandekommen der Ergebnisse (M 3).
4. Stimmen Sie in der Klasse darüber ab, welches Wahlsystem Sie persönlich favorisieren, und legen Sie Ihre Gründe dar (M 1 – M 3).
5. Lesen Sie den Grundlagentext über die personalisierte Verhältniswahl und erklären Sie, wie dadurch die Nachteile von Mehrheits- bzw. Verhältniswahl umgangen und die Vorteile bewahrt werden. Diskutieren Sie zudem die besondere Funktion der Fünfprozenthürde (M 4).

Methode

Analyse und Interpretation von Karikaturen

Karikatur: Jürgen Tomicek

Eine Karikatur (ital. *caricare* = „übertreiben", „verzerren") ist eine Darstellungsform, bei der ein Zeichner gesellschaftliche, politische und wirtschaftliche Sachverhalte bewusst überspitzt darstellt. Dabei soll der Betrachter nicht nur unterhalten, sondern auch zum Nachdenken über die dargestellten Ereignisse, Entwicklungen, Zustände oder Personen angeregt werden.

Um die Aussageabsicht einer Karikatur zu entschlüsseln, muss diese zunächst genau analysiert werden. Das betrifft nicht nur den dargestellten Sachverhalt, sondern auch die für Karikaturen typische Bildersprache.

Das können Symbole sein, etwa die Waage der Gerechtigkeit, Personifikationen (z.B. der „deutsche Michel" mit der Zipfelmütze als Abbild des typischen Staatsbürgers) oder Tiervergleiche (z.B. der „russische Bär"). Oft werden auch Redensarten bildhaft dargestellt, wenn etwa „der Gürtel enger geschnallt" oder etwas „zu Grabe getragen" wird. Schließlich gibt es auch historische Bildzitate, bei denen der Zeichner Bezug auf bekannte Bilder nimmt.

Für eine vollständige Entschlüsselung von Karikaturen empfiehlt sich folgendes Vorgehen:

Betrachten:
Wann und wo ist die Karikatur erschienen? Was stellt der Zeichner dar?

Beschreiben:
Wie und mit welchen Mitteln (Figuren, Objekte, Symbole, Schrift, Farbe etc.) wird das Thema dargestellt? Welche Gesamtaussage lässt sich formulieren?

Erklären:
Welche Ziele verfolgt der Karikaturist? An wen wendet er sich dabei?

Werten:
Welchen Eindruck macht die Karikatur auf mich bzw. Betrachter mit anderen Einstellungen und Werten?

Aufgabe

Im Juli 2008 verkündete das Bundesverfassungsgericht, dass die bis 2009 übliche Vergabe von Überhangmandaten bei Bundestagswahlen verfassungswidrig ist. Der Gesetzgeber hatte bis Juni 2011 Zeit, diese Regelung zu ändern. Dies gelang jedoch erst im Frühjahr 2013 (→ M 4, S. 59). Recherchieren Sie weitere Hintergründe der oben dargestellten Karikatur. Analysieren und interpretieren Sie sie anschließend gemäß den oben aufgeführten Kriterien.

Wissen kompakt

Wahlsysteme

Grundsätzlich gibt es zwei Ausprägungen von Wahlsystemen: die *Mehrheitswahl* und die *Verhältniswahl*. Daneben gibt es noch Mischformen der beiden Systeme, wie etwa das der Bundesrepublik Deutschland.

Mehrheitswahlsystem

Hierbei konkurrieren die Kandidaten eines Wahlkreises unmittelbar miteinander um die Stimmen der Wahlbevölkerung; gewählt ist derjenige, der die meisten Stimmen (relatives Mehrheitswahlsystem) oder die Mehrheit der Stimmen (absolutes Mehrheitswahlsystem) auf sich vereinen kann. Der gewählte Abgeordnete erhält dadurch ein sogenanntes Direktmandat und ist Vertreter dieses Wahlkreises.

Verhältniswahlsystem

Bei Verhältniswahlen stellen die Parteien eine Reihe von Kandidatinnen und Kandidaten auf einer Liste zur Wahl (auch Listenwahl genannt). Die Wahlbevölkerung kann zwischen unterschiedlichen Parteien entscheiden, die entsprechend ihrem Stimmenanteil und aufgrund eines besonderen Berechnungsverfahrens eine bestimmte Anzahl an Mandaten zugewiesen bekommen. Entsprechend der Listenplatzierung werden diese dann von den Kandidaten eingenommen. Verhältniswahlen geben den Parteien, ihren internen Bewerbungs- und Auswahlverfahren einen großen Einfluss.

Personalisiertes Verhältniswahlsystem

Das personalisierte Verhältniswahlsystem wird in Deutschland bei der Wahl zum Deutschen Bundestag und mehreren Landtagen angewandt. Dieses Wahlsystem stellt eine Mischform aus Mehrheits- und Verhältniswahlsystem dar, indem über eine zusätzliche Stimme (Erststimme) für einen Kandidaten Elemente des Mehrheitswahlsystems in das Verhältniswahlsystem integriert werden.

Nichtwähler

Mit „Nichtwählern" bezeichnet man den Anteil der Wahlbevölkerung, der aus unterschiedlichsten Gründen nicht zur Wahl geht.

- Der „unechte Nichtwähler" hätte gerne gewählt, ist aber plötzlich verhindert, z.B. durch Krankheit oder Urlaub;
- der „politikferne Nichtwähler" interessiert sich grundsätzlich nicht für Politik;
- der „abwägende Nichtwähler" entscheidet sich von Wahl zu Wahl, ob er geht;
- der „protestierende Nichtwähler" ist zwar am politischen Geschehen interessiert, gleichzeitig aber unzufrieden mit dem politischen Personal oder dem System und verweigert deshalb seine Stimmabgabe.

Wahlbeteiligung bei Bundestagswahlen

Im internationalen Vergleich ist die Wahlbeteiligung bei Bundestagswahlen relativ hoch. Bei der ersten Bundestagswahl 1949 gaben 78,5 Prozent aller Wahlberechtigten ihre Stimme ab. Im Jahre 1972 erreichte die Wahlbeteiligung ihren Höhepunkt, als 91,1% aller Wählerinnen und Wähler zur Bundestagswahl gingen. Bis Ende der 1980iger Jahre lag die Beteiligung weiterhin auf einem relativ hohen Wert – bei ca. 85%.

Wird die Tatsache berücksichtigt, dass in der Bundesrepublik Deutschland keine Wahlpflicht herrscht, galt die hohe (freiwillige) Wahlbeteiligung lange Zeit als Indikator für eine stabile und gefestigte Demokratie.

In den 1990er Jahren und noch mehr in den 2000er Jahren sank allerdings die Wahlbeteiligung in Deutschland zunehmend.

Bei der Bundestagswahl 2009 gaben nur noch 70,8 Prozent aller Wählerinnen und Wähler ihre Stimme ab, sodass Experten den Deutschen Politikverdrossenheit attestierten und davor warnten, die Demokratie zu gefährden.

Wissen im Kontext

Das Wahlsystem der Bundesrepublik Deutschland ist eine Mischung aus Mehrheits- und Verhältniswahl, wobei die Vorzüge des jeweiligen Wahlsystems bewahrt und die Nachteile vermieden werden. Bei Mehrheitswahlen etwa profitieren große Parteien unverhältnismäßig und ein großer Teil an Wählerstimmen geht verloren, während Verhältniswahlen eine Parteienzersplitterung im Parlament begünstigen und der unmittelbare Kontakt zwischen Abgeordneten und Wählern verloren geht.

Welche Nachteile weisen Mehrheits- bzw. Verhältniswahlen auf?
M 1, M 2

Das Bundeswahlgesetz bezeichnet das bundesrepublikanische Wahlsystem als eine „mit der Personenwahl verbundene Verhältniswahl". Dem entspricht, dass jeder Wähler bei der Bundestagswahl zwei Stimmen für die Wahl der 598 Parlamentssitze im Bundestag hat. Mit der sogenannten Erststimme wird der jeweilige Abgeordnete der insgesamt 299 Wahlkreise gewählt, womit das Prinzip der relativen Mehrheitswahl umgesetzt wird (Direktmandat). Mit der Zweitstimme, die dem Prinzip der Verhältniswahl entspricht, wählt man die Landesliste einer Partei (Listenmandat). Der prozentuale Anteil der Zweitstimmen entscheidet darüber, wie viele Sitze eine Partei im Deutschen Bundestag bekommt. Daher ist die Zweitstimme die wichtigere Stimme.

Wie funktioniert die „personalisierte Verhältniswahl" der Bundesrepublik Deutschland?
M 4

Die Fünf-Prozent-Hürde ist eine der bekanntesten Sperrklauseln für Wahlen in Deutschland. Bei der Bundestagswahl gilt gemäß § 6, Abs. 6 des Bundeswahlgesetzes (BWahlG) Folgendes: Eine Partei muss mindestens fünf Prozent der Zweitstimmen (oder drei Direktmandate) erringen, um ins Parlament einzuziehen. Somit soll Parteiensplitterung im Parlament verhindert werden.

Was genau ist die Fünf-Prozent-Hürde?
M 4

Ein Trend, der Politikern wie Politologen zusehends Sorgen macht, ist die stetige Zunahme der Zahl von Nichtwählern. Mittlerweile geben bei Bundestagswahlen mehr als 30 Prozent der Bürger ihre Stimme nicht mehr ab. Dabei sind es ganz unterschiedliche Gründe, weshalb viele Bürger den Gang zur Wahlurne unterlassen: Grundsätzliches Desinteresse an Politik, Unzufriedenheit mit den etablierten politischen Parteien oder das Gefühl, politisch sowieso nichts bewegen zu können.

Warum nimmt die Zahl von Nichtwählern beständig zu?

Gerade auch für jugendliche Erstwähler treffen diese Gründe zu, denn vor allem sie haben zunehmend den Eindruck, dass die große Politik sie und ihre Interessen nicht ernst nimmt. Deshalb machen gerade sie von ihrem Wahlrecht oft keinen Gebrauch. Dabei ist es doch gerade die nachkommende Generation, die die Zukunft entscheidend bestimmt und sich deshalb auch politisch Gehör verschaffen muss.

Wie steht es um die Jugend und Wahlen?

2.3 Parteien – warum brauchen wir sie?

M1 Ein Chat von Jugendlichen über Parteien

Parteien
Menschen schließen sich zu einer Partei zusammen oder treten einer Partei bei, weil sie ähnliche politische Meinungen oder Ziele vertreten. Diese Vorstellungen werden in Parteiprogrammen festgeschrieben. Die Mitglieder einer Partei sind überzeugt, dass sie zusammen mehr erreichen, als wenn jeder für sich alleine arbeitet. Deswegen versucht jede Partei auch, andere Menschen, die in keiner oder in einer anderen Partei sind, von ihrem Programm zu überzeugen.

Gerd Schneider, Christiane Toyka-Seid, Parteien, in: Das junge Politik-Lexikon, Bonn 2009, S. 233

Partei Chat

Dennis:
Für mich wäre eine große Abschreckung in eine Partei zu gehen sicher, dass ich mich denen da oben unterwerfen müsste. Die da oben machen den ganzen Tag irgendwelche Schlammschlachten und ich muss das dann auch noch toll finden, was die machen. Und auch inhaltlich hat die Basis weniger zu sagen als der Parteivorsitzende.

Karim:
Bin selbst bei den JuLis und bei der FDP. Die allgemeine Parteiverdrossenheit liegt meiner Einschätzung nach daran, dass es sehr mühsam und langwierig ist, eine konkrete Idee durch eine Partei zu tragen, damit vielleicht irgendwann mal die Umsetzung folgt. Außerdem glaube ich, dass viele Leute ein Problem damit haben, sich in einer Partei zu engagieren, mit deren Programm sie nicht vollständig übereinstimmen. Es gibt aber wohl nur sehr wenige Leute, die sich komplett mit einem Parteiprogramm identifizieren können.

Julian:
Die Parteiverdrossenheit kommt davon, dass Leute gerne Sachen machen wollen, mit denen sie sich selbst identifizieren, und nicht mit einer Partei bzw., dass das, was man will, nicht mit einer Partei vereinbar ist (bspw. gegen AKWs, aber für das dreigliedrige Schulsystem). Ich persönlich finde aber nur, dass man als Gemeinschaft gut agieren kann. „Zusammen sind wir stärker", dieser Grundsatz trifft auf die Parteien zu.

Akim:
Man kann nur in einer Partei „denen da oben" (O-Ton Dennis) auch durch Abstimmung oder Beteiligung verklickern, was die Basis denn will. Die Parteien in Deutschland sind sehr streitbar. An den Programmen wird regelmäßig geschliffen. Viel konstruktiver wäre dieser Prozess, würden nicht ständig irgendwelche Medienvertreter in ihrer Skandalhascherei in eine Meinungsverschiedenheit (an der in einer Demokratie die Partei wächst!) eine Schwäche, eine Niederlage, einen Triumph oder ein politisches Schicksal interpretieren. Darauf reagieren die Wähler und schließlich müssen die Parteien ihren Stil ändern, um nicht an ihrer Legitimation (Wählerstimmen) zu verlieren.

Selma:
Bin Mitglied in der Grünen Jugend und kann die Parteiverdrossenheit der meisten Jugendlichen verstehen. Immerhin ändern Parteien ihre Richtungen mehrere Male innerhalb einer kurzen Zeit und Streitpunkte werden in der Regel totgeschwiegen oder auf andere Tage vertagt. Es ist nicht so sehr der Fakt, dass Jugendliche nicht an Politik oder auch Parteipolitik interessiert sind, aber eher die immer noch viel zu bürokratischen Einstellungen der verschiedenen Parteien und die Intransparenz. Welcher Jugendliche möchte sich schon nach der Schule mit Papierbergen beschäftigen? Es ist klar abzusehen, dass Parteien in den nächsten Jahren immer mehr an Wert verlieren werden und dies insbesondere aufgrund ihrer unnatürlichen und zum Erbrechen langweiligen Wahlkämpfe, die weder aktuelle Themen noch die Realität widerspiegeln. Versprechen können mir Parteien viel, aber wenn ich einen Blick auf Staats-, Länder- und Stadtdefizit werfe, dann ist mir klar, dass es sich dabei sowieso nur einmal wieder um leere Versprechen handelt, die nur erwähnt werden, um die Wahl zu gewinnen.

Nach: mitmischen.de – das Jugendportal des Deutschen Bundestages, Thema: Politik ohne Partei, in: https://www.mitmischen.de, Abruf am 3.1.2012

M2 Parteien als Keilriemen der Demokratie

Stellt man sich die deutsche Demokratie als Dampfmaschine vor, dann sind Parteien der Keilriemen: Sie sorgen dafür, dass Bewegung von einem Teil der Maschine in den anderen kommt – und zurück. Parteien werden deshalb oft auch als demokratisches Bindeglied zwischen Staat und Gesellschaft bezeichnet. Es gibt kaum politische Entscheidungen in Deutschland, an denen sie nicht beteiligt sind. Fast alle Abgeordneten in den Parlamenten gehören einer Partei an – obwohl es die Möglichkeit gibt, direkt für ein Amt zu kandidieren. Die Bundesrepublik Deutschland wird daher häufig als Parteiendemokratie bezeichnet. [...]

Wozu gibt es Parteien?

Parteien sollen der Demokratie beim Funktionieren helfen: Sie sollen sicherstellen, dass die unterschiedlichen Interessen der Bevölkerung in politische Entscheidungen umgesetzt werden und dass umgekehrt die Ideen der Politiker bei den Bürgern ankommen. Zentrale Aufgabe der Parteien ist es, an Wahlen teilzunehmen, politische Ideen und Forderungen in Parteiprogrammen zu bündeln und Personal für politische Ämter bereitzustellen, wie etwa Bundestagsabgeordnete oder Stadträte. Außerdem sollen sie in der Gesellschaft für Akzeptanz der Politiker-Entscheidungen sorgen, die Menschen für Politik interessieren und zum Wählen bewegen. Im Wahlkampf werden Parteien daher besonders aktiv und betonen ihre inhaltlichen und personellen Unterschiede.

Sind Parteien nur gut?

Ob die Parteien diesen Aufgaben gerecht werden, ist umstritten. Derzeit

Artikel 21 GG

(1) Die Parteien wirken bei der politischen Willensbildung des Volkes mit. Ihre Gründung ist frei. Ihre innere Ordnung muss demokratischen Grundsätzen entsprechen. Sie müssen über die Herkunft und Verwendung ihrer Mittel sowie über ihr Vermögen öffentlich Rechenschaft geben.

wenden sich viele Menschen frustriert von der Politik ab: Es herrscht „Politikverdrossenheit". Andere kritisieren, dass Parteien auch dort Macht haben und ausüben, wo sie es gar nicht sollen. So reden Parteien bei der Besetzung von Posten mit, deren Vergabe gar nicht durch eine öffentliche Wahl entschieden wird. Das ist zum Beispiel bei Chefredakteuren im öffentlich-rechtlichen Fernsehen oder wichtigen Posten in Ministerien häufig der Fall.

Wie funktionieren Parteien?

Im Inneren sind Parteien Zusammenschlüsse von politisch interessierten Menschen, die nach demokratischen Grundsätzen organisiert sind – so schreibt es das deutsche Parteiengesetz vor. In Parteien wird laufend gewählt: Bevor ein politisches Amt zur öffentlichen Wahl steht, wurde schon partei-intern über die Bewerber abgestimmt. Auch die Parteiführung wird in demokratischen Parteien grundsätzlich gewählt. Jeder Bürger kann Mitglied einer Partei werden, aber er muss sich für eine Partei entscheiden: Mehrfachmitgliedschaften sind in den Parteisatzungen in der Regel untersagt. Insgesamt sind in Deutschland etwa 2,5 Millionen Menschen Mitglied einer Partei. Das sind etwa vier Prozent der Wahlberechtigten.

Eine Gruppe von politisch interessierten Menschen gilt nach dem Grundgesetz und Parteiengesetz jedoch nur dann als Partei, wenn sie laufend und dauerhaft Politik machen und in ein Parlament auf Bundes- oder Landesebene gewählt werden will. [...] Ohne Parteien liefe in der deutschen Demokratie also gar nichts und aus der Politik-Dampfmaschine käme nur heiße Luft.

Sebastian Gievert, Parteien für Einsteiger, in: http://www.bpb.de, Abruf am 6.1.2013

M3 Wie finanzieren sich Parteien?

Parteienfinanzierung

Private Mittel	Staatliche Mittel
Beiträge von Mitgliedern und Mandatsträgern	**Zuschüsse für Wählerstimmen** • je 0,85 € für die ersten 4 Millionen Stimmen • 0,70 € für jede weitere Stimme bei Bundestags-, Europa- und Landtagswahlen Voraussetzung: ein Stimmenanteil von mind. 0,5 % bei den Wahlen auf Bundesebene bzw. 1,0 % bei Landtagswahlen
Spenden	
Einnahmen aus Parteivermögen	**Zuschüsse zu den Beitrags- und Spendeneinnahmen** • 0,38 € für jeden Euro aus privaten Beiträgen und Spenden (bis zu einem Betrag von 3.300 € pro Person und Jahr)
Sonstige Einnahmen	Die staatlichen Zuschüsse dürfen nicht höher sein als die Eigeneinnahmen einer Partei. Für alle Parteien zusammen durften sie die Obergrenze im Jahr 2012 von 150,8 Millionen € nicht übersteigen. Ab 2013 wird die Obergrenze jährlich angepasst.

M4 Warum erhalten Parteien Geld vom Staat?

Die rechtliche Grundlage der Parteienfinanzierung bilden Artikel 21 [1] des Grundgesetzes (GG) und das Parteiengesetz (PartG). Demnach müssen die Parteien gemäß Artikel 21 [1] GG öffentlich Rechenschaft über ihr Vermögen, die Herkunft und die Verwendung ihrer Finanzmittel geben; sie unterliegen einer Bilanzierungspflicht. Zu Beginn ihrer Geschichte finanzierten sich die deutschen Massenparteien der Arbeiterbewegung vornehmlich über Mitgliedsbeiträge; Elite-Parteien finanzierten sich dagegen vor allem über Spenden. Mit ihrem Wandel zu Volksparteien waren ein aufwändigerer Wahlkampf und ein Ausbau der Parteiorganisationen verbunden, Beiträge und Spenden reichten nicht mehr aus. Parteien erhielten nun öffentliche Gelder, was mit der Verwurzelung der Parteien in der Gesellschaft und ihrer Aufgabe für die Demokratie begründet wurde. Der Umfang der öffentlichen Gelder, die einer Partei zustehen, wird durch die gesellschaftliche Bedeutung einer Partei bestimmt. Diese bemisst sich an dem Wahlergebnis der Partei sowie der Menge der Zuwendungen von natürlichen Personen. Diese staatliche (oder öffentliche) Finanzierung macht teilweise über ein Drittel und damit den größten Teil der Einnahmen der Parteien aus.

Verena Schulze, Parteienfinanzierung, in: http://www.bpb.de, Abruf am 3.1.2013

M5 Parteien – immer unbeliebter?

Mitglieder der im Deutschen Bundestag vertretenen Parteien in 1.000

Jahr / Partei	CDU	CSU	SPD	Bündnis90 / Die Grünen	FDP	Die Linke
1990	790	186	943	41	168	281
2002	594	178	694	44	87	71
2012	480	150	478	60	59	64

Quelle: Recherche des Bearbeiters

Aufgaben

1. Beteiligen Sie sich an dem Live-Chat und formulieren Sie innerhalb von drei Minuten eine Stellungnahme zu politischen Parteien (M 1).
2. Erarbeiten Sie, ausgehend von der Überschrift von M 2, die wesentlichen Aufgaben von Parteien und formulieren Sie diese auf zehn bis 15 Zeilen so um, dass sie auch in einem Lexikon für Kinder stehen könnten (M 2).
3. Diskutieren Sie Vor- und Nachteile der deutschen Parteienfinanzierung. Schließen Sie dabei die Mitgliederzahlen der Parteien mit ein (M 3 – M 5).

Exkurs

Bunte Republik Deutschland – ein Parteienspektrum in Farbe

Von Konrad Adenauer über Helmut Kohl bis Angela Merkel: Die Christlich-Demokratische Union (CDU) im Verbund mit ihrer rein bayerischen Schwesterpartei, der Christlich-Sozialen Union (CSU), hat über die längste Zeit den Bundeskanzler gestellt. In der Nachkriegszeit hatten sie ihre Anhänger vor allem unter den früheren Wählern der katholisch geprägten Zentrumspartei gefunden. Die volkstümliche Bezeichnung der Unionsparteien als „die Schwarzen" stammt auch vom Zentrum, denn für dieses saßen einst viele schwarz gewandete katholische Priester im Parlament. „Christlich" tragen beide Parteien im Namen und werden im Parteienspektrum als „konservativ" eingeordnet. Traditionell stehen sie für christlich geprägte Ideale. Als Volksparteien suchen sie allerdings auch einen möglichst breiten Konsens in der Bevölkerung. [...]

Für die Sozialdemokraten stehen die Bundeskanzler Willy Brandt, Helmut Schmidt und zuletzt Gerhard Schröder. Das Rot ihres Banners verweist auf die Wurzeln in der Arbeiterbewegung in der zweiten Hälfte des 19. Jahrhunderts. Die SPD gab es unter diesem Namen bereits in der Weimarer Republik. Sie wurde aber, wie alle anderen Parteien, von den Nationalsozialisten verboten; viele ihrer Mitglieder starben in Konzentrationslagern. Nach dem Krieg belasteten ideologische Streitigkeiten die Partei. In ihrem „Godesberger Programm" beschloss die SPD im Jahr 1959, sich inhaltlich und ideologisch von einer sozialistischen Arbeiterpartei zu einer sozialdemokratischen – und damit für mehr Bürger wählbaren – Volkspartei zu wandeln. Bis Mitte der 1980er-Jahre gab es für die Sozialdemokraten bei der Suche nach einem Koalitionspartner nur die Wahl zwischen der FDP und – wie in den 1960er-Jahren – der „Großen Koalition" mit den Unionsparteien. Im Laufe der 1980er-Jahre betrat ein neuer Koalitionspartner die politische Bühne: die Grünen. Sie haben ihre Wurzeln in der Anti-Atomkraft- und der Friedensbewegung der 1970er-Jahre, aber auch in der Frauenbewegung sowie Bürgerinitiativen. Nach und nach gab es die ersten vorsichtigen Bündnisse auf Lokal- und Landesebene mit den Grünen, bis man Rot-Grün 1998 unter dem damaligen Bundeskanzler Gerhard Schröder auch im Bund umsetzte.

Im Mai 2011 wurde Winfried Kretschmann schließlich zum ersten grünen Ministerpräsidenten gewählt: Seither regiert in Baden-Württemberg eine grün-rote Koalition, also ein Bündnis aus Grünen und SPD. Mehr als 30 Jahre nach ihrer Gründung, stehen die Grünen damit zum ersten Mal an der Spitze einer Landesregierung. Daneben wird inzwischen sogar Schwarz-Grün – zumindest auf Lokal- und Landesebene – praktiziert. Eigentlich heißen die Grünen offiziell „Bündnis 90/Die Grünen", denn 1993 vereinigten sich die im „Bündnis 90" zusammengefassten Bürgerbewegungen Ostdeutschlands mit den Grünen. Seitdem trägt die Partei einen Doppelnamen.

Die Freie Demokratische Partei (FDP), die im Farbenspektrum traditionell gelb erscheint, hat ihre Position als einziges Zünglein an der Waage zwischen den Unionsparteien und den

Sozialdemokraten verloren. Die FDP war Juniorpartner fast jeder Bundesregierung, sofern die nicht schwarz-rot oder rot-grün war. Die Partei sieht sich in der Tradition des Liberalismus in Deutschland und lehnt staatliche Überregulierung ab. Die FDP vertritt oft die Interessen kleiner und mittlerer Unternehmen und wird gerne auch als „Partei der Besserverdienenden" gebrandmarkt. Seit 2009 stellt die FDP gemeinsam mit der CDU/CSU die deutsche Bundesregierung. Bei der Landtagswahl in Mecklenburg-Vorpommern im September 2011 kam die Partei allerdings nur noch auf 2,8 Prozent der Stimmen; eine ähnlich große Niederlage erlebte die FDP im gleichen Monat auch bei der Berlin-Wahl: Mit einem Verlust von knapp 6 Prozent der Stimmen ist sie nicht mehr im Berliner Abgeordnetenhaus vertreten.

Dafür sorgte ein Neuling in der deutschen Parteienlandschaft für eine politische Sensation. Denn die 2006 gegründeten Piraten zogen im September 2011 zum ersten Mal in ein deutsches Landesparlament ein: Während die FDP in Berlin auf nur 1,8 Prozent kam, erreichten die unter einem orangefarbenen Logo segelnden Piraten auf Anhieb 8,9 Prozent. Fast schon traditionelles Hauptthema der noch jungen Piratenpartei ist das Internet. Die Piraten fordern einen Gratiszugang zum Internet und wollen den Online-Kopierschutz entschärfen: Jeder soll freien Zugang zu allen Informationen haben, die im Internet verfügbar sind. [...]

Seit einigen Jahren erstarkt die Linkspartei, deren Farbe ebenfalls rot ist und die zur Unterscheidung von den Sozialdemokraten auch gerne als dunkelrot bezeichnet wird. Die Linkspartei zieht vor allem Wähler der SPD an. Bei den Sozialdemokraten wiederum gibt es heftige parteiinterne Diskussionen, wie die SPD zur Linken stehen soll. Doch mehrheitlich haben die etablierten Parteien ein Problem mit der Linken. Das hat mit ihrer Entstehungsgeschichte zu tun: Ihre Wurzeln im Osten sind in der früheren Sozialistischen Einheitspartei Deutschlands (SED) der DDR zu finden, deren Mitglieder zunächst nach der Wiedervereinigung die Partei des Demokratischen Sozialismus (PDS) gründeten. Diesen wird immer noch eine personelle und ideologische Nähe zum einstigen Regime vorgeworfen. Der westliche Wurzelstrang ist eine junge Absplitterung der SPD: die Wahlalternative Soziale Gerechtigkeit (WASG). PDS und WASG haben sich inzwischen zur Linkspartei vereinigt, die soziale Missstände anprangert und sich als Vertreter des kleinen Mannes versteht. Auch mit einem radikalen Pazifismus versucht die Linke zu punkten.

Klaus Dahmann, Heike Mohr, Deutschland – ein buntes Parteienspektrum, in: http://www.dw.de, Abruf am 10.1.2013

FDP
Die Liberalen

PIRATEN PARTEI

DIE LINKE.

Aufgaben

1. Stellen Sie in Kleingruppen jeweils eine politische Partei genau vor (Ziele, Wählerschaft, Geschichte).
2. Entwerfen Sie ein Zukunftsszenario, wie das Parteienspektrum im Jahr 2030 aussehen könnte.

Wissen kompakt

Parteien

Unter Parteien (lat. pars = Teil) versteht man Zusammenschlüsse von Bürgern mit gemeinsamen politischen Überzeugungen. Sie nehmen dauerhaft an Wahlen teil, um ihre Überzeugungen in den politischen Entscheidungsprozess in Parlament und Regierung einbringen zu können.

Nach Artikel 21 GG ist ihre Gründung frei, ihre innere Ordnung muss demokratischen Grundsätzen entsprechen. Falls ihre Ziele oder das Verhalten ihrer Anhänger aber darauf ausgerichtet sind, die freiheitlich-demokratische Grundordnung zu gefährden, sie also verfassungswidrig sind, können sie vom Bundesverfassungsgericht verboten werden.

Im Unterschied zu einer Klassen-, Interessen- oder Honoratiorenpartei ist eine Volkspartei für Wähler und Mitglieder aller gesellschaftlichen Schichten und unterschiedlicher Weltanschauungen offen. Durch ein möglichst breites politisches Themenspektrum sucht sie somit eine möglichst große Wählerschaft zu gewinnen.

In Deutschland traf dies lange Zeit nur auf die beiden Unionsparteien CDU und CSU sowie die SPD zu. Insbesondere nach der Landtagswahl 2012 in Baden-Württemberg, bei der die Partei Bündnis 90/Die Grünen die zweitmeisten Mandate gewinnen und erstmals einen grünen Ministerpräsidenten stellen konnte, läßt sich diskutieren, ob der Kreis der Volksparteien erweitert werden sollte.

Parteiprogramm

Jede politische Partei besitzt ein Parteiprogramm, das jeder Bürger nachlesen kann. Ein solches Programm hat in der Regel drei Bestandteile: Zum einen werden die bestehenden politischen, wirtschaftlichen, sozialen und kulturellen Verhältnisse beschrieben, zweitens Forderungen zu deren Verbesserung gestellt und drittens werden die Grundwerte der jeweiligen Partei für ihr politisches Handeln formuliert.

Parteienfinanzierung

Um ihre Aufgaben erfüllen zu können, benötigen Parteien ausreichende Einnahmen. Neben Mitgliederbeiträgen stammen diese aus Parteivermögen, z.B. aus Beteiligungen an Unternehmen, Parteispenden sowie staatlicher Finanzierung. Dabei müssen Parteien bei der letzten Bundestags- oder Europawahl mindestens 0,5 Prozent oder bei einer der jeweils letzten Landtagswahlen 1,0 Prozent der Stimmen erhalten haben. Parteien müssen aber auch, wie es Artikel 21 GG vorschreibt, „über die Herkunft und Verwendung ihrer Mittel sowie über ihr Vermögen öffentlich Rechenschaft geben". Damit soll eine heimliche Einflussnahme auf Parteientscheidungen verhindert werden.

Organisation und Aufbau der Parteien

	Beschließendes Organ	Vollziehendes Organ	Schiedsgerichtsorgan
Bundesverband	Bundesparteitag	Bundesvorstand – Präsidium –	Bundesschiedsgericht
Landesverband	Landesparteitag	Landesvorstand	Landesschiedsgericht
Kreisverband	Kreisdelegiertenversammlung	Kreisvorstand	Kreisschiedsgericht (z.T.)
Ortsverband	Mitgliederversammlung	Ortsvorstand	–

Nach: Hans-Joachim Hitschold, Staatskunde, 13. Aufl., Stuttgart u.a. 2007, S. 297

Welche Aufgaben haben Parteien in einer Demokratie?
M 2

Die zentrale Aufgabe von politischen Parteien ist, wie es im Artikel 21 GG steht, die Mitwirkung „bei der politischen Willensbildung des Volkes". Aus dieser knappen Formulierung ergeben sich zahlreiche weitere Funktionen, die Parteien erfüllen. Im Einzelnen sind dies folgende:
Parteien ermöglichen den Bürgern als Wähler oder als Mitglieder die Teilnahme am politischen Geschehen. Als Parteimitglied kann der Bürger Programme beeinflussen und bei der Auswahl von Kandidaten mitwirken.
Parteien nehmen – vor allem über die Medien – Einfluss auf die öffentliche Meinung und fördern die politische Bildung der Bürger, unter anderem über Parteiprogramme und Wahlveranstaltungen.
In den Parteien werden die Interessen und Meinungen der Bürger artikuliert, gebündelt und daraus politische Alternativen für Wahlen entwickelt. Zudem bilden sie das Führungspersonal aus, das bei Wahlen für politische Ämter kandidiert.
Als Regierungsmehrheit stellen Parteien im Parlament das Regierungspersonal und nehmen Einfluss auf politische Entscheidungen. Im Parlament sind sie für ein funktionierendes System verantwortlich.

Welche Parteien waren bisher in Regierungsverantwortung?
Exkurs

Die heute im Bundestag vertretenen Parteien waren im Bund fast alle schon in Regierungsverantwortung (Ausnahme: Die Linke). Alle Regierungen seit 1949 waren Koalitionsregierungen aus mehreren Parteien. Bis heute ist es seit Bestehen der Bundesrepublik also keiner Partei gelungen, eine „Einparteienregierung" auf Bundesebene zu stellen.
Zu sogenannten „Großen Koalitionen" zwischen den Volksparteien CDU, CSU und SPD kam es erst zweimal in der Geschichte der Bundesrepublik: In den Jahren 1966 – 1969 und 2005 – 2009. Die erste „Große Koalition" wurde von Kurt Georg Kiesinger (CDU) geführt. Angela Merkel (CDU) stand der zweiten „Großen Koalition" als Bundeskanzlerin vor.

Welche erfolgreichen Parteineugründungen gab es in den letzten Jahrzehnten?
Exkurs

Das Beispiel der Partei Bündnis 90 / Die Grünen zeigt, dass die bundesdeutsche Parteienlandschaft durchaus in Bewegung ist. Seit dem Aufstieg der einstmalig alternativ-ökologischen Bürgerbewegung gelang es auch einigen anderen Parteien zumindest vorübergehend, sich politisch zu etablieren. Neben den Linken, die aus der ostdeutschen SED-Nachfolgepartei PDS und linken Sozialdemokraten hervorgegangen sind, gilt dies insbesondere für die internet-affine Piratenpartei, die mittlerweile in einigen Länderparlamenten sitzt.

2.4 Verbände und Interessengruppen – wie gestalten sie Politik?

M1 Vereine und ihre Mitglieder

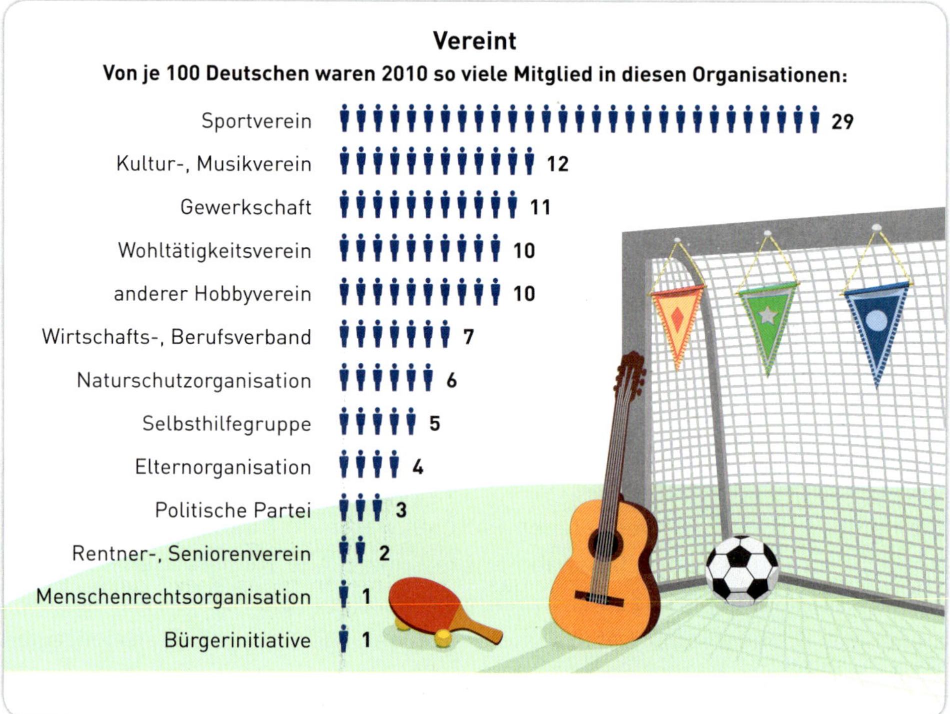

Globus-Grafik 4589; Quelle: Datenreport 2011

Definition von „Interessenverband"
Der Begriff „Interessenverband" bezeichnet den Zusammenschluss von Personen mit gemeinsamen Interessen zur Verfolgung gemeinsamer Ziele. Politische Interessenverbände sind Vereinigungen, deren Aufgabe es ist, die besonderen Interessen ihrer Mitglieder in den politischen Entscheidungsprozess einfließen zu lassen (Lobbyisten). [...] Adressaten der verbandspolitischen Arbeit sind neben Staat und Politik auch die Öffentlichkeit und die Medien sowie die eigene Mitgliedschaft (Werbung neuer Mitglieder, Mobilisierung von Unterstützung).
Nach: Klaus Schubert, Martina Klein, Verband/Verbände, Das Politiklexikon, Bonn 2011, S. 305

M2 Interview mit den Begründern einer Bürgerinitiative

Die Soziologin Birte Rodenberg und der Kraftfahrzeugmechaniker Harald Moritz über Frust und Freude am bürgerschaftlichen Engagement in der Berliner Bürgerinitiative Stadtring Süd (Biss).

BUNDzeit: Ihr habt beide einen Vollzeitjob und Familie. Was treibt euch an, eure Freizeit mit dem Thema Autobahn zu verbringen?

Harald Moritz: Ich denke, das hat viel mit meiner Biografie zu tun. Ich bin in der DDR aufgewachsen und habe damals schon ein oppositionelles Bewusstsein entwickelt. Ich will mich einfach auch weiterhin einmischen und meine Umgebung mitgestalten. Es muss unbedingt eine Wende in der Verkehrspolitik her.

Birte Rodenberg: Ich wohne erst seit 2004 in Treptow. Es war ein echter Schock für mich, als ich das erste Mal einen Zettel der Bürgerinitiative Stadtring Süd (Biss) hängen gesehen habe. Wir haben uns doch bewusst eine Wohnung gesucht, die nicht in der Nähe einer Autobahn lag. Und jetzt wohne ich in einer Straße, bei der alle Experten davon ausgehen, dass sie von den Autofahrern als Schleichweg genutzt wird, um dem Stau an der Elsenstraße zu entgehen.

BUNDzeit: Warum habt ihr eine Bürgerinitiative gegründet und nicht versucht, innerhalb von bestehenden Parteien und Verbänden gegen die Autobahn zu kämpfen?

Moritz: Weil wir mit dem Thema auch breitere Schichten ansprechen wollen, die keinen Kontakt zu einzelnen Organisationen haben.

Rodenberg: Ich komme ja „aus dem Westen" und bin von der Umwelt- und Friedensbewegung der 80er Jahre geprägt. Ich habe damals gelernt, wie viel der außerparlamentarische, zivilgesellschaftliche Protest erreichen kann. Das soll nicht heißen, dass wir nicht auch direkt auf die Politik Einfluss nehmen wollen. Aber wir kommen nicht umhin, das, was wir wollen, von verschiedenen Punkten aus anzugehen.

BUNDzeit: Was ist für euch das Wichtigste an eurem Engagement: Der Gedanke, etwas bewegen zu können? Mit anderen, Gleichgesinnten zusammenzukommen?

Moritz: Von jedem etwas. Ich finde es wichtig, Einfluss zu nehmen und mitzureden. Außerdem komme ich so mit sehr unterschiedlichen Leuten mit völlig verschiedenen Kenntnissen zusammen. Als Arbeiter geht man die Dinge anders an als ein Architekt oder ein Soziologe. Ich habe so doch schon einige Prozesse durchschaut und gehe jetzt differenzierter an manches heran. Und man bewegt etwas!

Rodenberg: Genau! Stichwort: Sand im Getriebe. Außerdem ist es wirklich interessant [...] zu erleben, [...] wie Politik gemacht wird.

BUNDzeit: Macht bürgerschaftliches Engagement süchtig?

Moritz und Rodenberg: Ja!

Rodenberg: So wie wir inzwischen in der Öffentlichkeit wahrgenommen werden, sind wir ein Faktor, an dem die Senatsverwaltung nicht mehr vorbeikommt. Und da wollen wir dranbleiben.

BUNDzeit: Gibt es einen ersten Erfolg, auf den ihr besonders stolz seid?

Rodenberg: Von den Befürwortern der Autobahn ernst genommen zu werden!

Moritz: Am Anfang dachte die Senatsverwaltung noch, na ja, da gibt es ja keinen Widerstand ...

Rodenberg: ... aber das hat sich verändert. Anfang 2008 musste der Senat eine Informationsveranstaltung anbieten, zu der über 300 Leute kamen, weil wir die Öffentlichkeit hergestellt haben. Inzwischen wird die Unterstützung immer breiter, es kommen immer mehr Kieze dazu. Es ist wie ein Schneeballsystem.

[...]

BUNDzeit: Würdet ihr euren Kindern empfehlen, sich bürgerschaftlich zu engagieren?

Moritz: Ja, klar!

Rodenberg: Natürlich bleibt vieles andere dann auf der Strecke. Ich habe schon Probleme, private Kontakte zu halten, weil ich ständig mit der Autobahn beschäftigt bin. Wichtig ist, dass jeder, der sich engagieren will, sich überlegt: Hat das etwas mit mir zu tun? Ist mir das Thema grundsätzlich sehr wichtig? Insgesamt denke ich, dass wir noch viel mehr Menschen brauchen, die sich für bestimmte Dinge einsetzen, gerade im zwischenmenschlichen und im umweltpolitischen Bereich.

Das Interview führte Saphir Robert, Sand im Getriebe, in: http://www.bundzeit.de, Abruf am 3.1.2013, (vom Bearbeiter gekürzt)

Birte Rodenberg und Harald Moritz von der Bürgerinitiative Stadtring Süd (BISS)

Lobbyismus

Der Begriff Lobbyismus stammt aus dem Englischen (Lobby = Vorhalle des Parlaments) und bezeichnet heute eine Form der Interessenvertretung in Politik und Gesellschaft. Hierbei versuchen Interessengruppen die Exekutive und die Legislative zu beeinflussen, und dadurch auch Einfluss auf die öffentliche Meinung zu nehmen. Die vier Pfeiler der Lobbyarbeit lassen sich folgendermaßen kategorisieren: Einflussnahme, Informationsbeschaffung, Informationsaustausch und eine strategische Ausrichtung der Tätigkeit.

Melanie Kläger, Lobbyismus – Macht und Gemeinwohl, in: http://www.uni.de, 14.5.2012

DAX

Die Abkürzung DAX bezeichnet den Deutschen Aktienindex. Der DAX ist der wichtigste deutsche Aktienindex, da er die Entwicklung der 30 größten und umsatzstärksten Unternehmen in Deutschland an der Frankfurter Wertpapierbörse anzeigt.

M3 Lobbyismus – Macht und Gemeinwohl

Offiziell fungieren Lobbyisten als Berater von Bundestagsabgeordneten, wobei allein in Berlin, dem Zentrum der Macht, ungefähr 5000 Lobbyisten im Einsatz sind. Ein Hausausweis des deutschen Bundestags ermöglicht ihnen einen uneingeschränkten Zugang zu politischen Entscheidungsträgern. Dabei wird das Ziel verfolgt durch gezielte Einflussnahme die Interessen ihrer jeweiligen Arbeitgeber zu wahren. Dabei handelt es sich vornehmend um Interessengruppen der Wirtschaft, wie zum Beispiel der Pharmaindustrie und der Energiewirtschaft, die außerdem über eine besonders große Lobbymacht verfügen. Eine der größten Interessengruppen in Berlin ist „Das Collegium", ein Zusammenschluss von 30 DAX-Unternehmen. Doch auch Beteiligte am Gesetzgebungsprozess suchen gezielt das Gespräch mit Wirtschaftsvertretern, Verbänden und Lobbyisten, da die gewählten Vertreter der Bundesregierung auf das Wissen der Experten über wirtschaftliche und rechtliche Aspekte angewiesen sind. Dadurch können Lobbyisten zum Vorteil von Interessengruppen gezielt Einfluss auf mögliche Gesetzesvorlagen nehmen. [...]

Nicht nur deshalb wird der Lobbyismus in Anlehnung an die Macht der Presse als vierte Gewalt im Staat als „fünfte Gewalt" bezeichnet.

Und doch ist Lobbyarbeit mehr: Viele gemeinnützige Organisationen nutzen Lobbyarbeit zum Einsatz für das Gemeinwohl. Sie versuchen die Interessen derer zu wahren, die nicht in der Lage sind für sich selbst zu sprechen. Zu solchen Organisationen zählt zum Beispiel Greenpeace, Amnesty International oder der deutsche Kinderschutzbund als Lobby für Kinder. Laut dem Vorsitzenden Heinz Hilgers wird dabei auf zwei Säulen gebaut: dem helfenden Handeln und der Lobbyarbeit.

Melanie Kläger, Lobbyismus – Macht und Gemeinwohl, in: http://www.uni.de, 14.5.2012

M4 Der Wutbürger – eine neue Form der politischen Einflussnahme?

Anlässlich der Bürgerproteste über den Neubau des Stuttgarter Hauptbahnhofs erschien in dem Nachrichtenmagazin DER SPIEGEL ein Essay über den Wutbürger von Dirk Kurbjuweit:

Eine neue Gestalt macht sich wichtig in der deutschen Gesellschaft: Das ist der Wutbürger. Er bricht mit der bürgerlichen Tradition, dass zur politischen Mitte auch eine innere Mitte gehört, also Gelassenheit, Contenance. Der Wutbürger buht, schreit, hasst. Er ist konservativ, wohlhabend und nicht mehr jung. Früher war er staatstragend, jetzt ist er zutiefst empört über die Politiker. [...] Der Wutbürger denkt an sich, nicht an die Zukunft seiner Stadt. Deshalb beginnt sein Protest in dem Moment, da das Bauen beginnt, also die Unannehmlichkeit. Nun schiebt er das beiseite, was Bürgertum immer ausgemacht hat: Verantwortlichkeit, nicht nur das Eigene und das Jetzt im Blick zu haben, sondern auch das Allgemeine und das Morgen. Er vergisst zudem, dass er die Demokratie trägt.

Es spielt keine Rolle mehr, dass das Bahnhofsprojekt in einem langen Prozess durch alle demokratischen Instanzen gegangen ist. Der Wutbürger hat das Gefühl, Mehrheit zu sein und die Lage besser beurteilen zu können als die Politik. Er macht sich zur letzten Instanz und hebelt dabei das gesamte System aus. Er versteht nicht oder will nicht verstehen, dass ein Sieg der Gegner von Stuttgart 21 jeden anderen Protest in Deutschland beflügelt. Fast jedes neue Kraftwerk, fast jede Hochspannungsleitung, fast jedes Windrad, fast jede Straße ist umstritten, weil sie nicht in Lebensgefühle passen oder Lebenslagen verändern. Deutschland wird erstarren, wenn sich allerorten die Wutbürger durchsetzen. [...] Die Wutbürger sind zu einem großen Teil ältere Menschen, und wer alt ist, denkt wenig an die Zukunft. Ihm bleiben noch zehn oder zwanzig Jahre, die will er angenehm verbringen, was verständlich ist. Der Bau des Bahnhofs vergällt ihm das Leben, von dem neuen Bahnhof selbst wird er nicht mehr viel haben. Er ist saturiert, er hat keine großen Ziele mehr, strebt nicht, sondern erhält, verteidigt den Status quo, ihm graut vor dem Wandel. Weil Deutschland altert, erlahmt es auch. Denn das Verhältnis von denen, die viel vom Wandel haben, und denen, die wenig davon haben, wird immer ungünstiger für eine dynamische Entwicklung des Landes. [...]. Die Politik muss sich nun stärker um ihn kümmern, seine Wut dämpfen, seine Verantwortlichkeit hervorlocken. Es stimmt, dass da vieles versäumt wurde. [...] Aber es ist wohlfeil, die ganze Schuld auf die Politik zu schieben. Zur Freiheit der Bürger in einer Demokratie gehört auch die Pflicht, über sich nachzudenken, das eigene Verhalten, die eigene Rolle. Die meisten Bürger, die sich jetzt ihrer Wut hingeben, müssten dazu eigentlich in der Lage sein.

Dirk Kurbjuweit, Der Wutbürger, in: DER SPIEGEL, 41/2010, S. 26f.

Eine Frau demonstriert in Stuttgart gegen den Bahnhofsumbau.

Aufgaben

1. Erkundigen Sie sich in Ihrer Umgebung, wer aus welchen Gründen Mitglied in einer in der Grafik genannten Organisation ist, und vergleichen Sie Ihre Ergebnisse mit den jeweiligen Mitgliedszahlen in der Grafik von M 1.
2. Tragen Sie in der Klasse zusammen, mit welchen Mitteln eine Bürgerinitiative „Öffentlichkeit herstellen" kann (M 2).
3. Sammeln Sie Pro- und Kontra-Argumente zu bürgerschaftlichem Engagement in einer Tabelle (M 2).
4. Angenommen Sie sind Lobbyist für die Tabakindustrie und müssen einer Schulklasse erklären, dass Sie in Ihrer Funktion mehr dem Gemeinwohl als der Tabakindustrie dienen. Bereiten Sie in Gruppen jeweils ein Kurzreferat vor und stellen Sie sich – auch mithilfe der nachstehenden Methode – einer Pro-Kontra-Diskussion (M 3).
5. Ermitteln Sie typische Charaktereigenschaften des „Wutbürgers" und diskutieren Sie die Folgen seines Handelns für die Demokratie (M 4). Verfassen Sie einen Leserbrief über Ihre Ergebnisse an den SPIEGEL.

Methode

Eine Pro- und Kontra-Diskussion führen

Das offene Austragen gegensätzlicher Interessen und Meinungen, das Diskutieren also, gehört zu den Wesensbestandteilen einer Demokratie, denn nur so kann ein Ausgleich gesucht und gefunden werden.

Eine **Pro- und Kontra-Diskussion** im Unterricht sollte nach folgenden Prinzipien erfolgen:
Die Schüler machen sich mit dem Thema vertraut und führen in einer **ersten Abstimmung** ein erstes Meinungsbild herbei [...].
Die Klasse einigt sich auf einen **Diskussionsleiter**, der in das Thema einführen und die Diskussion leiten soll.
Es werden **Gruppen** für die jeweilige Position gebildet [...].
Die Gruppen setzen sich mit ihrer jeweiligen Position auseinander und erarbeiten begründete Standpunkte. Dabei sollten sie auch Argumente der gegnerischen Partei erkennen und überlegen, wie man sie widerlegen kann.
Jede Gruppe bestimmt einen **Gruppensprecher**, der nach einer kurzen allgemeinen Einführung durch den Diskussionsleiter der Klasse in jeweils etwa drei Minuten ihre Argumente vorträgt (**Statement**).
Anschließend diskutieren die Gruppen in den nächsten 15 – 20 Minuten ihre Argumente in **Rede und Gegenrede**, wobei sie unten stehende Diskussionsregeln beachten.
Der Diskussionsleiter fasst die **Ergebnisse** des Streitgesprächs zusammen und bittet die Klasse um ihre Bewertung in punkto Form und Inhalt der Diskussion.
Am Ende erfolgt eine **nochmalige Abstimmung** über die Ausgangsfrage, deren Ergebnis mit dem ersten Abstimmungsresultat verglichen und gegebenenfalls analysiert wird.

Goldene Regeln für eine Diskussion
- Inhalte kurz und präzise formulieren
- (ver)urteilende Aussagen über den Gesprächspartner vermeiden
- strukturierende Formulierungen zum besseren Verständnis für die Zuhörer (z.B. „Was ich noch ergänzen möchte", „Im Gegensatz zu meinem Vorredner bin ich der Ansicht", etc.) verwenden
- wichtige Punkte am Ende nennen, da sie vom Zuhörer am besten behalten werden
- den Gesprächspartner nicht unterbrechen
- ruhig zu erkennen geben, wenn ein gegnerisches Argument überzeugt hat
- das unpersönlichen „man" vermeiden
- freundlich und entspannt bleiben, Verärgerungen später klären

Diskussionsthema:
Freigabe der Ladenöffnungszeiten – ja oder nein?

Die Ladensöffnungszeiten eines Supermarktes werden von einem Arbeiter auf einem Transparent geändert.

Die Diskussionen um das Ladenschlussgesetz in Deutschland dauern schon lange an. Bis 1989 gab es strenge Ladenöffnungszeiten. In der Regel hatten die Geschäfte von Montag bis Freitag nur bis 18.30 Uhr und am Samstag nur vormittags geöffnet. Eine Ausnahme bildete der „lange Samstag", der Einkaufen bis 18 Uhr erlaubte. Nach intensiven Auseinandersetzungen wurden die Bedingungen nach und nach gelockert. Im Rahmen der Föderalismusreform sind seit 2006 ausschließlich die Bundesländer für die Regelung zuständig.

Stellen Sie sich folgende Situation vor:
Der Einzelhandel drängt auf die Aufhebung des Ladenschlussgesetzes und fordert eine völlige Freigabe der Öffnungszeiten, wie sie in anderen Ländern, etwa den USA, seit langem üblich ist.
Nach: Robby Geyer, Akteure in der Politik, in: Themenblätter im Unterricht, Bonn 2009, Heft Nr. 63, Arbeitsblatt A

Aufgaben

1. Überlegen Sie zunächst, welche Akteure / Interessenverbände aus der folgenden Liste sich an der Diskussion beteiligen würden und welche Argumente sie für bzw. gegen eine Freigabe der Ladenöffnungszeiten anführen würden:
   Bundestag, Bundesrat, Kirchen, Presse, Wähler, Fernsehen, Parteien, Bundesminister, Arbeitgeberverbände, Nichtregierungsorganisationen, Einzelhandelsketten, Bundesverfassungsgericht, Bürgerinitiativen, Bundeskanzler
2. Bilden Sie eine Pro- und eine Kontragruppe. Sammeln Sie in Ihrer jeweiligen Gruppe entsprechende Argumente und halten Sie sie schriftlich fest.
3. Führen Sie anschließend gemäß den oben genannten Regeln Ihre Diskussion durch.
4. Erarbeiten Sie abschließend im Klassenverband, aber immer noch als Vertreter Ihrer Gruppe, mögliche Kompromisse zur Lösung des Problems.

Wissen kompakt

Interessenverband

Gemäß Artikel 9 GG „haben alle Deutschen das Recht, Vereine und Gesellschaften zu gründen". Solche freiwilligen Zusammenschlüsse von Personen, Gruppen, Unternehmen oder Institutionen haben den Zweck, besondere Interessen zu bündeln und zu artikulieren, um Politik und Gesellschaft im Sinne der eigenen Absichten zu beeinflussen. An Wahlen nehmen Interessenverbände nicht teil.

Verein

Ein Verein ist ein auf Dauer angelegter Zusammenschluss von mindestens sieben Personen, der bestimmte Zwecke (Freizeit, Beruf, Weltanschauung) verfolgt, unabhängig vom Wechsel der Mitglieder. Durch die Eintragung ins Vereinsregister des Amtsgerichts wird ein Verein rechtsfähig und darf hinter dem Vereinsnamen den Zusatz „e.V." führen. Im Gegensatz zu Interessenverbänden im engeren Wortsinn engagieren sich Vereine kaum politisch.

Bürgerinitiative

Eine Bürgerinitiative ist ein parteiunabhängiger, aus der Bevölkerung heraus gebildeter Zusammenschluss von Personen, die öffentlich aufgrund eines konkreten Anlasses gemeinsame Interessen und Ziele verfolgen. Anders als Interessenverbände lösen sich Bürgerinitiativen nach der Beendigung des Einzelprojekts wieder auf.

Nichtregierungsorganisationen

Nichtregierungsorganisationen sind grundsätzlich alle Interessenverbände, die nicht von Regierungen oder staatlichen Stellen abhängig sind und gemeinsame, nicht-kommerzielle Interessen vertreten – von Gewerkschaften über Kirchen bis zum Sportverein. Im allgemeinen Sprachgebrauch bezeichnet der Begriff jedoch Organisationen, Vereine und Gruppen, die sich gesellschaftspolitisch engagieren. Einige wichtige und typische Betätigungsfelder von NROs (englisch: NGOs) sind Entwicklungspolitik, Umweltpolitik und Menschenrechtspolitik.

Lobbyismus – Einflussnahme von Verbänden

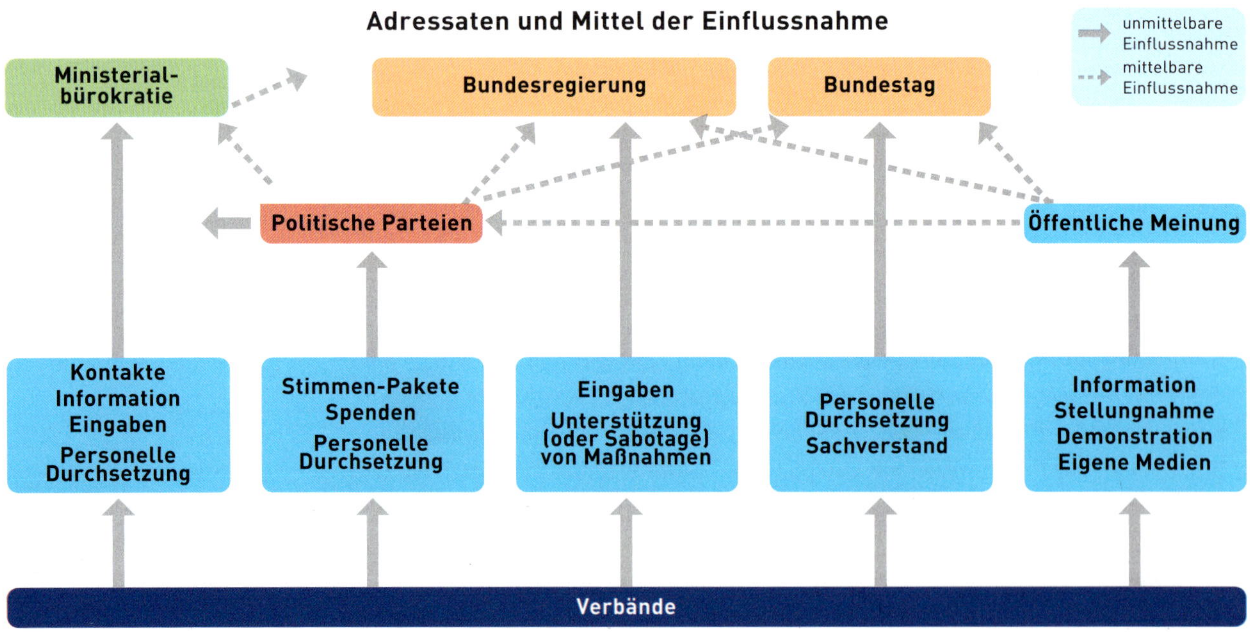

Wolfgang Rudzio, Die organisierte Demokratie, Parteien und Verbände in der Bundesrepublik, Stuttgart, 1977, S. 41

Wissen im Kontext

Warum sind Interessenverbände ein wichtiger Bestandteil der Demokratie?
M 1, M 2

Im Gegensatz zu den politischen Parteien, die die Interessen ihrer oft sehr unterschiedlich zusammengesetzten Wählerschaft bündeln und vertreten müssen, haben Interessenverbände nur ganz spezielle Interessen einer bestimmten gesellschaftlichen Gruppe im Sinn. Trotzdem ist die Legitimität von Interessengruppen in einer freiheitlichen Demokratie unstrittig, hat doch jede das Recht, auf ureigene Interessen hinzuweisen und deren Umsetzung einzufordern. Es kommt nur darauf an, einen Ausgleich zwischen ihnen zu finden, ohne das Gemeinwohl zu gefährden.

Wie agieren Bürgerinitiativen?
M 2, M 4

Seit den 1970er Jahren machen in Deutschland immer mehr Bürger von ihrem Recht Gebrauch, aktiv an der Mitgestaltung des öffentlichen Lebens teilzunehmen, und gründen hierzu Bürgerinitiativen. Als unmittelbar Betroffene setzen sie sich für oder gegen ein Vorhaben ein und sind seitdem zu einem festen Bestandteil des politischen Systems der Bundesrepublik geworden. So konnten zahlreiche kritisierte Projekte und Bauvorhaben gestoppt werden. Problematisch wird es freilich, wie in den letzten Jahren immer wieder geschehen, wenn Bürger den Regeln des demokratischen Prozesses nicht mehr folgen und trotz eindeutiger demokratischer Beschlüsse ihr Vorhaben nicht aufgeben wollen („Wutbürger"). Damit wird es für politische Entscheidungsträger immer schwieriger, im Spannungsfeld von Einzel- und Gruppeninteressen auf der einen und der Orientierung am Gemeinwohl auf der anderen Seite sachgerechte und für alle zufriedenstellende Lösungen zu finden.

Welche unterschiedlichen Arten von Interessenverbänden gibt es?
M 3

Sehr einflussreiche Verbände sind Interessenorganisationen im Wirtschafts- und Arbeitsbereich, also die Gewerkschaften als die Interessenvertreter von Arbeitnehmern sowie die Arbeitgeberverbände, die zusammen die Löhne und Arbeitsbedingungen aushandeln und sie in Tarifverträgen festlegen. Das Grundgesetz gibt ihnen in Art. 9, 3 sogar das Recht, die Tarife völlig selbstständig und ohne staatliche Vorgaben zu vereinbaren.
Weltweit bekannte politische und ideelle Verbände wie Greenpeace oder Amnesty International haben das Wohl der gesamten Menschheit im Blick oder engagieren sich für den Schutz und die Einhaltung der Menschenrechte weltweit. Bundesweit engagiert sich etwa der BUND (= Bund Umwelt- und Naturschutz) als Vertreter zahlreicher Naturschutzgruppen für eine saubere Umwelt und den Erhalt des Ökosystems.

Stellt Lobbyismus eine Gefahr für die Demokratie dar?
M 3

Kritiker befürchten den zu großen Einfluss mächtiger Verbände und sprechen von der „fünften Gewalt" des Lobbyismus, der die demokratischen Grundprinzipien gefährden kann. Gefahr droht ihrer Meinung nach vor allem dann, wenn – für den Bürger nicht ersichtlich – Einfluss auf die Gesetzgebung genommen wird, etwa durch erhebliche finanzielle Mittel oder personellen Einsatz. Darum wird die Forderung laut, für völlige Transparenz, d.h. Offenlegung, der Verbindungen zwischen Politik und Verbänden zu sorgen und diese zu kontrollieren.

2.5 Direkte Demokratie in Bayern – wie funktionieren Plebiszite?

Direkte Demokratie in Bayern

Auszüge aus der bayerischen Verfassung

Artikel 7 [1]: Der Staatsbürger übt seine Rechte aus durch Teilnahme an Wahlen, Bürgerbegehren und Bürgerentscheiden sowie Volksbegehren und Volksentscheiden.

Artikel 71: Die Gesetzesvorlagen werden vom Ministerpräsidenten namens der Staatsregierung, aus der Mitte des Landtags oder vom Volk (Volksbegehren) eingebracht.

Artikel 72 [1]: Die Gesetze werden vom Landtag oder vom Volk (Volksentscheide) beschlossen.

Artikel 74 [1]: Ein Volksentscheid ist herbeizuführen, wenn ein Zehntel der stimmberechtigten Staatsbürger das Begehren nach Schaffung eines Gesetzes stellt.
(2) Dem Volksbegehren muss ein ausgearbeiteter und mit Gründen versehener Gesetzentwurf zugrunde liegen.
(3) Das Volksbegehren ist vom Ministerpräsidenten namens der Staatsregierung unter Darlegung ihrer Stellungnahme dem Landtag zu unterbreiten.
(4) Wenn der Landtag das Volksbegehren ablehnt, kann er dem Volk einen eigenen Gesetzentwurf zur Entscheidung mit vorlegen.
→

M1 Plakate aus dem Jahr 2010 zum Volksbegehren über den Nichtraucherschutz in Bayern

Plakat gegen das Rauchverbot in Gaststätten

Plakat für das Rauchverbot in Gaststätten

M2 Der Weg vom Antrag zum Volksentscheid

Vom Volksbegehren zum Volksentscheid

Zulassungsantrag 25.000 Stimmberechtigte
▼
Zulassung durch das Innenministerium
▼
Volksbegehren 1/10 der Stimmberechtigten
▼
Staatsregierung
▼
Landtag
▼ Ablehnung → ▼ Volksentscheid** → ▼ Gesetz
▼ Zustimmung* → ▼ Volksentscheid bei Verfassungsänderung → ▼ Gesetz
Zustimmung* → ▼ Gesetz

Gesetz

* Bei Verfassungsänderung von mindestens 2/3 der gesetzlichen Mitglieder
** mehrheitlich „Ja", bei Verfassungsänderung: mindestens 25 % Ja-Stimmen aller Stimmberechtigten

Quelle Bayerisches Staatsministerium des Innern

M3 Ergebnis des Volksentscheids zum Nichtraucherschutz in Bayern

Bayern steht vor der Einführung des bundesweit strengsten Rauchverbots in der Gastronomie. Bei einem Volksentscheid siegten die strikten Rauchgegner klar. Laut vorläufigem amtlichen Endergebnis stimmten 61 Prozent der Wähler dafür, das Qualmen in Kneipen, Gaststätten und Bierzelten ausnahmslos zu verbieten. Das Gesetz tritt am 1. August in Kraft.

Im Freistaat waren am Sonntag knapp 9,4 Millionen Wahlberechtigte aufgerufen, ihre Stimme abzugeben. Die Wahlbeteiligung lag nach dem vorläufigen Endergebnis bei 37,7 Prozent und damit deutlich niedriger als bei Landtags- oder Bundestagswahlen üblich. Es musste aber kein bestimmtes Mindest-Quorum[1] erreicht werden.

Bei der Wahl wurde die Initiative „Ja! zum Nichtraucherschutz" von der SPD, den Grünen, regionalen Nichtraucher-Initiativen, Sport- und Ärzteverbänden sowie Umwelt- und Gesundheitsorganisationen unterstützt. Dagegen trat das Bündnis „Bayern sagt Nein!" an – getragen vom Verein zum Erhalt der Bayerischen Wirtshauskultur und der Tabakindustrie. [...]

Der Volksentscheid wurde auch möglich, weil sich die CSU in Bayern nicht festlegen wollte und in der Frage neutral blieb. 2008 hatte die Partei, damals noch mit absoluter Mehrheit ausgestattet, ein scharfes Gesetz zum Schutz von Nichtrauchern auf den Weg gebracht. Doch nach herben Stimmverlusten bei der Landtagswahl änderte sie ihre Position, schließlich war die Initiative in weiten Teilen der Bevölkerung unpopulär und wurde als ein Grund für die Wahlschlappe ausgemacht. Das Rauchverbot wurde wieder gelockert.

Bayerns Gesundheitsminister Markus Söder (CSU) hat den Ausgang des Volksentscheids als „gute Entscheidung" begrüßt. Es handle sich nicht um eine Niederlage der CSU, sagte Söder am Sonntag im Bayerischen Rundfunk. Die Politik habe ohnehin keine befriedigende Entscheidung getroffen. Nun habe das Volk als Souverän abschließend entschieden. Die Staatsregierung habe sich im Vorfeld bewusst neutral verhalten.

Die Befürworter des strikten Rauchverbots jubilierten. „Liebe Staatsregierung, lieber Herr Seehofer, vielleicht sollten Sie öfter das Volk entscheiden lassen", rief der Sprecher des Aktionsbündnisses „Ja! zum Nichtraucherschutz", Sebastian Frankenberger (ÖDP). Grünen-Landeschefin Theresa Schopper sprach von einem „schönen Tag für den Gesundheitsschutz in Bayern". Und SPD-Generalsekretärin Natascha Kohnen sagte: „Der Verlierer des Tages ist die CSU." Die Bürgerinnen und Bürger hätten deutlich gemacht, dass sie des jahrelangen Hin und Hers der CSU überdrüssig seien.

Der Sprecher des Raucher-Aktionsbündnisses „Bayern sagt Nein!", Franz Bergmüller, machte für die Niederlage vor allem die geringe Wahlbeteiligung verantwortlich. Wenige Prozent der Bevölkerung hätten einen großen Teil der Menschen „majorisiert". „Das wird nicht zur Befriedung der Gesellschaft beitragen, sondern zu einer weiteren Spaltung und zum Denunziantentum", sagte Bergmüller.

ler/otr/Reuters/dpa, Strikte Rauchgegner siegen in Bayern, in: http://www.spiegel.de, 4.7.2010

[1] Zahl der Stimmberechtigten, die sich an einer Abstimmung beteiligen müssen, damit diese gültig bzw. erfolgreich ist.

→ (5) Rechtsgültige Volksbegehren sind von der Volksvertretung binnen drei Monaten nach Unterbreitung zu behandeln und binnen weiterer drei Monate dem Volk zur Entscheidung vorzulegen. Der Ablauf dieser Fristen wird durch die Auflösung des Landtags gehemmt.
(6) Die Volksentscheide über Volksbegehren finden gewöhnlich im Frühjahr oder Herbst statt.
(7) Jeder dem Volk zur Entscheidung vorgelegte Gesetzentwurf ist mit einer Weisung der Staatsregierung zu begleiten, die bündig und sachlich sowohl die Begründung der Antragsteller wie die Auffassung der Staatsregierung über den Gegenstand darlegen soll.

M4 Direkte Demokratie in Städten und Gemeinden – Bürgerbegehren über den Ausbau des Münchner Flughafens

Ergebnis des Bürgerentscheids vom 17.6.2012
54,3% haben sich gegen die dritte Startbahn ausgesprochen. Damit wird keine dritte Startbahn gebaut.

Sensation in München: Die dritte Startbahn am Flughafen Franz Josef Strauß kann nicht wie geplant gebaut werden. Bei einem Bürgerentscheid in der Landeshauptstadt stimmte die Mehrheit der Wähler gegen das umstrittene Milliardenprojekt.

[...] 1.038.000 Münchner waren seit Sonntagmorgen, acht Uhr, aufgerufen gewesen, über den geplanten Bau der dritten Startbahn am Flughafen abzustimmen. Die erste Hürde hatte der Bürgerentscheid bereits am Nachmittag genommen – 32,8 Prozent beteiligten sich, die notwendige Wahlbeteiligung wurde damit erreicht. Oberbürgermeister Christian Ude [...] wolle das Nein „ohne Wenn und Aber" akzeptieren.

afis, luk, Münchner stoppen dritte Startbahn – Ude gratuliert Gegnern, Süddeutsche Zeitung, 18.6.2012

M5 Direkte Demokratie – aus der Sicht eines Amtsträgers

Nürnbergs Oberbürgermeister Dr. Ulrich Maly berichtet über Elemente der direkten Demokratie aus der Sicht eines Bürgermeisters.

Die Kommunalpolitik stand anfangs teilweise diesen Instrumenten der direkten Demokratie skeptisch gegenüber, schließlich will ein Bürgermeister seinen Ort zusammenhalten und Polarisierungen vermeiden. Stadträte wollen sich als demokratisch legitimierte Repräsentanten Entscheidungen nicht aus der Hand nehmen lassen, da sie in der Verantwortung stehen. [...]

Das Ganze ist ein Kulturwandel und ein Lernprozess: Bürgerbeteiligung kann repräsentative Demokratie nicht ersetzen, aber sie kann das Verhältnis von Bürgerschaft, Verwaltung und Politik verbessern. [...] Nun bekommt der Strukturwandel der Öffentlichkeit einen Schub mit neuen technischen Möglichkeiten bei Information und Kommunikation, die mehr Partizipation ermöglichen. [...]

Betroffene zu Beteiligten machen – das ist ein wohlklingender Satz. Aus Betroffenheit wächst Interesse, woraus sich politisches Engagement entwickeln kann. So kann die Empörung über ein Bauprojekt schließlich in eine Bürgerinitiative münden. In der Betroffenheit spielt das St. Floriansprinzip – neudeutsch NIMBY-Prinzip (not in my backyard) – eine Rolle. Aber mit der Betroffenheit ist es nicht leicht: Wenn eine Tram-Trasse zur Debatte steht, sind dann nur Anlieger betroffen, die Lärm und Verkehr fürchten, oder sind das auch die Fahrgäste der neuen Tram? [...] Wenn ein Konzertsaal oder Stadion gefordert werden, ist dies nicht nur eine Frage für Konzertbesucher oder Fußballfans, sondern auch für Bürger, die mit ihrem Wunsch nach Kinderbetreuung, Busverbindungen oder sozialen Angeboten dann vielleicht zurückstehen müssen. Der Ausgleich zwischen Privatwohl und Gemeinwohl hat Denker von Aristoteles bis Habermas beschäftigt – den bayerischen Bürgermeister hält diese Frage stets aufs Neue auf Trab.

Pressemitteilung des Bayerischen Städtetags, Maly: Im Kommunalen wächst eine neue Beteiligungskultur, in: http://www.bay-staedtetag.de, 18.7.2012

M6 Direkte Demokratie auf Bundesebene?

In Deutschland wird die Forderung nach direkter Demokratie auf Bundesebene immer lauter. Allerdings gibt es auch grundsätzliche Bedenken dagegen. Hier eine Auswahl von Argumenten von Befürwortern bzw. Kritikern aus den bundesdeutschen Parteien:

Patrick Döring, FDP:
Auf der Bundesebene sehe ich Volksentscheide skeptisch, weil viele Themen Kompromisse erfordern, die im Rahmen eines Volksentscheides nicht verhandelt werden können.

Fritz-Walter Hornung, DIE LINKE:
Mehr direkte Demokratie ist dringend nötig. Wie sonst kann man vermeiden, dass die WählerInnen zwar alle paar Jahre ihre Stimme abgeben dürfen, sie diese aber dann „verloren" haben?

Christian Kelber, SPD:
Wir haben eine parlamentarische Demokratie. Es besteht die Gefahr, langfristige Entscheidungen mittels kurzfristiger Meinungen zu treffen.

Klaus-Peter Flosbach, CDU:
Ich sehe die Gefahr, dass komplizierte Entscheidungen auf ein einfaches JA oder NEIN reduziert werden. Wer die teuerste Kampagne auf die Beine stellt, der gewinnt die Meinungshoheit. Auf Bundesebene sollte meines Erachtens weiterhin das Parlament allein die Gesetze erarbeiten.

Cordula Ratajczak, DIE GRÜNEN:
Demokratie kann sich nicht nur im Delegieren von Macht und Verantwortung an Parteien und Abgeordnete erschöpfen – sonst hat sich irgendwann auch das Verantwortungsgefühl des Einzelnen erschöpft. Dann denkt man nicht mehr über Politik nach, sondern nur noch über „die da oben".

Thomas Melchinger, PIRATENPARTEI:
Volksbegehren haben sich auf Landes- und Kommunalebene bereits bewährt. Dies wird auf Bundesebene nicht anders sein.

Nach: Wen-wählen.de, Thesen: Pro und Kontra der Kandidaten – Volksentscheide bzw. Volksabstimmungen sollen bundesweit eingeführt werden, in: http://www.wen-waehlen.de, Abruf am 8.1.2013

Direkte Demokratie auf Bundesebene

Das Grundgesetz sieht derzeit eine direktdemokratische Mitwirkung des gesamten deutschen Volkes nur bei einer Neugestaltung bzw. einer in seinen Grundfesten verändernden Umgestaltung des Grundgesetzes (Art. 146 GG) sowie bei der Neugliederung des Bundesgebietes (Art. 29 [2] ff. GG) vor. Letzterer Artikel bestimmt allerdings, dass es sich nicht um eine bundesweite Abstimmung, sondern lediglich um ein Territorialplebiszit in den betroffenen Bundesländern handelt. Dabei können die Bürger der entsprechenden Bundesländer den Zusammenschluss oder die Aufteilung ihrer Länder in einem Volksentscheid bestätigen oder ablehnen.

Aufgaben

1. Analysieren Sie die beiden Plakate hinsichtlich ihrer Aussage (M 1).
2. Vergleichen Sie die Auszüge aus der Bayerischen Verfassung (Randspalte) mit den entsprechenden Artikeln des Grundgesetzes (Art. 29 [2]; Art. 146).
3. Ermitteln Sie die Verfahrensabläufe von Bürger- und Volksentscheiden anhand aktueller Beispiele (M 1 – M 5).
4. Erweitern Sie die Liste der Pro- und Kontraargumente zu direkter Demokratie auf Bundesebene aus M 6 und diskutieren Sie in der Klasse Ihre Ergebnisse.

Das bayerische Wahlrecht

Es gelten die gleichen Wahlrechtsgrundsätze wie im Grundgesetz, auch wenn im Artikel 14 [1] BV das Kriterium der „freien" Wahl unerwähnt bleibt. Das aktive und passive Wahlalter in Bayern besitzt jeder Deutsche, der das 18. Lebensjahr vollendet hat und seit sechs Monaten in Bayern wohnt. Für die Ämter eines Ersten Bürgermeisters, Oberbürgermeisters sowie eines Landrats gilt eine Altersgrenze von 21 Jahren, während das passive Wahlalter für das Amt des bayerischen Ministerpräsidenten beim vollendeten 40. Lebensjahr liegt.

Bei Landtags- und Bezirkstagswahlen sieht die Bayerische Verfassung ein „verbessertes Verhältniswahlrecht" vor (Art. 14 [1] BV), bei dem jeder Wähler zwei Stimmen hat: Mit der Erststimme wählt er nach dem reinen Mehrheitswahlrecht wie bei der Bundestagswahl einen Stimmkreiskandidaten, mit der Zweitstimme kann er nicht nur eine Partei, sondern innerhalb der vorgelegten Listen einen bestimmten Kandidaten wählen. Ein solches offenes Listenverfahren vergrößert die Einflussmöglichkeiten des Wählers auf die Kandidatenauswahl der Parteien.

Volksbegehren und Volksentscheid in Bayern

Anders als das Grundgesetz bietet die Bayerische Verfassung den Bürgern die Möglichkeit direkter Demokratie-Ausübung (vgl. Art. 7 [2] BV). Denn mit Volksbegehren und Volksentscheid kann die Bevölkerung unmittelbar in den Gesetzgebungsprozess eingreifen. Art. 74 BV sieht nämlich vor, dass ein Volksentscheid anzusetzen ist, „wenn ein Zehntel der stimmberechtigten Staatsbürger das Begehren nach Schaffung eines Gesetzes hat".

Bürgerbegehren und Bürgerentscheid in Bayern

Mithilfe von Bürgerbegehren und Bürgerentscheid, wie sie in Art. 7 [2] BV genannt sind, können Angelegenheiten des eigenen Wirkungskreises einer Gemeinde oder eines Landkreises von den Gemeinde- bzw. Kreisbürgern selbst beschlossen werden. Bei einem Bürgerentscheid ist die gestellte Frage in dem Sinne entschieden, in dem sie von der Mehrheit der abgegebenen gültigen Stimmen beantwortet wurde. Diese Mehrheit muss in Gemeinden bis zu 50.000 Einwohnern mindestens 20%, bis zu 100.000 Einwohnern mindestens 15% und in Gemeinden mit mehr als 100.000 Einwohnern mindestens 10% der Stimmberechtigten (d.h. der wahlberechtigten Gemeindeangehörigen) betragen.

Kumulieren und Panaschieren bei Kommunalwahlen

Bei Kommunalwahlen hat der Bürger ebenfalls große Partizipationsmöglichkeiten. Er verfügt nämlich über so viele Stimmen, wie Sitze zu vergeben sind. Er kann diese Stimmen der unveränderten Liste einer Partei oder Wählergemeinschaft geben, er kann sie aber auch als Einzelstimmen über die Wahlvorschläge mehrerer Parteien verteilen (Panaschieren) oder bis zu drei Stimmen an einzelne Bewerber vergeben (Kumulieren). Auch dadurch kann er Einfluss auf die Kandidatenauswahl einer Partei oder Wählergemeinschaft nehmen.

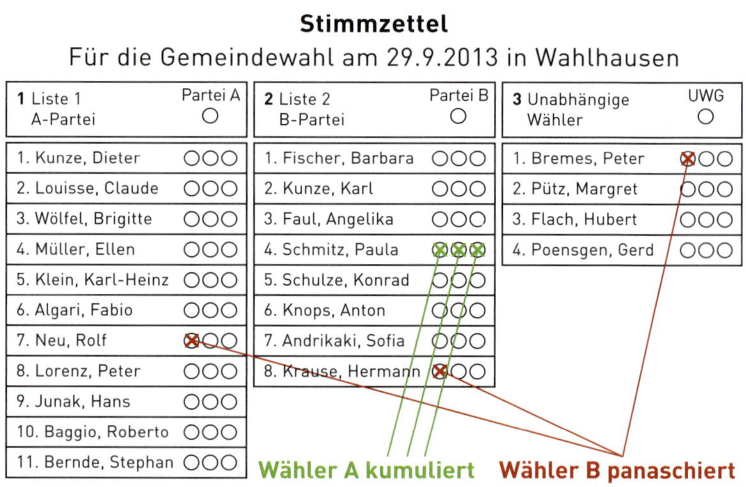

Wissen im Kontext

Im Gegensatz zum Grundgesetz, das fast auf plebiszitäre Elemente verzichtet, wurde nach 1945 in vielen Länderverfassungen das Recht der Bevölkerung auf direkte Beteiligung bei der Gesetzgebung ausdrücklich festgelegt. Das gilt auch für die Verfassung des Freistaates Bayern, die 1946 in Kraft trat.

Wo ist direkte Demokratie in Deutschland möglich?
M 1 – M 6

Die Möglichkeiten von Volksbegehren und Volksentscheid standen dabei schon von Anfang an in der Bayerischen Verfassung. Darüber hinaus schreibt Art. 75 BV vor, dass auch Verfassungsänderungen – zusätzlich zur erforderlichen Zwei-Drittel-Mehrheit im Landtag – dem Volk zur Entscheidung vorgelegt werden müssen.

Seit wann gibt es in Bayern Volksbegehren und -entscheide?
M 2, Randspalte S. 80f.

Volksbegehren und Volksentscheid bieten die Möglichkeit, Beschlüsse der Landtagsmehrheit und der von ihr getragenen Staatsregierung zu korrigieren oder – bei fehlender politischer Initiative seitens der Regierung – die Gesetzgebung selbst in die Hand zu nehmen. Sie werden deshalb vor allem von oppositionellen Parteien und Gruppen initiiert, da diese hierdurch die Regierung zum Einlenken oder Umdenken bewegen können, was im parlamentarischen Gesetzgebungsverfahren aufgrund der bestehenden Mehrheitsverhältnisse nicht möglich wäre. Bis Ende 2012 wurden in Bayern 14 Volksentscheide durchgeführt, davon siebenmal erfolgreich.

Wozu dienen Volksbegehren und Volksentscheid?

Zudem können die bayerischen Bürger seit 1995 auch auf kommunaler Ebene direkt über politische Fragen abstimmen. Möglich wurde dies durch einen Volksentscheid, bei dem die Bevölkerung mit 57,8 Prozent der Stimmen dafür votierte, sogenannte Bürgerentscheide auf kommunaler Ebene einzuführen. Ähnlich wie beim Volksbegehren auf Landesebene können seitdem in den Gemeinden, Städten und Kreisen bei Vorliegen einer bestimmten Anzahl von Unterschriften Bürgerentscheide durchgeführt werden, zum Beispiel über den Ausbau verkehrsberuhigter Zonen oder ein neues Erlebnisbad. Seit der Einführung wurde von dieser Möglichkeit direkter Demokratie oft Gebrauch gemacht: Fast 2.500 Bürgerbegehren wurden in bayerischen Kommunen und Landkreisen initiiert (Stand: 2013).
Es gibt überdies noch eine weitere Möglichkeit der politischen Teilnahme auf dieser Ebene: Jeder Gemeindebürger kann sich in der Bürgerversammlung, die nach Artikel 18 der Bayerischen Gemeindeordnung abzuhalten ist, zu Wort melden und eigene Vorschläge zur Diskussion stellen.

Welche Elemente direkter Demokratie gibt es in Bayern auf kommunaler Ebene?
M 4, M 5

Aufgrund der Erfolge direkter Demokratie auf kommunaler Ebene wird auch die Forderung nach bundesweiten Volksentscheiden immer lauter. Während Befürworter betonen, dass dadurch das Demokratieverständnis der Bürger gestärkt und der zunehmenden Politikverdrossenheit entgegengewirkt wird, befürchten Kritiker etwa die Unmöglichkeit notwendiger Kompromisssuche in der politischen Diskussion oder die Durchsetzung von Sonderinteressen durch gut organisierte Minderheiten.

Sollte es mehr direkt-demokratische Elemente auf Bundesebene geben?
M 6

Mitwirkungsmöglichkeiten in der demokratischen Gesellschaft im Wandel

M1 Liquid Democracy – wie verändern die neuen Medien etablierte Partizipationsmöglichkeiten?

Jennifer Paetsch ist Mitgründerin des Vereins Liquid Democracy. Dort arbeitet sie an Konzepten für erfolgreiche Online-Beteiligungsprozesse. Sie ist zudem wissenschaftliche Mitarbeiterin an der Freien Universität Berlin im Arbeitsbereich Empirische Bildungsforschung.

tagesschau.de: Was bedeutet Liquid Democracy genau?

Jennifer Paetsch: Liquid Democracy steht für die Idee, dass die Grenze zwischen repräsentativer und direkter Demokratie fließend ist. Das heißt, Menschen sollen sich durch Online-Plattformen direkt an politischen Prozessen beteiligen können. Realisiert wird das durch das „Delegated Voting", also eine themenspezifische Stimmendelegation. Im normalen repräsentativen System wähle ich alle vier Jahre einen Repräsentanten, der dann zu allen Themen für mich abstimmt. Beim „Delegated Voting" kann ich entscheiden, ob ich selbst abstimmen möchte oder ob ich meine Stimme an jemanden delegiere, der in einem Thema Experte ist. [...]

tagesschau.de: Wo liegen die Stärken von Liquid Democracy im Gegensatz zum repräsentativen, parlamentarischen System?

Paetsch: Der Bürger erhält die Chance, viel häufiger seine Interessen kund zu tun und auch differenzierter Einfluss zu nehmen. Er gibt seine Wahl nicht alle vier Jahre sozusagen gebündelt ab, sondern er kann sich themenspezifisch beteiligen. So wird eine Öffnung geschaffen, die es erlaubt, dass jeder seine Expertise einbringen kann, die er beispielsweise durch seinen Beruf oder eigene Betroffenheit bei einem bestimmten Thema hat. Wir glauben, dass Austausch und wirkliche Auseinandersetzung mit vielen unterschiedlichen Standpunkten zu besseren Ergebnissen führen.

tagesschau.de: Soll die repräsentative Demokratie dadurch abgeschafft werden?

Paetsch: Nein. Uns geht es nicht darum, die repräsentative Demokratie überflüssig zu machen oder zu ersetzen. Uns geht es darum, Schnittstellen in die bestehenden Parlamente zu schaffen und die bisherigen Verfahren zu ergänzen.

tagesschau.de: Wie genau soll das gehen? Wie könnte ein Votum oder ein Stimmungsbild der Öffentlichkeit für einen Parlamentarier verbindlich sein?

Paetsch: [...]

Wir können uns beispielsweise vorstellen, dass Liquid Democracy über Parteien funktioniert. Wenn die Parteien ihre Meinungsbildung auf diese Weise gestalten, dann fließen diese Meinungen durch die Abgeordneten in das bestehende System ein. Anderseits könnten auch parteiunabhängig auf einer Plattform beispielsweise Gesetzesvorlagen diskutiert und abgestimmt werden. Das Parlament könnte sich dann mit diesem Votum befassen und es in seine Entscheidung mit einbeziehen.

Das Interview führte Sandra Stalinski, Mehr Austausch führt zu besseren Ergebnissen, in: http://www.tagesschau.de, 4.5.2012

M2 „Liquid Democracy" wird nicht funktionieren – die Gefahren der Online-Demokratie

Zurzeit scheint alle Welt davon überzeugt zu sein, dass sich die Probleme auf dem Globus nur durch mehr Bürgerbeteiligung lösen lassen. Egal ob Euro-Rettung, Windrad-Standorte oder ein unterirdischer Bahnhof – was die Politiker nicht hinbekommen, das sollen die Bürger selbst in die Hand nehmen. Allerdings mag man ihnen nicht die Last auferlegen, sich wie im Dauer-Volksabstimmungsland Schweiz jeden dritten oder vierten Sonntag zur Wahlurne schleppen zu müssen. Deshalb sind einige Politik-Theoretiker auf das Internet verfallen. Die Piratenpartei, gerade auf Höhenflug in den Meinungsumfragen, erprobt in ihren eigenen Reihen ein System, das auf lange Sicht die gesamte Gesellschaft permanent in den Zustand der Abstimmungsfähigkeit versetzen würde – jedenfalls jenen Teil der Gesellschaft, der online aktiv ist. Dieses System nennt sich „liquid democracy". [...]

Würde diese Form der Online-Demokratie zu besserer Politik führen? Vermutlich nicht. Denn die Erfinder der „liquid democracy" gehen von drei Voraussetzungen aus, die eher von Blauäugigkeit zeugen als von einem realistischen Politikverständnis. Erstens: Die Macher glauben, wer bei einer Abstimmung im Netz unterlegen ist, wird seine Niederlage akzeptieren und schweigen. Das ist unwahrscheinlich. Vielmehr werden die Unterlegenen behaupten, es sei bei der Abstimmung belogen und betrogen worden, die Fragestellung sei falsch gewesen, die falschen Leute hätten abstimmen dürfen oder Ähnliches.

Zweitens: „Liquid democracy" mag zwar in einem theoretischen Sinne die demokratische Legitimität von Entscheidungen erhöhen. Es gibt aber keinen Hinweis darauf, dass permanente Volksabstimmungen am Ende zu einer besseren Politik führen. Im Gegenteil: Wichtige Entscheidungen von der Ostpolitik bis zum Nato-Doppelbeschluss haben sich erst nach einiger Zeit als richtig erwiesen. [...]

Drittens: „Liquid democracy" setzt eine permanente Politisierung der Gesellschaft voraus. Selbst wer die meisten Entscheidungen delegiert, muss zuvor darüber entschieden haben, ob er selber abstimmen will oder nicht.

Markus Reiter, „Liquid Democracy" wird nicht funktionieren, in: http://www.dradio.de, 8.11.2011

Aufgaben

1. Erklären Sie Ihrem Nachbarn, was genau unter „Liquid Democracy" zu verstehen ist, und grenzen Sie diesen Ansatz von „herkömmlichen" Partizipationsmöglichkeiten ab.
2. Markus Reiter gibt der „Liquid Democracy" keine Chance. Beurteilen Sie dessen Standpunkt aus der Sicht verschiedener Gesellschaftsgruppen.
3. Erstellen Sie ein Zukunftsszenario darüber, wie Politik in 50 Jahren betrieben wird und welche Auswirkungen Veränderungen in der Partizipation auf die Demokratie und den Politikbetrieb haben könnten.

3

Grundzüge der politischen Ordnung in Deutschland

„Das Parlament kann nicht anstelle der Regierung verhandeln. Und die Regierung kann nicht anstelle des Parlaments entscheiden", sagte der Bundestagspräsident Norbert Lammert im Interview mit der Frankfurter Allgemeinen Zeitung und spricht damit die unterschiedlichen Aufgaben der Verfassungsorgane in Deutschland an.
Die fünf Verfassungsorgane gestalten die Politik maßgeblich und bestimmen so das Leben aller in Deutschland lebenden Menschen mit. Durch neue Gesetze passt sich der Staat ständig dem Wandel der Zeit sowie den neuen Herausforderungen an und versucht diese zu bewältigen. Daher kann und darf der politische Prozess nie zum Stillstand kommen.
Durch die vielseitigen Verflechtungen zwischen den Verfassungsorganen müssen diese kooperieren, was nicht selten zu Auseinandersetzungen zwischen den politischen Akteuren darüber führt, welche Inhalte die wichtigsten und welche Wege die richtigen sind. Dabei darf Streit nicht fehlen, denn „Was nicht umstritten ist, ist auch nicht sonderlich interessant" (J.W. von Goethe).

Am Ende des Kapitels sollten Sie Folgendes können:

- die Aufgaben der Verfassungsorgane in Deutschland benennen
- die Möglichkeiten zur Wahl und Abwahl der Verfassungsorgane erklären
- den Einfluss und die Macht der Verfassungsorgane beurteilen
- das Zusammenwirken der Verfassungsorgane im Gesetzgebungsprozess erläutern

Was Sie schon wissen ...

1. Sammeln Sie Ihr Vorwissen aus Alltagsgesprächen und Medienberichten: Benennen Sie die fünf Verfassungsorgane der Bundesrepublik Deutschland und ordnen Sie diesen – ausgehend von den Bildern – ihre wichtigsten Funktionen zu.
2. Recherchieren Sie die derzeitigen Verantwortlichen der jeweiligen Verfassungsorgane.

3.1 Die Bundesregierung – Zentrum der Macht

M1 Bundeskanzler und Regierungskoalitionen seit 1949

Bundeskanzler der Bundesrepublik Deutschland

A) Ludwig Erhard
B) Willy Brandt
C) Angela Merkel
D) Konrad Adenauer
E) Kurt Georg Kiesinger
F) Gerhard Schröder
G) Helmut Kohl
H) Helmut Schmidt

Politiker-Beinamen

Politiker erhalten oft Beinamen, die etwas über ihre Persönlichkeit oder ihren Regierungsstil aussagen.

1

...
(CDU)[1]
1949–1963[2]
CDU/CSU, FDP und/oder DP[3]
„Der Alte“, „Der Fuchs“[4]

2

...
(CDU)
1963–1966
CDU/CSU und FDP
„Maßhalte-Kanzler“

3

...
(CDU)
1966–1969
CDU/CSU und SPD
„Häuptling Silberzunge“, „wandelnder Vermittlungsausschuss“

4

...
(SPD)
1969–1974
SPD und FDP
„Willy Wolke“

5

...
(SPD)
1974–1982
SPD und FDP
„Schmidt Schnauze“

6

...
(CDU)
1982–1998
CDU/CSU und FDP
„Der schwarze Riese“, „Der ewige Kanzler“

7

...
(SPD)
1998–2005
SPD und Bündnis 90/Die Grünen
„Genosse der Bosse“, „Medienkanzler“

8

...
(CDU)
seit 2005
CDU/CSU und SPD oder FDP
„Kohls Mädchen“, „Mutti“

Horst Pötzsch, Die Deutsche Demokratie, 5. Aufl., BpB, Bonn 2009, S. 105.

[1] Name und Partei des Bundeskanzlers / der Bundeskanzlerin; [2] Regierungszeit; [3] Regierungskoalition; [4] Beiname des Bundeskanzlers / der Bundeskanzlerin

M2 Bundesregierung – wer wählt den Bundeskanzler, wer bestimmt die Bundesminister?

Der Bundeskanzler wird auf Vorschlag des Bundespräsidenten vom Bundestag gewählt. […] Der designierte (vorgesehene) Kanzler […] handelt zusammen mit den an der Regierung teilnehmenden Parteien (Koalitionspartnern) das Regierungsprogramm aus und legt Anzahl und Zuständigkeitsbereiche der Bundesminister fest. […] Ebenso muss er darauf achten, dass wichtige Gruppen und Strömungen seiner eigenen Partei […] bei der Verteilung der Ministerposten angemessen berücksichtigt werden.

Horst Pötzsch, Die Deutshe Demokratie, 5. Aufl., BpB, Bonn 2009, S. 105

M3 Die Bundesregierung in den Schlagzeilen

Kabinett einigt sich auf Neonazi-Datei

Berlin (dpa) Das Bundeskabinett wird wohl am Mittwoch die neue Neonazi-Datei beschließen. Dem ging ein Tauziehen zwischen dem FDP-geführten Justiz- und dem CSU-geführten Innenministerium voraus.

dpa, Kabinett einigt sich auf Neonazi-Datei, in: http://www.moz.de, 16.1.2012

Copy, paste, delete

Es war eine Karriere im Zeitraffer: In wenigen Jahren stieg Karl-Theodor zu Guttenberg vom einfachen Bundestagsabgeordneten zum Politstar der Republik auf. Jetzt ist er über die Plagiatsaffäre gestürzt. Sein Rücktritt versetzt die Koalition in einen Schockzustand.

Sebastian Fischer, Veit Medick, Copy, paste, delete, in: http://www.spiegel.de, 1.3.2011

„Haushalt: Der Kanzler spricht ein Machtwort"

Nach einem Machtwort von Bundeskanzler Gerhard Schröder haben Finanzminister Hans Eichel und Gesundheitsministerin Ulla Schmidt (alle SPD) ihren Streit über den Haushalt 2004 beigelegt.

BR, P: Haushalt, Der Kanzler spricht ein Machtwort, in: http://merkur-online.de, 25.6.2003

M4 Arbeitsweise der Bundesregierung

Artikel 64 GG regelt kurz und bündig: „Die Bundesminister werden auf Vorschlag des Bundeskanzlers vom Bundespräsidenten ernannt und entlassen." Nur der Kanzler selbst steht gegenüber dem Bundestag in der unmittelbaren Verantwortung. In letzter Instanz hängt jeder Bundesminister vom Vertrauen des Kanzlers ab. Dies verbürgt seine herausragende Stellung gegenüber den Kabinettskollegen. Er ist nicht nur primus inter pares, sondern hat eine prädominierende Position inne. Nicht zu Unrecht hat man schon in den 50er Jahren mit Blick auf die Kanzlerschaft Adenauers von der Bonner „Kanzlerdemokratie" gesprochen. [...] Die starke Position des Kanzlers (trägt) wesentlich zur Stabilität der Regierung (bei) und [...] diese (stellt) wiederum die unabdingbare Voraussetzung für ein erfolgreiches Regieren überhaupt (dar). [...] Die Richtlinien der Politik entscheidet der Kanzler „und trägt dafür die Verantwortung" (Artikel 65). „Innerhalb dieser Richtlinien" – das besagt das „**Ressortprinzip**" – „leitet jeder Bundesminister seinen Geschäftsbereich selbständig und unter eigener Verantwortung" (Artikel 65). Die Alleinverantwortlichkeit des Kanzlers verdrängt und überlagert also keineswegs vollständig die individuelle Ministerverantwortlichkeit gegenüber dem Parlament. Und auch das traditionelle **Prinzip kollegialer Kabinettsentscheidung** ist nicht völlig verschwunden: „Über Meinungsverschiedenheiten zwischen den Bundesministern entscheidet die Bundesregierung" (Artikel 65) – dies der knappe Hinweis im Grundgesetz auf die Koordinierungs- und Regelungsfunktion des vom Kanzler geleiteten Bundeskabinetts. Dennoch ist das **Kanzlerprinzip** in diesem eng verzahnten System konkurrierender Prinzipien das entscheidende, weil es allein verfassungsmäßig mit Sanktionsmacht (Ministerentlassung) bewehrt ist.

Uwe Andersen, Wichard Woyke (Hg.), Handwörterbuch des politischen Systems der Bundesrepublik Deutschland. 5. Aufl., 2003, S. XX

Gestaltungsspielraum des Kanzlers

Das Grundgesetz schreibt nicht vor, wie der Bundeskanzler seine Regierung zu führen hat. Es hängt vielmehr von der Persönlichkeit, von dem Rückhalt in der eigenen Partei sowie der Regierungskoalition und dem Gewicht des Koalitionspartners ab, wie er die Regierung führt.

M5 Schmidt stürzt, Kohl wird Kanzler

Art. 67 GG
(1) Der Bundestag kann dem Bundeskanzler das Misstrauen nur dadurch aussprechen, dass er mit der Mehrheit seiner Mitglieder einen Nachfolger wählt und den Bundespräsidenten ersucht, den Bundeskanzler zu entlassen. Der Bundespräsident muss dem Ersuchen entsprechen und den Gewählten ernennen.

Art. 68 GG
(1) Findet ein Antrag des Bundeskanzlers, ihm das Vertrauen auszusprechen, nicht die Zustimmung der Mehrheit der Mitglieder des Bundestages, so kann der Bundespräsident auf Vorschlag des Bundeskanzlers binnen einundzwanzig Tagen den Bundestag auflösen. Das Recht zur Auflösung erlischt, sobald der Bundestag mit der Mehrheit seiner Mitglieder einen anderen Bundeskanzler wählt.

Das eine gilt als Waffe des Parlaments, das andere als Druckmittel des Kanzlers. Und doch dienen die Regelungen, die das Grundgesetz für **das konstruktive Misstrauensvotum** und die Vertrauensfrage festlegt, ein und demselben Zweck: Sie sollen dafür sorgen, dass Regierungskrisen schnell überwunden werden und kein Zustand eintritt, in dem das Land keine handlungsfähige Regierung besitzt. In der 60-jährigen Bundestagsgeschichte wurde bislang fünf Mal von einem Regierungschef die Vertrauensfrage gestellt, zwei Mal versuchte das Parlament den Kanzler per Misstrauensvotum zu stürzen. [...] Zehn Jahre war es her, dass Oppositionsführer **Dr. Rainer Barzel (CDU/CSU)** versucht hatte, Bundeskanzler **Willy Brandt (SPD)** mit einem Misstrauensvotum zu stürzen. Am 1. Oktober 1982 gelang der Union dann, woran sie 1972 gescheitert war.

Die Mehrheit des Bundestages entzog dem Regierungschef das Vertrauen. **Helmut Schmidt (SPD)** stürzte, **Dr. Helmut Kohl (CDU)** wurde neuer Bundeskanzler. Erstmals in der bundesdeutschen Geschichte vollzog sich ein Regierungs- und Kanzlerwechsel durch ein konstruktives Misstrauensvotum. [...]

So abrupt das Ende der 13 Jahre währenden sozialliberalen Koalition heute erscheinen mag, so zeichnete sich deren Krise doch bereits seit Monaten ab: Die aufgrund des NATO-Doppelbeschlusses drohende Stationierung von US-amerikanischen Mittelstreckenraketen und die problematische wirtschaftliche Lage brachten sowohl den linken und den rechten Flügel der SPD als auch SPD und FDP immer weiter auseinander. [...]

Im Februar 1982 versuchte der Bundeskanzler die Koalitionsfraktionen mit einer Vertrauensfrage zu disziplinieren und geschlossen hinter sich zu bringen. Doch obwohl Schmidt die Abstimmung gewann, mit der er den Bundestag um Unterstützung für seinen wirtschafts- und sicherheitspolitischen Kurs gebeten hatte, verstärkte sich der Zerfall der Koalition in den folgenden Monaten. Die Medien begannen zu spekulieren: Wie lange hält die Koalition noch? [...]

So verlief die mehr als sechsstündige Debatte im Bundestag, die der Abstimmung am 1. Oktober 1982 über den Misstrauensantrag vorausging, auch überaus emotional: Bundeskanzler Schmidt beschuldigte die FDP des Wortbruchs und der Täuschung. [...] Gegen 14.25 Uhr eröffnete Bundestagspräsident Richard Stücklen (CDU/CSU) die Abstimmung, eine halbe Stunde später, um 15.10 Uhr, konnte er das Ergebnis bekanntgeben: [...] „Der Abgeordnete Dr. Helmut Kohl ist zum Bundeskanzler der Bundesrepublik Deutschland gewählt", stellte Stücklen fest und fragte unter dem Applaus der Unions- und FDP-Abgeordneten: „Herr Dr. Kohl, nehmen Sie die Wahl an?" Dieser bejahte. Damit war zum ersten Mal ein Regierungschef durch ein konstruktives Misstrauensvotum an die Macht gekommen. Helmut Schmidt war gestürzt, Helmut Kohl neuer Kanzler.

Deutscher Bundestag, Das Misstrauensvotum gegen Helmut Schmidt, in: http://www.bundestag.de, Abruf am 6.1.2013

M6 Von der Kunst, nicht zwischen allen Stühlen zu sitzen ...

Sie (die Bundesregierung) hat nicht nur die eigene Mehrheit im Bundestag, die sich im Regelfall aus mehreren Fraktionen zusammensetzt, zu überzeugen. Sie muss auch mit den Ländern bzw. mit dem Bundesrat in weiten Bereichen zu Kompromissen kommen. Sie muss ihre Entscheidungen im steten Blick auf die Verfassung bzw. auf eine mögliche Korrektur durch das Bundesverfassungsgericht treffen. Sie muss gegebenenfalls ihr unliebsame Entscheidungen der Europäischen Zentralbank und der Bundesbank respektieren. Hinzu kommen ihre insbesondere durch die EU beschränkte Steuerungskompetenz in der Wirtschaftspolitik sowie außenpolitische Rücksichtnahmen als weitere Restriktionen. Und sie muss – nicht zuletzt – auch auf die Wählerwünsche Rücksicht nehmen, will sie sich die Chance der Wiederwahl erhalten.

Manfred G. Schmidt, Regieren in der Bundesrepublik Deutschland, in: Grundwissen Politik, 1992, S. 220

M7 Koalitionsvereinbarungen

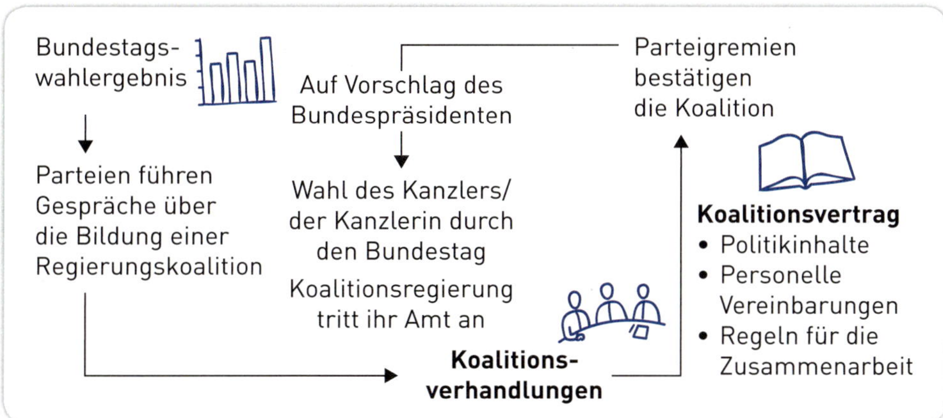

Quelle: Bearbeiter

Aufgaben

1. Ordnen Sie in M1 den Bildern der Kanzler und Kanzlerin die richtigen Namen aus der Randspalte zu.
   Lösung: A2, B4, C8, D1, E3, F7, G6, H5
2. **Vertiefung:**
   Ermitteln Sie anhand der Beinamen Besonderheiten der Regierungszeit oder des Regierungsstils der verschiedenen Kanzler (M 1). Informieren Sie sich ggf. über zeitgeschichtliche Hintergründe.
3. Ordnen Sie die Schlagzeilen (M 3) den Arbeitsprinzipien der Bundesregierung zu (M 4).
4. Ermitteln Sie den Weg der Regierungsbildung (M 2) und die Möglichkeiten, auf eine Regierungskrise zu reagieren (M 4 – M 6).
5. Bewerten Sie die Machtausstattung des Bundeskanzlers (M 2 – M 7).

Wissen kompakt

Bundesregierung

Das Kabinett (Synonym für Bundesregierung) besteht aus den Bundesministern und dem Bundeskanzler, der den Vorsitz führt. Die Regierung berät und entscheidet u.a. über alle Gesetzentwürfe, die dem Bundestag vorgelegt werden, sowie bei allen Streitfragen zwischen den Ministerinnen und Ministern **(Kollegialprinzip)**.

Bundeskanzler

Der Bundeskanzler wird vom Bundestag gewählt und ist der Regierungschef. Er muss nicht zwingend Mitglied des Bundestages sein. Der Bundeskanzler ist nicht das Staatsoberhaupt Deutschlands, dieses Amt erfüllt der Bundespräsident.

Bundesminister

Zwar ernennt der Bundespräsident die Minister, vorgeschlagen – und damit bestimmt – werden sie jedoch vom Bundeskanzler. Nach dem **Ressortprinzip** überträgt ihnen der Kanzler die Verantwortung für einen bestimmten Bereich.

Kanzlerprinzip / Richtlinienkompetenz

Da nur der Kanzler direkt vom Bundestag gewählt wird, nimmt er unter den Regierungsmitgliedern eine herausragende Stellung ein. Dies spiegelt sich auch im Grundgesetz wider, wenn es ihm die Richtlinienkompetenz überträgt. Demnach bestimmt der Regierungschef die Grundsätze, den Rahmen der Politik.

Konstruktives Misstrauensvotum

Die Mehrheit des Bundestages kann einen amtierenden Kanzler nur absetzen, indem sie einen neuen Kanzler wählt. Dies garantiert die Handlungsfähigkeit der Bundesregierung.

Vertrauensfrage

Hat der Kanzler das Gefühl, dass die Parlamentsmehrheit nicht mehr hinter ihm steht, kann er dies durch die Vertrauensfrage prüfen.

Die drei Gewalten: Legislative, Exekutive und Judikative

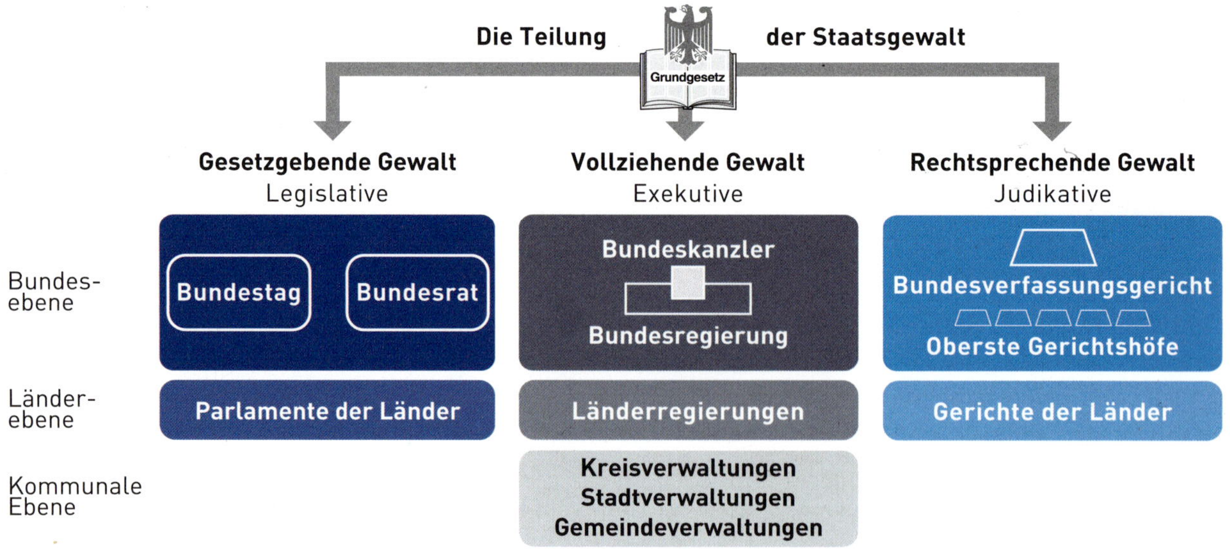

Bergmoser + Höller Verlag AG *61110*

De facto wird die Regierung vom Bundeskanzler gebildet. Zwar werden die Minister vom Bundespräsidenten ernannt, der Bundeskanzler schlägt sie aber vor, sprich: bestimmt, wer und viele Minister seinem Kabinett angehören sollen. Hierbei ist er allerdings anderen Zwängen unterlegen: Um eine Mehrheit im Bundestag zu erreichen, bilden Parteien in der Regel Koalitionen (Vereinigungen, Zusammenschlüsse). In den Koalitionsverhandlungen treffen sie Vereinbarungen über Politikinhalte innerhalb der nächsten Legislaturperiode. Bestandteil dieser Debatten ist auch die Anzahl und vor allem die Besetzung der Bundesministerien. Im Grundgesetz steht nämlich nicht, wie viele Ministerien gebildet werden müssen, lediglich ein Verteidigungs-, ein Finanz- und ein Justizminister sind vorgeschrieben. Dies ermöglicht es der Politik, sich dem gesellschaftlichen Wandel und den Herausforderungen der jeweiligen Zeit anzupassen. Bei der Festlegung, wer Bundesminister wird, muss der Kanzler also die Interessen seiner eigenen Fraktion mit denen der Koalitionspartner abstimmen. Bundeskanzler wie Bundesminister müssen nicht zwingend Mitglied des Bundestages sein.

Wie wird die Regierung gebildet?
M 2, M 7

Die drei Arbeitsprinzipien der Bundesregierung überschneiden sich zum Teil bzw. beinhalten ein gewisses Spannungsverhältnis. Es herrscht allerdings Konsens darüber, dass die Richtlinienkompetenz Vorrang hat. Erst innerhalb dieses Grundsatzes gilt das Ressortprinzip. Daher spricht man beim politischen System Deutschlands oft von einer „Kanzlerdemokratie". Diese Bezeichnung darf allerdings nicht den falschen Eindruck erwecken, dass gerade sehr selbstbewusste Minister die Vorrangstellung des Kanzlers immer als selbstverständlich hinnehmen.

Was bedeutet der Begriff „Kanzlerdemokratie"?
M 4

Die bloße Abwahl eines Kanzlers ist nicht möglich. Nur wenn gleichzeitig die absolute Mehrheit für einen neuen Kandidaten erreicht wird, kann eine Regierung abgesetzt werden. Zweimal wurde das konstruktive Misstrauensvotum in der Geschichte der Bundesrepublik bisher genutzt: Während 1972 gegen Willy Brandt keine neue Mehrheit gefunden werden konnte, war das Instrument 1982 gegen Helmut Schmidt erfolgreich und Helmut Kohl trat seine Nachfolge an.
Die Vertrauensfrage geht im Gegensatz zum Misstrauensvotum vom Kanzler selbst aus. Das Ziel dieses Instruments ist es, herauszufinden, ob die eigene Mehrheit die Politik des Regierungschefs noch unterstützt. Da im Falle eines negativen Ausgangs der Bundeskanzler den Bundespräsidenten bitten kann, das Parlament aufzulösen, gibt es zwei unterschiedliche Einsatzmöglichkeiten: Verbunden mit einer Sachfrage (meist ein konkreter Gesetzentwurf) erhöht der Kanzler so den Druck auf die eigene Mehrheit, seine Politik zu unterstützen. Hat er keine eigene Mehrheit mehr, ist dies die einzige Möglichkeit, Neuwahlen herbeizuführen.

Wie können Bundeskanzler abgewählt werden?
M 5

3.2 Der Bundestag – ein Arbeitsparlament?

Unterschied zwischen Parlamenten und Kammern
Parlamente bestehen aus Häusern oder Kammern. Staaten wie Frankreich, Großbritannien oder USA haben jeweils ein „Zwei-Kammer-Parlament". Deutschlands Parlament hingegen besteht aus einer Kammer: dem Bundestag. Zwar wird in den Medien oft von der „zweiten Kammer", dem Bundesrat, berichtet, dies ist aber falsch, denn der Bundesrat ist ein eigenständiges Verfassungsorgan, das an der parlamentarischen Arbeit teilnimmt.

M1 Aufgaben des Parlaments

dpa-Grafik 17435; Quelle: Bundesfinanzministerium

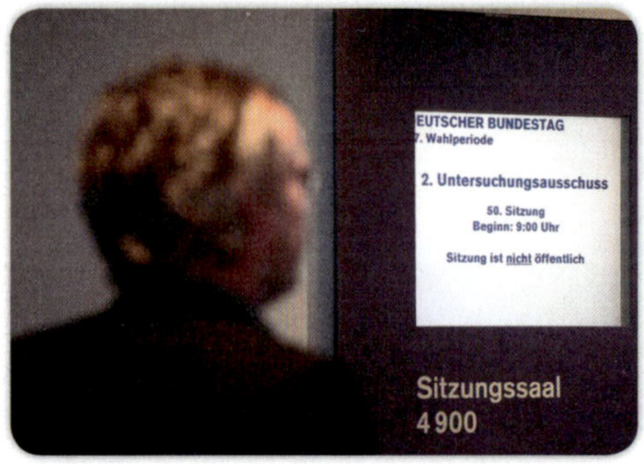

M2 Der Bundestag – Stellung und Hauptaufgaben

Der Deutsche Bundestag ist das höchste Verfassungsorgan der Bundesrepublik. Nicht zu Unrecht wird er als das Herz der bundesdeutschen Demokratie bezeichnet, denn er wird als einziges Verfassungsorgan direkt vom Volk für jeweils vier Jahre gewählt.
Im Zusammenspiel der Gewalten (Legislative, Exekutive und Judikative) übernimmt der Bundestag die Rolle des Gesetzgebers, sprich: Der Bundestag beschließt Gesetze, die für alle Menschen in Deutschland gelten.
Zu seinen wichtigsten Aufgaben zählen darüber hinaus die Wahl des Bundeskanzlers und die Kontrolle der Bundesregierung.

M3 Der Bundestag – Rede- oder Arbeitsparlament?

Der große Sitzungsraum, also der Plenarsaal im Berliner Reichstagsgebäude mit der großen Adlerfigur an der Stirnseite – das ist der Ort, an den viele denken, wenn sie »Bundestag« oder »Parlament« hören. Blickt man nur auf das, was im Plenum geschieht, gewinnt man schnell den Eindruck, der Bundestag sei das, was man ein Redeparlament nennt. Von einem Redeparlament spricht man, wenn die parlamentarische Hauptarbeit in der Vollversammlung der Abgeordneten stattfindet, in der öffentlichen Auseinandersetzung im Plenum. Das britische Unterhaus, das House of Commons, ist ein gutes Beispiel für diesen Typ von Parlament. Dass das Reden überhaupt ein wichtiger Bestandteil des Parlamentarismus ist, steckt schon in der Bezeichnung »Parlament«, die sich vom lateinischen Wort für Gespräch ableitet. Schaut man ein wenig genauer auf die Arbeit im Bundestag, stellt man fest, dass das deutsche Parlament auch Merkmale eines Arbeitsparlaments hat. Ein Arbeitsparlament ist dadurch gekennzeichnet, dass der Großteil seiner Tätigkeit in Fachausschüssen abläuft. Die Hauptaufgabe eines solchen Parlaments ist die sachkundige Bearbeitung von Gesetzesvorlagen. Der US-amerikanische Kongress ist ein typisches Arbeitsparlament. Der Bundestag aber scheint Rede- und Arbeitsparlament zugleich zu sein: Zum einen wird im Plenum vor den Augen der Öffentlichkeit debattiert. Das Grundgesetz fordert, dass die Verhandlungen öffentlich sind. Dies bedeutet heutzutage: medienöffentlich. Die parlamentarischen Spielregeln sorgen dafür, dass sich Rede und Widerrede abwechseln. Eigene Argumente werden präsentiert, die Position der Gegenseite kritisiert. Die zivilisierte Auseinandersetzung ist die Aufgabe einer „Volksvertretung".

Deutscher Bundestag (Hg.), Der Deutsche Bundestag, Stichwort Deutscher Bundestag, Berlin 2010, S. 14-16

M4 Dreh- und Angelpunkt: die ständigen Ausschüsse

Jeder neu gewählte Bundestag ist im Grunde frei darin, wie viele und welche Ausschüsse er bildet. Vier sind von der Verfassung vorgeschrieben: der Auswärtige Ausschuss, der Verteidigungs- und der Petitionsausschuss sowie der Ausschuss für Angelegenheiten der Europäischen Union. Aus anderen Vorschriften ergibt sich, dass auch ein Haushaltsausschuss und ein Ausschuss für Wahlprüfung, Immunität und Geschäftsordnung immer dazugehören. Bei anderen Ausschüssen wartet der Bundestag, bis klar wird, welche Geschäftsbereiche die sich in Koalitionsverhandlungen abzeichnende Regierung für ihre Ministerien schaffen will. Denn es hat sich als vorteilhaft für die parlamentarische Kontrolle der Regierung herausgestellt, wenn es parallel zu jedem Ministerium mindestens einen Bundestagsausschuss gibt. [...] Große Fraktionen bekommen mehr Sitze als kleine – streng nach der Rangfolge, die sich aus dem Kräfteverhältnis der unterschiedlich großen Fraktionen zueinander ergibt. So greift die Wählerentscheidung bis in jeden Ausschuss durch.

Deutscher Bundestag (Hg.), Blickpunkt Bundestag spezial. Die Ausschüsse des Deutschen Bundestages, Berlin 2010, S. 2-4

Besondere Ausschüsse
- Vermittlungsausschuss (→ Kap 3.4 Bundesrat)
- Untersuchungsausschuss (Art. 44 GG)

Kontrollinstrumente
Gesichert durch die Geschäftsordnung des Bundestages:
- Große Anfrage
- Kleine Anfrage
- Aktuelle Stunde
- Fragestunde
- Untersuchungsausschuss

Untersuchungsausschuss
Ein bedeutsames Mittel des Bundestages zur Kontrolle der Bundesregierung ist das Recht, Untersuchungsausschüsse einzurichten (Artikel 44 GG). Auf Verlangen eines Viertels seiner Mitglieder ist der Bundestag hierzu sogar verpflichtet. Untersuchungsausschüsse prüfen mögliche Missstände in Regierung und Verwaltung oder ein mögliches Fehlverhalten von Politikern. Dazu können sie Zeugen und Sachverständige vernehmen und sich Akten vorlegen lassen. Das Ergebnis fasst der Untersuchungsausschuss in einem Bericht an das Plenum zusammen.

Deutscher Bundestag (Hg.), Fakten. Der Bundestag auf einen Blick. Berlin 2011, S. 30

M5 Organisation und Zusammensetzung der Ausschüsse

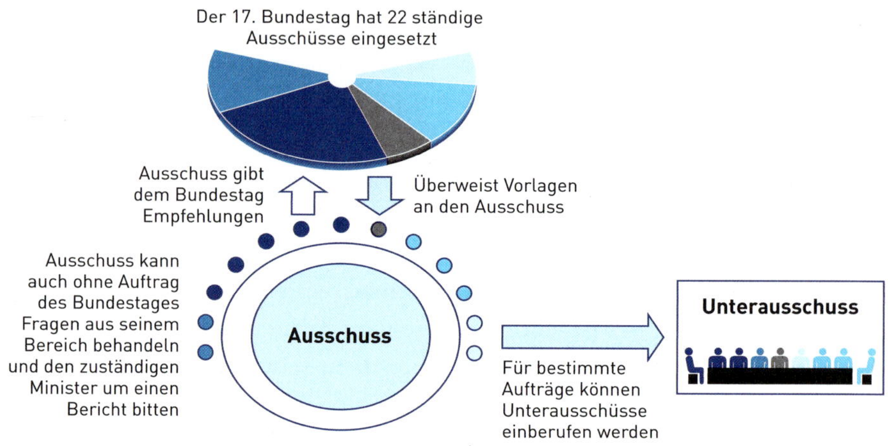

Deutscher Bundestag (Hg.), Blickpunkt Bundestag spezial. Die Ausschüsse des Deutschen Bundestages, Berlin 2010, S. 4

M6 Kontrollfunktion des Bundestages

An der Kontrollfunktion lassen sich die Eigenheiten des parlamentarischen Regierungssystems besonders gut verdeutlichen.

Zum einen dienen die genannten Instrumentarien nur dann der Regierungskontrolle, wenn sie von der Opposition eingesetzt werden. Und selbst die Minderheit verwendet diese Instrumente nicht ausschließlich zur Kontrolle, sondern auch zur Beschaffung von Informationen. [...] Außerdem kann die Opposition wegen ihrer fehlenden Mehrheit die Regierung nicht direkt in Schwierigkeiten bringen; sie muss den Weg über die Öffentlichkeit wählen und so die Regierung indirekt unter Druck setzen.

Die Regierungsmehrheit ihrerseits wird die Regierung in der Regel nicht in der Öffentlichkeit attackieren, sondern ihre Auseinandersetzungen mit der eigenen Regierung hinter den verschlossenen Türen der Mehrheitsfraktion ausfechten. Die Opposition kritisiert die Regierung öffentlich, die Mehrheitskoalition kontrolliert die Regierung unter Ausschluss der Öffentlichkeit. Beide verfolgen damit dasselbe Ziel: einen Sieg bei der nächsten Wahl.

Fritz Blumöhr, u.a, Die politische Ordnung in Deutschland, Landeszentrale für politische Bildungsarbeit Bayern, München 2011, S. 74f.

Aufgaben

1. Erläutern Sie die Aufgaben des Bundestages (M 1, M 2).
2. Recherieren Sie die Vor- und Nachteile eines Rede- und Arbeitsparlaments (M 3).
3. Nehmen Sie Stellung, inwiefern der Deutsche Bundestag eine wirksame Kontrolle der Regierung ausüben kann (M 5, M 6).
4. Belegen Sie Ihre Stellungnahme aus Aufgabe 3 anhand eines selbstgewählten Themas mithilfe eines Wochenberichts (→ Methode, S. 99).

Wochenberichte

Methode

1. Themenauswahl

In einem Wochenbericht wird ein aktuelles gesellschaftspolitisches Thema innerhalb von fünf Minuten mündlich präsentiert. Um in dieser Kürze einen Sachverhalt umfassend und gründlich vorzustellen, ist ein fundiertes Wissen zum Thema erforderlich. Unabdingbar dafür sind mindestens drei unterschiedliche Quellen. Deren Auswahl kann in die Bewertung einfließen.

2. Recherche

Informieren Sie sich in der Vorwoche Ihres Kurzreferats in den Nachrichten (Printmedien, Fernsehnachrichten, Radio) über wichtige Themen. Wählen Sie einen besonders wichtigen Sachverhalt aus.

3. Den Vortrag planen

Sammeln Sie in (über-)regionalen Tageszeitungen, politischen Zeitschriften und im Internet ergiebige Materialien. Denken Sie daran, sich immer zu notieren, woher und wann Sie diese Informationen bezogen haben.
Folgende Aspekte sollte Ihr Wochenbericht unbedingt abdecken:

- Thema: Worum geht es grundsätzlich?
- Akteure: Wer ist beteiligt?
- Inhalte: Worin genau besteht das Problem? Welche unterschiedlichen Standpunkte werden von den Akteuren mit welchem Ziel vertreten?
- Problematisierung/eigene Stellungnahme: Sehen Sie Widersprüche, argumentative Lücken oder Ähnliches in der Argumentation der Akteure? Welche Folgen und Entwicklungen sind zu erwarten?

4. Quellenangaben

Sofern Sie nicht ohnehin ein begleitendes Handout vorbereitet haben, legen Sie abschließend Ihre Quellen offen. Folgende Regeln gelten dafür:

- Zeitungsartikel: Name des Autors, Titel des Artikels, Name der Zeitung, Datum, Seite.
- Zeitschriftenartikel: Name des Autors, Titel, Name der Zeitschrift, Nummer und Jahr der Ausgabe, Seite
- Internet: Name des Autors (falls erkennbar), Titel der Seite, Webadresse, Datum des letzten Zugriffs

Weitere Tipps:

- Erklären Sie unbekannte Fachbegriffe und bereiten Sie sich auf mögliche Nachfragen der Mitschüler diesbezüglich vor.
- Binden Sie in Ihren Kurzvortrag ausgewählte Medien zur Veranschaulichung ein. Wählen Sie dazu geeignete Fotos, Statistiken oder eine Karikatur aus. Prüfen Sie diese jedoch auf ihre Aussagekraft, es gilt der Grundsatz: Qualität statt Quantität.
- Binden Sie Ihre Mitschüler punktuell und sinnvoll ein: Am Ende des Vortrags können diese anhand der durch Sie präsentierten Informationen z.B. eine Karikatur selbst interpretieren.
- Berücksichtigen Sie die allgemeinen Regeln des Referats (freier Vortrag, deutliche Artikulation, Angemessenheit der Sprache usw.).

Wissen kompakt

Aufgaben des Bundestages

Zu den Hauptaufgaben des Deutschen Bundestages zählen vor allem:

Gesetzgebung des Bundes
Durch Gesetze wird ein Land politisch gesteuert. Diese auszuarbeiten und zu beschließen ist Aufgabe des Bundestages. Der Bundesrat hat Mitwirkungsrechte. Auch der jeweils für ein Jahr gültige Haushaltsplan ist Teil der Gesetzgebung.

Wahlfunktion
Der Bundestag wählt u.a. den Bundeskanzler. Schon vor der Bundestagswahl stehen aber die Spitzenkandidaten der großen Parteien fest, sodass der Bürger durch seine Stimmabgabe die Regierungsbildung indirekt mitbestimmt.

Kontrolle der Regierung
Entsprechend des Gewaltenteilungsprinzips kontrolliert die Legislative die Exekutive und hat dafür verschiedene Kontrollrechte. Dazu zählen:

- *Kleine Anfrage:* Abgeordnete haben das Recht, schriftlich von der Bundesregierung Auskunft über bestimmte Sachverhalte zu verlangen.
- *Große Anfrage:* Sie wird meist von einer Fraktion der Opposition eingereicht. Auf die schriftliche Antwort der Regierung folgt eine Debatte im Plenum, wodurch die Öffentlichkeit davon mitbekommt.
- *Aktuelle Stunde:* Aktuelle Themen werden jeweils 60 Minuten im Plenum diskutiert.
- *Fragestunde:* Regelmäßig zu Beginn einer Plenarsitzung können hier einzelne Abgeordnete (also ohne an eine Fraktionsstärke gebunden zu sein) Einzelfragen einbringen und Zusatzfragen stellen. Dieses Instrument ist beschränkt auf bis zu zwei Fragen pro Abgeordnetem und Sitzungswoche.
- *Untersuchungsausschuss:* 25 Prozent der Abgeordneten können diese öffentliche Verhandlung (ähnlich einem Gerichtsverfahren) zur Klärung fragwürdiger Sachverhalte einfordern.

Bundestagsausschuss

Da der Bundestag mit mindestens 598 Abgeordneten (plus Überhangmandate) zu groß ist, um Detailaufgaben zu erledigen und Einzelheiten zu besprechen, werden dazu Arbeitsgruppen gebildet (sogenannte „Ausschüsse").

Fraktion

Eine Fraktion ist der Zusammenschluss von mindestens fünf Prozent der Bundestagsmitglieder (in der Regel von) einer Partei im Parlament (→ S. 108).

Regierungsfraktion

Fraktionen, deren Abgeordnete bzw. Vertreter in der Regierung ein Amt ausüben, werden Regierungsfraktionen genannt.

Oppositionsfraktion

Die Minderheit im Parlament kontrolliert und kritisiert die Regierung. Sie bietet dem Volk inhaltliche und personelle Alternativen.

Plenum

Das Plenum (von Lat: „plenus": „voll") ist die Gesamtheit aller Abgeordneten. In den öffentlichen Plenarsitzungen werden z.B. Gesetze verabschiedet, Anträge beschlossen, Abstimmungen und Wahlen durchgeführt. Die Vollversammlung tagt im Plenarsaal des Reichstagsgebäudes.

Haushaltsplan / Budgetrecht

Es ist ein wichtiges Kontrollrecht des Parlaments, den vom Finanzministerium erarbeiteten und von der Regierung verabschiedeten Plan, in dem für das nächste Jahr erwartete Einnahmen und Ausgaben gegenübergestellt werden, in einem Gesetzgebungsverfahren zu genehmigen.

Nach der Stärke der Fraktion im Bundestag richten sich u.a. auch deren Personalstärke in den Ausschüssen und die ihnen zustehenden Redezeiten im Plenum. Grundsätzlich soll jedes Mitglied des Bundestags in mindestens einem Ausschuss vertreten sein.
Ein Abgeordneter muss nicht zwingend einer Fraktion angehören. Sein Mandat bleibt auch erhalten, wenn er innerhalb einer Legislaturperiode aus seiner Fraktion ausscheidet (freiwillig oder wegen parteischädigenden Verhaltens). Fraktionslose Abgeordnete werden vom Bundestagspräsidenten als beratende Ausschussmitglieder benannt.

Wonach richtet sich die Zusammensetzung der Ausschüsse?
M 3, M 5

Obwohl die Ausschüsse in Deutschland nicht befugt sind, Entscheidungen zu treffen, findet hier die Hauptarbeit des Parlaments statt. Nach der ersten Lesung einer Gesetzesinitiative im Plenum erfolgt hier die genaue Ausarbeitung. Neben den Mehrheitsverhältnissen des Bundestages spiegelt sich in den Ausschüssen die jeweilige Fraktionsstärke auch in der Besetzung der Vorsitzenden wider.
Damit sachliche Fragen im Vordergrund stehen, finden Ausschusssitzungen grundsätzlich unter Ausschluss der Öffentlichkeit statt. Bei Bedarf können die Parlamentarier auch externe Experten (z.B. aus Wissenschaft, Gewerkschaft, Kirche etc.) hinzuziehen. Dass bei Abstimmungen im Plenum nur sehr selten einstimmig bzw. mit nur wenigen Gegenstimmen Gesetze verabschiedet werden, zeigt, dass es in den Ausschüssen nicht gelingt, einen Konsens herzustellen. Dies liegt vornehmlich daran, dass es eher die Fraktionen sind, innerhalb derer eine Einigkeit hergestellt werden kann und deren Positionen im Ausschuss vertreten werden.
Am Ende der Beratungen erteilt der Ausschuss eine Beschlussempfehlung für die Abstimmung im Plenum. Diese wird durch eine Mehrheitsentscheidung im Ausschuss herbeigeführt und wird daher häufig als „Probeabstimmung" bezeichnet.

Was geschieht in den Ausschüssen?

Da das vorrangige Ziel jeder Fraktion darin besteht, bei der nächsten Wahl möglichst viele Stimmen zu erhalten, kann die Kontrolle der Regierung auf die vereinfachte Formel gebracht werden:
- Die oppositionelle Kontrolle erfolgt öffentlichkeitswirksam, durch Kritik im Plenum, in den Medien oder durch sogenannte Kontrollrechte (S. 100),
- Die Regierungsmehrheit kontrolliert die Exekutive informell und intern (z.B. in Fraktionssitzungen, in Arbeitskreisen). Öffentlich geäußerte Kritik am eigenen Koalitionspartner ist nicht die Regel, da es den Eindruck fehlenden Zusammenhalts erweckt und deshalb eine schlechte Außenwirkung zur Folge haben kann.

Warum gibt es unterschiedliche Formen der Regierungskontrolle?
M 6

3.3 Der Bundestag – wie arbeiten seine Abgeordneten?

M1 Arbeitswoche eines Bundestagsabgeordneten

Der Arbeitsplatz eines Abgeordneten ist zweigeteilt: In den Sitzungswochen liegt der Schwerpunkt auf der Arbeit in Berlin, an den Wochenenden und in sitzungsfreien Wochen betreuen die Abgeordneten meist ihren Wahlkreis und berichten über ihre Abgeordnetentätigkeit.

a) Sitzungsfreie Woche im Wahlkreis

	Montag	Dienstag	Mittwoch	Donnerstag	Freitag	Samstag	Sonntag
7:00		*Flug Frankfurt – Berlin*					
8:00		*Jahresgespräch -- Büro Berlin Paul-Löbe-Haus*		*Kreistag – Kreisstraßenrundfahrt und Straßeneinweihung mit Landrat Helmut M. Jahn und Kreistag Hohenlohe -- Hohenlohekreis*	*Besichtigung der Schulen in Künzelsau durch den Gemeinderat mit Bürgermeister Stefan Neumann*		
9:00							
10:00			*Besuch beim Hauptzollamt -- 74080 Heilbronn, Kastellstraße 53*			*32. Eröffnung des Neuwagenmarktes mit Messerundgang -- Künzelsau*	*Eröffnung der Muswiesen-Ausstellung mit Mittagessen*
11:00	*Festakt zum Tag der Deutschen Einheit -- Schloß Stetten, Brunnenhalle*						
12:00							
13:00							
14:00			*Bürgersprechstunde Wahlkreisbüro Künzelsau*				*Sitzung des Bürgervereins Berlin-Hohenlohe e.V. -- Künzelsau*
15:00	*Zug Crailsheim – München*			*Bürgersprechstunde Wahlkreisbüro Künzelsau*		*Bürgersprechstunde, Wahlkreisbüro Künzelsau*	
16:00					*Bürgersprechstunde, Wahlkreisbüro Künzelsau*		
17:00		*Zug Berlin – Erfurt*					
18:00	*Stiftung Familienunternehmen, Käfer Wies´n-Schänke, München*						
19:00			*Vorbereitungssitzung Festspielsaison 2012, Künzelsauer Burgfestspiele -- Hotel Victoria Bad Mergentheim*				
20:00		*Chris de Burgh, Erfurt, Messehalle*					
21:00							
22:00	*Zug München Hbf – Frankfurt (01:17 Uhr)*						
23:00							

b) Sitzungswoche in Berlin

	Montag	Dienstag	Mittwoch	Donnerstag	Freitag	Samstag	Sonntag
8:00		*Sitzung der Arbeitsgruppe Kommunales der CDU/CSU-Bundestagsfraktion*	*Fußball: Spiel FC Bundestag gegen Mannschaft Gastro Kickers, Jahn Sportpark, Cantianstraße 24, 10437 Berlin*		*Parlamentskreis Mittelstand der CDU/CSU-Bundestagsfraktion, Arbeitsfrühstück mit sächsischem Staatsminister des Innern Markus Ulbig*		

	Montag	Dienstag	Mittwoch	Donnerstag	Freitag	Samstag	Sonntag
9:00	*Bürgersprechstunde Wahlkreisbüro Künzelsau*	*Sitzung der Arbeitsgruppe Finanzen der CDU/CSU-Bundestagsfraktion*	*Sitzung des Finanzausschusses*	*Plenum*	*Plenum*	*Jubiläum Würth-Industrie mit EU-Kommissar Günther Oettinger und Messerundgang bei Würth -- Bad Mergentheim*	*Kreisfeuerversammlung -- Mulfingen, Stauseehalle*
10:00							
11:00		*Sitzung der Arbeitsgruppe Wirtschaft und Technologie der CDU/CSU-Bundestagsfraktion*	*Sitzung des Ausschusses für Geschäftsordnung,*				
12:00			*Gespräch mit Besuchergruppe Ganerbengymnasium Künzelsau, Fraktionssitzungssaal*				*Empfang zum Tag der offenen Tür, Heeresflieger -- Niederstetten, Flugplatz*
13:00			*Gespräch mit Besuchergruppe Ganerbengymnasium Künzelsau, Fraktionssitzungssaal*				
14:00		*Parlamentskreis Mittelstand der CDU/CSU-Bundestagsfraktion, Vorbesprechung zur Fraktionssitzung*	*Öffentliche Anhörung des Finanzausschusses „Beitreibungsrichtlinie-Umsetzungs-Gesetz"*	*Gespräch zum neuen ÖPP-Gesetz und zum Parlamentarischen Abend*	*Kommunalpolitische Vereinigung der CDU und CSU Deutschlands, Sitzung des Bundesvorstandes und Hauptausschusses*		
15:00	*Flug Nürnberg – Berlin*	*Fraktionssitzung der CDU/CSU-Bundestagsfraktion mit Bundeskanzlerin Dr. Angela Merkel*	*Plenum*				
16:00	*Sitzung: Fraktionsvorstand der CDU/CSU-Bundestagsfraktion*			*Gespräch zum neuen ÖPP-Gesetz und zum Parlamentarischen Abend*			
17:00				*Shuttlebus vom Paul-Löbe-Haus zum Festgottesdienst im Olympiastadion*	*ICE 875/633 nach Würzburg*	*SV Morsbach-Honhardt, Ü-30-Pokalspiel, Sportplatz Honhardt*	
18:00				*Heilige Messe und Predigt des Papstes, Olympiastadion, Berlin*			
19:00	*Parlamentarisches Forum European Friends of Israel (EFI), Allianz Forum, Pariser Platz 6*	*Fußball: Spiel FC Bundestag gegen Mannschaft Gastro Kickers, Jahn Sportpark, Cantianstraße 24, 10437 Berlin*					
20:00	*Sitzung der CDU Landesgruppe Baden-Württemberg -- Berlin*					*Benefizveranstaltung mit PUR -- Bietigheim-Bissingen, am Viadukt*	
21:00							
22:00							
23:00							

Nach: Christian von Stetten (MdB), in: http://www.bundestag-kalender.de, Abruf am 6.12.2012

M2 Rechtliche Stellung der Abgeordneten

1) Art. 47 GG	Die Abgeordneten sind berechtigt, über Personen, die ihnen in ihrer Eigenschaft als Abgeordnete oder denen sie in dieser Eigenschaft Tatsachen anvertraut haben, sowie über diese Tatsachen selbst das Zeugnis zu verweigern.
2) Art. 48 GG	(3) Die Abgeordneten haben Anspruch auf eine angemessene, ihre Unabhängigkeit sichernde Entschädigung. Sie haben das Recht der freien Benutzung aller staatlichen Verkehrsmittel.
3) Art. 38 GG	Die Abgeordneten des Deutschen Bundestages werden in allgemeiner, unmittelbarer, freier, gleicher und geheimer Wahl gewählt. Sie sind Vertreter des ganzen Volkes, an Aufträge und Weisungen nicht gebunden und nur ihrem Gewissen unterworfen.
4) Art. 46 GG	(1) Ein Abgeordneter darf zu keiner Zeit wegen seiner Abstimmung oder wegen einer Äußerung, die er im Bundestage oder in einem seiner Ausschüsse getan hat, gerichtlich oder dienstlich verfolgt oder sonst außerhalb des Bundestages zur Verantwortung gezogen werden. Dies gilt nicht für verleumderische Beleidigungen. (2) Wegen einer mit Strafe bedrohten Handlung darf ein Abgeordneter nur mit Genehmigung des Bundestages zur Verantwortung gezogen oder verhaftet werden, es sei denn, dass er bei Begehung der Tat oder im Laufe des folgenden Tages festgenommen wird.

M3 Sozialprofil von Mandatsträgern: Wer wird Abgeordneter?

Ein Blick auf die Zusammensetzung des Parlaments macht schnell klar, dass der Bundestag die bundesdeutsche Bevölkerung nicht spiegelbildlich abbildet. Dies lässt sich an einigen Zahlen deutlich machen: So liegt der Prozentsatz an Frauen unter den Mitgliedern des Bundestages mit 32,8 Prozent deutlich unter dem Anteil der weiblichen Bevölkerung in Deutschland (Ende 2008: 51 Prozent). Gemittelt sind die Parlamentarier älter als der Bevölkerungsdurchschnitt. Die Anzahl von Personen mit Fachhochschul- oder Hochschulabschluss unter den Parlamentariern ist überdurchschnittlich. Nicht alle Berufe sind im Parlament vertreten, einige wiederum sehr stark. [...]

In den vergangenen Jahrzehnten lässt sich noch ein weiterer Trend beobachten, was die Zusammensetzung des Bundestags betrifft: die Professionalisierung des Abgeordnetenberufs. Die Zahl der Bundestagsabgeordneten, die bereits vor ihrer Wahl einen politischen Beruf hatten, ist gestiegen. So sind beispielsweise einige Parlamentarier vor ihrer Mandatszeit als Mitarbeiter eines Abgeordneten tätig gewesen. Auch steigt die Zahl der Abgeordneten, die nach ihrer Zeit im Parlament nicht mehr in ihren ursprünglichen Beruf zurückkehren. Politik ist für viele Parlamentarier nicht nur zu einer Berufung, sondern zum Beruf geworden. [...]

Selbst wenn dies möglich wäre: Ein repräsentatives Parlament muss nicht zwangsläufig ein besseres sein. Denn die Interessen eines Bevölkerungsteils können auch von jemandem vertreten werden, der nicht aus diesem Bereich kommt – und dies mitunter besser. So wird man als Rechtsbeistand immer jemanden nehmen, der sich im Rechtssystem gut auskennt, und nicht unbedingt jemanden, der einem ähnlich ist. Gerade bei der Gesetzgebung und der Kontrolle der Regierung bedarf es sachkundiger Parlamentarier, die sich im politischen Geschäft auskennen. [...] Allerdings ist darauf zu achten, dass die Berufspolitiker nicht den Kontakt zu denjenigen verlieren, die sie vertreten sollen.

Deutscher Bundestag (Hg.), Der Deutsche Bundestag. Wie parlamentarische Demokratie funktioniert, Berlin 2010, S. 25-27

M4 Fraktionsmitglied oder Einzelkämpfer?

Anders als mit Arbeitsteilung in den Fraktionen ist die parlamentarische Arbeit kaum zu organisieren. Nicht jeder kann überall sein, sondern muss als Experte stellvertretend für seine Fraktion sein Fachgebiet im Blick behalten. Sonst würde sich das Parlament schnell selbst blockieren.

[...] Der einzelne Abgeordnete arbeitet innerhalb seiner Fraktion in verschiedenen Gremien, um sich mit Kollegen mit ähnlichen Interessen abzustimmen. Da gibt es Facharbeitsgruppen, regionale Landesgruppen, Strömungsgruppen, soziologische Gruppen. Und wenn die dann alle miteinander um die beste Haltung der Fraktion als Ganzes gerungen haben und die Fraktion intern darüber abgestimmt hat, dann wird der Abgeordnete entscheiden müssen, ob er sich der Mehrheitsmeinung anschließt. Vielleicht aus eigener Sachkunde, vielleicht, weil er sich auf den Rat der Kollegen, die sich mit dem Thema intensiver befassen konnten, verlässt. Vielleicht auch in der Erkenntnis, dass er seine politischen Ziele nicht als Einzelkämpfer, sondern nur in der Gemeinschaft und mit Kompromissbereitschaft zu verfolgen vermag. Oder ob er von der mehrheitlichen Auffassung der Fraktion in diesem Punkt abweicht. Dann aber darf die Fraktionsführung verlangen, dass er dies rechtzeitig signalisiert, damit die Fraktionsmitglieder nicht überrascht sind, sondern sich darauf einstellen können.

Der Abgeordnete steht also ständig vor wichtigen Fragen: Wie setzt er den grundsätzlichen Willen der Wähler in praktische Politik um? Wie behält er den besten Kontakt zu den Bürgern und erfährt, wie er am besten deren Einschätzung zu aktuellen Themen in Berlin repräsentieren kann? Wie findet er immer wieder auch eigene, neue Lösungen von Problemen in einer sich ständig verändernden Welt? Und wie behält er die innerliche Unabhängigkeit gegenüber dem, was von außerhalb und innerhalb des Parlaments an Einflussversuchen auf ihn einwirkt? Nur vier von vielen Feldern, die die Arbeit der Abgeordneten buchstäblich spannend machen.

Gregor Mayntz, Mitglieder des Bundestages: Abgeordnet vom Volk, in: Deutscher Bundestag (Hg.): Blickpunkt Bundestag spezial. Die Abgeordneten des Deutschen Bundestages, Berlin 2010, S. 5

Unabhängigkeit von Abgeordneten des Bundestages

Folgende Rechte gewährleisten im Wesentlichen die Unabhängigkeit der Bundestagsabgeordneten von äußeren Zwängen:

- Freies Mandat
- Indemnität/Immunität
- Zeugnisverweigerungsrecht
- Diäten, Verkehrsmittelnutzung

M5 Fraktionsdisziplin schafft Kalkulierbarkeit

Bundestagspräsident Dr. Norbert Lammert im Interview mit der Frankfurter Allgemeinen Zeitung (FAZ)

Täuscht der Eindruck, dass die meisten Parlamentarier am Ende doch regelmäßig der Fraktionsdisziplin den Vorrang vor der eigenen Meinung geben, wenn beide nicht übereinstimmen?

Die Fraktionsdisziplin wird zwar viel kritisiert, ist in Wirklichkeit aber eine Errungenschaft eines parlamentarischen Systems. Denn sie stellt die Kalkulierbarkeit von Entscheidungen sicher, auf die der Wähler Anspruch hat. Denn der wählt ja nicht Solisten ins Parlament, sondern Gruppierungen, von denen er im Saldo am ehesten die Vertretung seiner Interessen erwartet. Deswegen wäre es gewiss

Norbert Lammert, CDU, Präsident des 17. Deutschen Bundestags

kein Fortschritt, wenn jeder der gewählten Abgeordneten zu jeder Frage seine ganz persönliche Auffassung im Parlament verträte. Es ist vielmehr sinnvoll, wenn sich die einer Partei angehörenden und für sie kandidierenden Abgeordneten um eine gemeinsame Willensbildung bemühen.

Wo bleibt das Aber?

Zu den vielen klugen Regelungen unserer Verfassung gehört, dass die Fraktionen in ihr gar nicht vorkommen, wohl aber der Abgeordnete, der an Aufträge und Weisungen ausdrücklich nicht gebunden ist. Der Begriff Fraktionsdisziplin findet sich folgerichtig auch nicht im Grundgesetz. Fraktionen sind eine Realität, die für das Funktionieren des Parlaments wichtig sind, aber am Ende entscheidet der Abgeordnete ganz allein, wie er abstimmt.

Der langjährig erfahrene Parlamentarier Norbert Lammert hat immer mal ausprobiert, was passiert, wenn man anders als die eigene Fraktion abstimmt. Wie viel Mut braucht man dafür?

Es ist sicher ein Unterschied, ob jemand als Neuling oder als Langgedienter so handelt, ob jemand Gewicht in der Partei hat oder nicht, ob er eine herausgehobene Funktion hat oder keine. Ich bin ganz früh in meiner parlamentarischen Laufbahn in eine solche Situation gekommen und mit den Versuchungen konfrontiert worden, die sich daraus ergeben. Es ging damals um eine beabsichtigte Amnestieregelung in Parteispendenaffären; ich habe als Einziger in der Fraktion erklärt, ich könne da nicht mitwirken, und habe deshalb meine Zustimmung verweigert. Prompt wurde ich von den Medien in die Kategorie Abweichler einsortiert. Seitdem kam regelmäßig bei einschlägigen Entscheidungen die Anfrage, ob ich nicht auch da eine andere Meinung als die Fraktion hätte.

Wie sind Sie aus dieser Falle herausgekommen?

Ich habe für mich eine Faustregel entwickelt, die mich über drei Jahrzehnte parlamentarischer Arbeit begleitet hat. Es gibt zwei Voraussetzungen dafür, notfalls auch gegen die eigene Fraktion an einer Beurteilung festzuhalten. Erstens muss es eine wichtige Angelegenheit sein. Es ist nicht zumutbar, für jede zweit- oder drittrangige Frage die eigene Meinung zur Geltung bringen zu wollen. Das würde den parlamentarischen Betrieb paralysieren. Zweitens muss ich überzeugt sein, von diesem Thema ähnlich viel zu verstehen wie die Fachleute in der Fraktion, auf deren Urteil ich mich in der Regel genauso selbstverständlich verlasse wie die sich auf das meine in den Dingen, in denen ich die größere Expertise habe. Es kommt relativ häufig vor, dass man in einer wichtigen Frage eine abweichende Meinung hat; es kommt ähnlich häufig vor, dass man sich in einer Sache so trittfest glaubt wie andere. Aber dass beides zusammenkommt, ist doch eher selten.

FAZ, Der Parlamentarier ist nicht täglich mutig, in: http://www.faz.net, 16.10.2011

M6 Abstimmungsverhalten im Bundestag – freies Mandat oder Fraktionsdisziplin?

a) Abstimmungsverhalten zum Betreuungsgeld am 9.11.2012

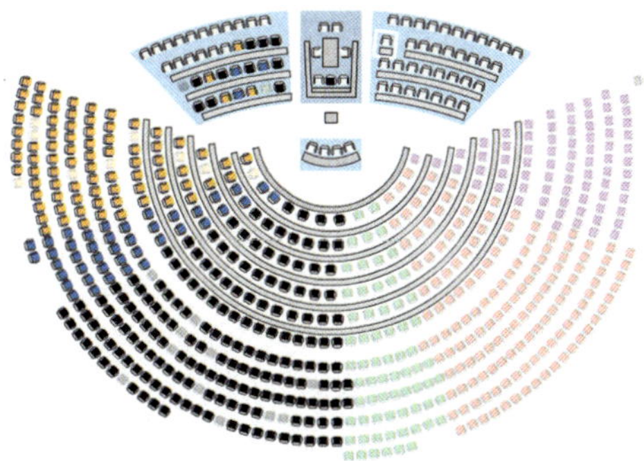

b) Abstimmungsverhalten zur begrenzten Zulassung der Präimplantationsdiagnostik (PID) am 7.7.2011

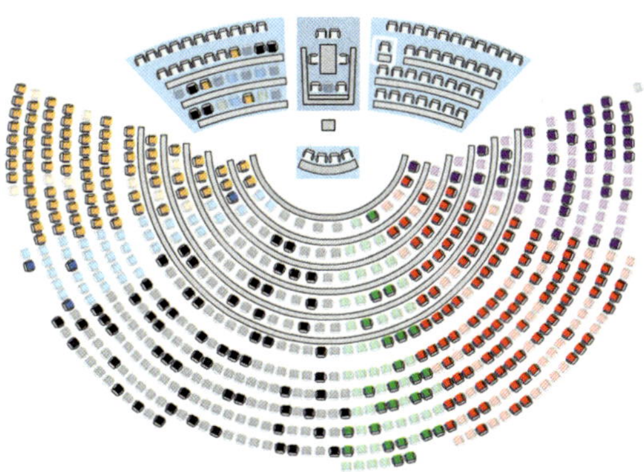

Nach: Abgeordnetenwatch.de, Bundestagsradar, in: http://www.abgeordnetenwatch.de, Abruf am 23.5.2013

Abstimmungsverhalten eines Abgeordneten
Abgeordnetenwatch.de ist eine überparteiliche und von Institutionen unabhängige Internetplattform, auf der man z.B. Abstimmungsverhalten und Nebentätigkeiten von Abgeordneten einsehen und ihnen schriftlich Fragen stellen kann.

Aufgaben

1. Erstellen Sie in arbeitsteiliger Gruppenarbeit (sitzungsfreie Woche/Sitzungswoche) ein Schaubild zu den Aufgaben eines Abgeordneten mit geeigneten Ober- und Unterpunkten (M 1).
2. Diskutieren Sie, ob das deutsche Parlament in seiner Zusammensetzung das Volk angemessen repräsentieren kann (M 3).
3. Ordnen Sie die Grundgesetzartikel aus M 2 den Begriffen *freies Mandat, Indemnität/Immunität, Zeugnisverweigerungsrecht, Diäten* zu und begründen Sie, inwiefern dies zur Unabhängigkeit der Abgeordneten beiträgt (Randspalte zu M 4).
4. Prüfen Sie das unterschiedliche Abstimmungsverhalten hinsichtlich der Frage: „freies Mandat oder Fraktionsdisziplin?" (M 4 – M 6).
5. Beurteilen Sie: Bei welchen abzustimmenden Themen würden Sie die Fraktionsdisziplin aufheben?

Wissen kompakt

Abgeordneter

Ein Abgeordneter des Deutschen Bundestages wird bei der Bundestagswahl für vier Jahre (eine Legislaturperiode) vom Volk gewählt. Ein vorzeitiges Ausscheiden aus dem Parlament ist nur möglich, wenn der Abgeordnete sein Mandat niederlegt oder es ihm strafrechtlich aberkannt wird – wofür jedoch zuerst seine Immunität aufgehoben werden muss. Abgeordnete werden auch als Parlamentarier, Volksvertreter, Mitglieder des Bundestages (MdB) oder – auf Landesebene – Mitglieder des Landtages (MdL) bezeichnet.

Amt und Mandat

Jemand, der im Auftrag der Exekutive oder Judikative eine Funktion ausübt, hat ein Amt inne. Im Gegensatz dazu bedeutet das Mandat (Lat. „mandare": „auftragen, übergeben, anvertrauen") in politischer Hinsicht, dass Abgeordnete ihre Wähler im Parlament vertreten. Auch wenn die Wähler dem Abgeordneten ihre Stimme „auftragen, übergeben, anvertrauen", garantiert das Grundgesetz den Abgeordneten ein freies Mandat – der Abgeordnete ist nur seinem Gewissen verantwortlich.

Repräsentative Demokratie

In dieser Herrschaftsform entscheidet das Volk nicht direkt über politische Sachfragen oder kontrolliert die Regierung, sondern wählt dazu Repräsentanten (Abgeordnete), die diese Aufgaben für die Bürger wahrnehmen. Das Gegenteil davon ist die „direkte Demokratie", wie sie heute noch in der Schweiz praktiziert wird. In Deutschland finden sich in einigen Bundesländern direktdemokratische Elemente (z.B. in Bayern Volksbegehren und Volksentscheid). (→ Kap. 1.3, 2.5)

Fraktion und Fraktionsdisziplin

Mindestens fünf Prozent der Abgeordneten einer Partei oder verschiedener Parteien mit gleichgerichteten politischen Zielen, die in keinem Bundesland miteinander konkurrieren, können sich im Bundestag zusammenschließen: so z.B. die Fraktion der beiden Parteien CDU und CSU. Ein Abgeordneter darf nach Art 38 GG nicht dazu gezwungen werden, gemäß der Vorgabe seiner Fraktion abzustimmen. Dennoch existiert im Bundestag eine Fraktionsdisziplin, die sich u.a. schon durch die Arbeitsweise des Bundestags ergibt. Bei Gewissensfragen (z.B. ethischer Natur) gilt diese nicht (→ S. 100).

Rechte eines Abgeordneten

Besondere Rechte sollen die Abgeordneten vor Druck von außen schützen:

- *Indemnität:* sichert dem Parlamentarier zu, sich im Bundestag frei äußern zu dürfen, solange er niemanden verleumderisch beleidigt.
- *Immunität:* schützt den Abgeordneten davor, aus politischen Gründen angeklagt zu werden.
- *Diäten:* entschädigen für den Verdienstausfall, während man ein Mandat ausübt. Sie stellen die finanzielle Unabhängigkeit von Parlamentariern sicher.

Pflichten eines Abgeordneten

Abgeordnete müssen bestimmte Verhaltensregeln (z.B. grundsätzliche Anwesenheit in den Bundestagsgebäuden an Sitzungstagen, Eintragung in Anwesenheitslisten) befolgen. Ansonsten drohen ihnen finanzielle Sanktionen.

Wissen im Kontext

Warum sitzen oft so wenig Abgeordnete im Plenarsaal?
M 1

Die Arbeit, die ein Parlamentarier erledigt, nimmt man naturgemäß vor allem dann wahr, wenn sie öffentlich zu sehen ist. Daher geht man fälschlicherweise davon aus, dass der Alltag eines Abgeordneten aus Fernsehauftritten besteht. Medien kritisieren zudem in öffentlichkeitswirksamen Schlagzeilen häufig den nur dünn besetzten Plenarsaal des Bundestagsgebäudes. Tatsächlich findet die Hauptarbeit des Volksvertreters aber überwiegend in Ausschüssen oder an seinen Schreibtischen – ob während Sitzungswochen in Berlin oder in sitzungsfreien Zeiten in seinem Wahlkreisbüro – statt.

Können uns Abgeordnete wirklich vertreten?
M 3

Bei einer Repräsentation vertritt eine einzelne Person oder eine Gruppe eine Gesamtheit von Personen. Durch die Abgabe ihrer Stimme wählen die Bürger diejenigen Repräsentanten (Abgeordneten), die sich dann während der nächsten Legislaturperiode für ihre Interessen einsetzen sollen. Deshalb spiegeln die Kräfteverhältnisse der Fraktionen auch den Volks- bzw. Wählerwillen wider. Da der Bundestag das deutsche Volk repräsentiert, wird kontrovers diskutiert, ob es wünschenswert wäre, dass die Zusammensetzung des Parlaments etwas mehr der Zusammensetzung der deutschen Gesellschaft (nach Alter, Bildung, Geschlecht, Beruf) entspricht.

Welche Rolle spielen die Fraktionen?
M 4

Schon an der Sitzordnung im Deutschen Bundestag lässt sich die große Bedeutung der Fraktionen sehen: Die Abgeordneten sitzen nicht nach Bundesländern oder alphabetisch geordnet nebeneinander, sondern nach Fraktionen. Neben der Ausschussarbeit nimmt die Tätigkeit für die Fraktion die meiste Zeit des Abgeordneten in Anspruch: Hier bereiten die Volksvertreter Gesetzesentwürfe und Entscheidungen fraktionsintern vor und beraten dabei über Details und Einzelfragen. Dies ermöglicht es den einzelnen Abgeordneten, sich auf bestimmte Sachgebiete (z.B. Gesundheit, Bildung, Finanzen) zu spezialisieren und in anderen Bereichen den Fraktionskollegen zu vertrauen. Anders wären die vielen und komplexen Bereiche der Politik nicht zu bewältigen. Ihre unterschiedlichen Experten entsendet jede Fraktion dann in die jeweiligen Fachausschüsse.

Verhindert die Fraktionsdisziplin ein freies Mandat?
M 4 – M 6

Das Grundgesetz garantiert dem Abgeordneten, dass er lediglich seinem Gewissen folgen muss. Gleichzeitig betont es in Art. 21 die Willensbildungsfunktion der Parteien: Demnach sollen Fraktionen ein geschlossenes Handeln vorweisen, wozu eine Fraktionsdisziplin erforderlich ist. Da dies nicht gleichbedeutend ist mit einem Fraktionszwang, sind trotz des scheinbaren Spannungsverhältnisses beide Prinzipien durchaus miteinander vereinbar. Der Abgeordnete wurde vom Volk gewählt, u.a. weil er in einer bestimmten Partei ist, in die er aufgrund seiner Überzeugung eingetreten ist. Daher sollte er grundsätzlich mit der Parteilinie übereinstimmen und für seine Wähler vorhersehbare Entscheidungen treffen, um eine Blockade des politischen Prozesses zu vermeiden. Trotzdem kann er, gerade wenn er dies im Vorfeld mitteilt, auch eine abweichende Position beim Votum vertreten.

3.4 Der Bundesrat – wie beeinflusst er die Gesetzgebung?

Art. 50 GG
Durch den Bundesrat wirken die Länder bei der Gesetzgebung und Verwaltung des Bundes und in Angelegenheiten der Europäischen Union mit.

M1 Folgen ungleicher Machtverhältnisse in Bundesrat und Bundestag

Wahltaktik – Opposition feiert Blockade-Festival im Bundesrat

Steuerreform? Abgelehnt. Kürzungen bei der Solarförderung? Mit großer Mehrheit abgeschmettert. Kurz vor der Wahl in NRW blockieren die Oppositionsländer im Bundesrat gleich zwei Großprojekte der Regierung. Das schadet vor allem dem CDU-Spitzenkandidaten Röttgen.

jok, Wahltaktik – Opposition feiert Blockade-Festival im Bundesrat, in: http://www.spiegel.de, 11.5.2012

Ablehnung aus der Opposition – Bundesrat stoppt Steuerabkommen mit der Schweiz

Der Bundesrat hat das umstrittene Steuerabkommen mit der Schweiz gestoppt. Das Abkommen sollte einen rechtlichen Rahmen für die Besteuerung von Schwarzgeldern schaffen. Die Opposition kritisiert jedoch die Höhe der Abgaben als zu gering.

Reuters, Ablehnung aus der Opposition – Bundesrat stoppt Steuerabkommen mit der Schweiz, in: http://www.focus.de, 23.11.2012

M2 Die wichtigste Aufgabe des Bundesrates – Mitwirkung an der Gesetzgebung

Zusammensetzung des Bundesrates
Die einzelnen Bundesländer verfügen über unterschiedliche Stimmgewichte im Bundesrat.

- Jedes Land hat mindestens drei Stimmen.
- Länder mit mehr als zwei Millionen Einwohnern haben vier Stimmen.
- Länder mit mehr als sechs Millionen Einwohnern haben fünf Stimmen.
- Länder mit mehr als sieben Millionen Einwohnern haben sechs Stimmen.

Das Grundgesetz [hat] dem Bund überwiegend die Kompetenzen im Bereich der Gesetzgebung übertragen. In der eigenen Zuständigkeit der Länder verbleiben nur noch wenige Bereiche, wie zum Beispiel die Bildung, die Kultur und das Polizei- und Ordnungsrecht. Nur dort können die jeweiligen Landesparlamente eigene Gesetze erlassen.

Der weit überwiegende Teil der Gesetze wird vom Deutschen Bundestag und damit vom Bund beschlossen. Die Länder wirken jedoch über den Bundesrat an der Gesetzgebung des Bundes mit.

Der Ablauf des Verfahrens

Drei Akteure sind maßgeblich am Gesetzgebungsverfahren beteiligt: die Bundesregierung, der Bundestag und der Bundesrat.

Die Rolle der Bundesregierung liegt überwiegend im Initiativbereich. Etwa zwei Drittel aller Gesetzentwürfe werden von der Bundesregierung eingebracht. Zentrales Organ im Gesetzgebungsprozess ist der Deutsche Bundestag. Dort werden alle Bundesgesetze beschlossen.

Anschließend befasst sich der Bundesrat mit diesen Gesetzesbeschlüssen. Seine Mitwirkungsrechte sind abhängig vom Inhalt der Gesetze. Auch der Bundesrat kann eigene Gesetzesinitiativen beim Bundestag einbringen.

Zustimmungs- und Einspruchsgesetze

Die Eingangsformel eines jeden Gesetzes lässt erkennen, ob es sich um ein zustimmungsbedürftiges oder nicht zustimmungsbedürftiges Gesetz handelt. Sie lautet entweder „Der Bundestag hat das folgende Gesetz beschlossen" oder „Der Bundestag hat mit Zustimmung des Bundesrates das folgende Gesetz beschlossen". Die Unterscheidung von so genannten Zustimmungs- und Einspruchsgesetzen ist wichtig für die Art des Zusammenwirkens von Bundestag und Bundesrat im Rahmen des Gesetzgebungsverfahrens.

Bundesrat (Hg.), Mitwirkung an der Gesetzgebung des Bundes, in: http://www.bundesrat.de, Abruf am 5.1.2013

M3 Stimmenverteilung im Bundesrat – im Zeitverlauf

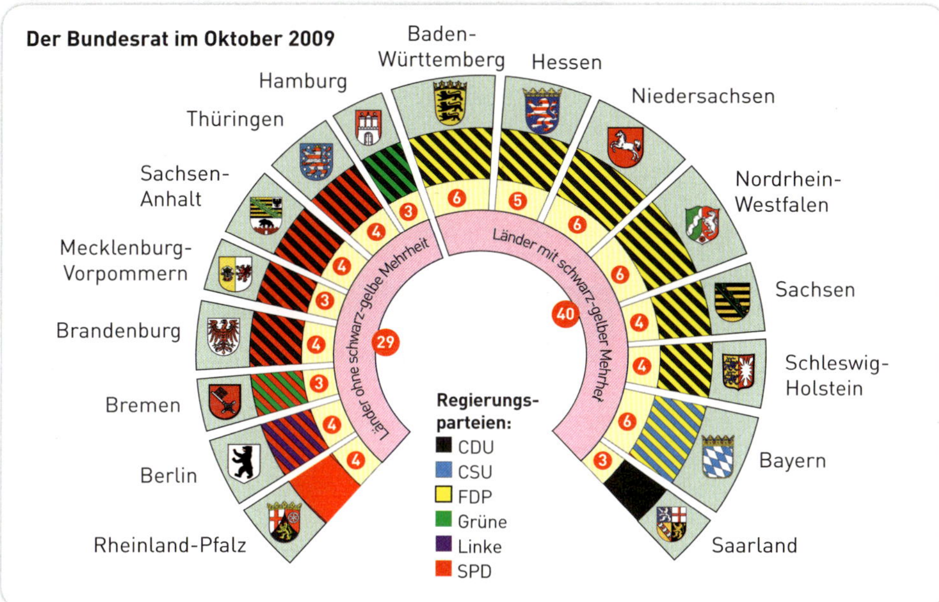

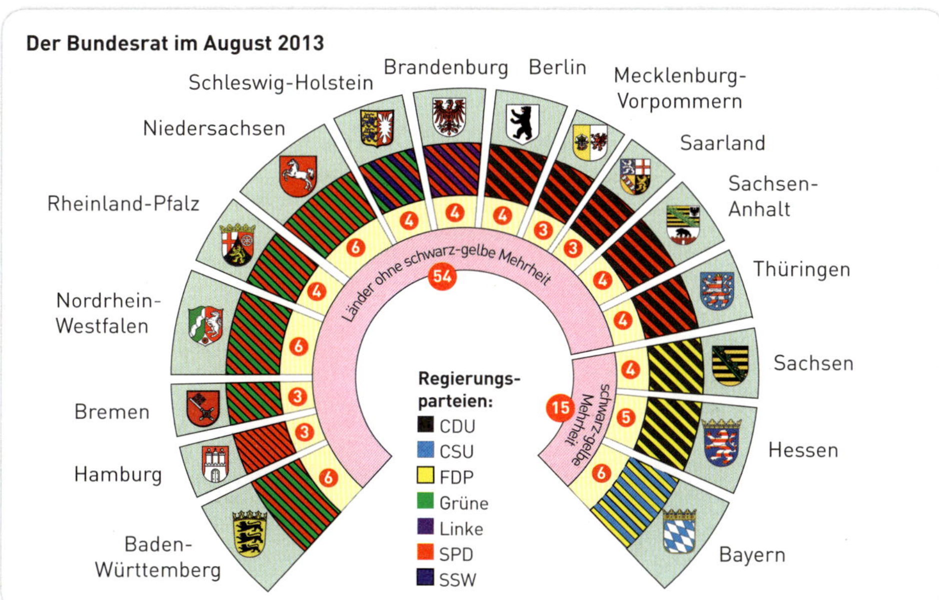

Nach: Spiegelonline, Thema Bundesrat, in: http://www.spiegel.de, Abruf am 11.12.2012, vom Bearbeiter aktualisiert

Der Bundesrat besteht aus den Mitgliedern der Regierungen der Länder und hat folgende Stimmenverteilung:

Nordrhein-Westfalen	6
Bayern	6
Baden-Württemberg	6
Niedersachsen	6
Hessen	5
Sachsen	4
Rheinland-Pfalz	4
Berlin	4
Sachsen-Anhalt	4
Thüringen	4
Brandenburg	4
Schleswig-Holstein	4
Mecklenburg-Vorpommern	3
Hamburg	3
Saarland	3
Bremen	3

M4 Das Gesetzgebungsverfahren

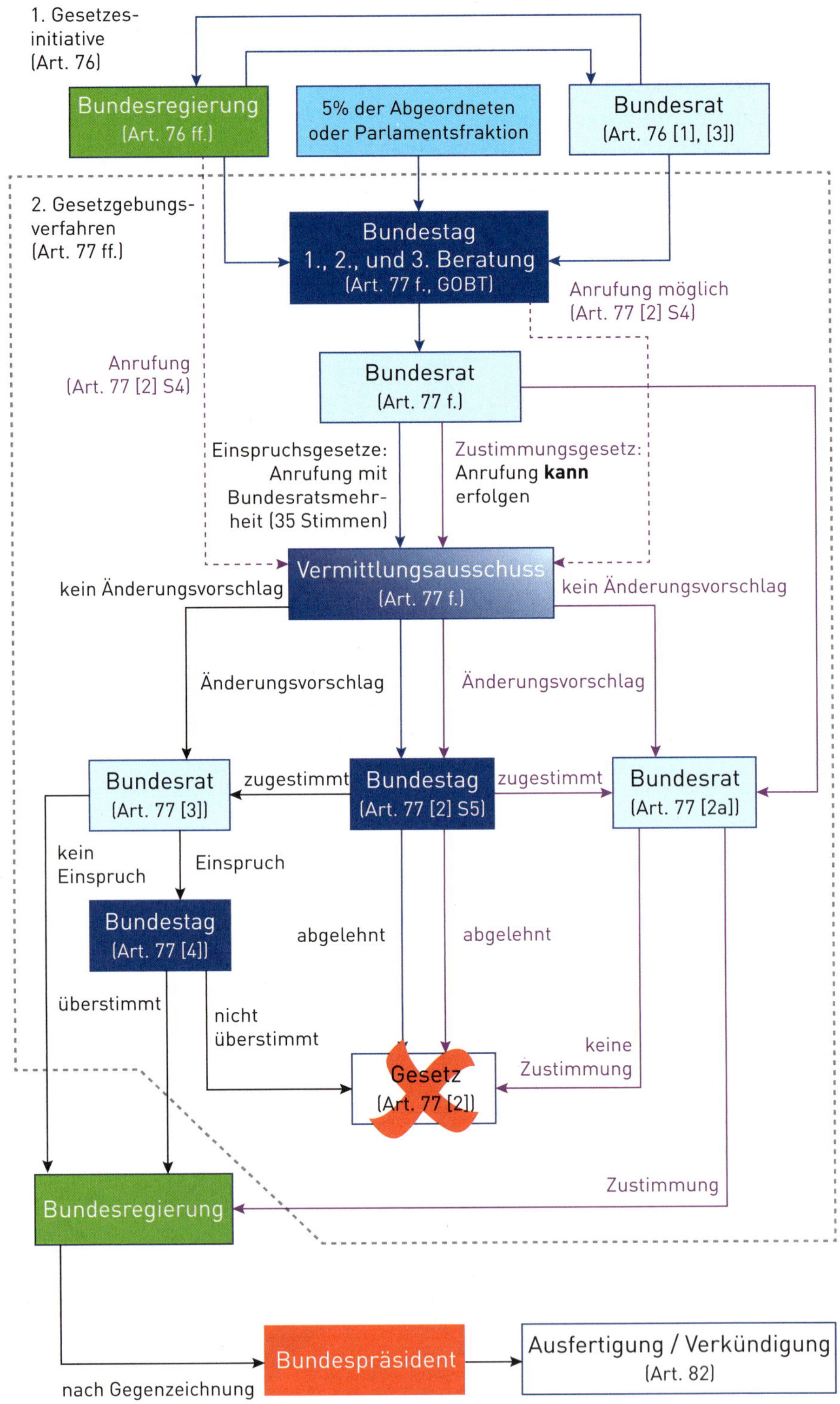

Nach: Deutscher Bundestag (Hg.), Fakten – Der Bundestag auf einen Blick, 2012, S. 8

Der Bundesrat als Blockadeinstrument der Opposition

Verfügen die Oppositionsparteien des Bundestages im Bundesrat über eine absolute Mehrheit der Stimmen (35 Stimmen), können sie Gesetze, die keiner Zustimmung des Bundesrates bedürfen (sogenannte Einspruchsgesetze), zumindest zeitlich blockieren. Bei nicht zustimmungspflichtigen Gesetzen kann nämlich der Bundesrat mit der Mehrheit seiner Stimmen den Vermittlungsausschuss einberufen. Findet der Vermittlungsausschuss hier keinen Kompromiss, kann der Bundesrat einen Einspruch gegen das entsprechende Gesetz einlegen. Diesen Einspruch kann der Bundestag mit einfacher Mehrheit überstimmen. Sollte der Bundesrat einen Einspruch mit Zweidrittelmehrheit beschließen, kann der Bundestag diesen Einspruch auch nur mit einer Zweidrittelmehrheit überstimmen. Insgesamt ist der Einspruch ein zeitaufwendiges Verfahren und kann daher die Regierungsarbeit nachhaltig behindern.

M5 Unterschiede zwischen Bundestag und Bundesrat

Bundestag	Der Bundestag wird direkt vom Volk gewählt.	Der Bundestag vertritt das ganze Volk Deutschlands.	Der Bundestag beschließt Gesetze.	Die Bundestagsabgeordneten sind persönlich gewählt, sie stimmen frei ab und sind nur dem eigenen Gewissen verpflichtet.
Bundesrat	Die Mitglieder des Bundesrates werden von den Landesregierungen entsandt.	Der Bundesrat vertritt die Länder.	Der Bundesrat wirkt bei der Gesetzgebung mit (Zustimmungs- und Einspruchsgesetze).	Die Mitglieder des Bundesrates sind als Mitglieder der Landesregierungen durch Landtagswahlen politisch legitimiert. Die Stimmen eines Landes müssen einheitlich abgegeben werden.

M6 Ist der Bundesrat nur ein Störenfried?

Über den Bundesrat werden die Länder bzw. die Landesregierungen am Gesetzgebungs- und Regierungsprozess des Bundes beteiligt. Der Bundesrat soll dabei nicht nur ein Gegengewicht zum Bundestag bilden, sondern auch machthemmend gegenüber der Bundesregierung wirken. Eben diese Funktion trägt dazu bei, dass der Bundesrat das wohl politisch umstrittenste der fünf Bundesverfassungsorgane im Regierungssystem der Bundesrepublik Deutschland darstellt. Je nach den Mehrheitsverhältnissen in Bundestag und Bundesrat loben die einen, dass der Bundesrat eine sehr wirksame Kontrolle ausübe und die Regierungsmehrheit im Bund immer wieder zu Zugeständnissen an die Mehrheit der Landesregierungen zwinge. Andere wiederum beklagen, dass die Rücksichtnahme auf die Mehrheitsverhältnisse im Bundesrat die Handlungsmöglichkeiten der Regierungsfraktionen im Bundestag beeinträchtige und dadurch sogar der Auftrag der Wählerinnen und Wähler auf Bundesebene unterlaufen werde.

Ursula Münch, Die Rolle des Bundesrates im politischen Prozess, in: http://www.bpb.de, 27.5.2008

Aufgaben

1. Erklären Sie das Prinzip der doppelten Gewaltenteilung in Deutschland (M 1 – M 3).
2. Analysieren Sie M 1 und M 3 hinsichtlich der Entwicklung von Machtverhältnissen in der Legislative sowie möglicher Folgen.
3. Beurteilen Sie mithilfe von M 4, inwiefern ein so kompliziertes Gesetzgebungsverfahren sinnvoll ist. Berücksichtigen Sie bei Ihren Überlegungen auch umstrittene Entscheidungen (z.B. das „Atomgesetz", → S. 122 ff.) oder eilende Angelegenheiten (z.B. Finanzhilfen für Euro-Länder).
4. Nehmen Sie Stellung zu folgender These: *„Der Bundesrat ist ein Störenfried, der den Bundestag in der Ausübung des Wählerwillens hindert."* (M 1 – M 6).

Wissen kompakt

Föderatives Verfassungsorgan

Durch den Bundesrat sind die 16 Bundesländer an der Gesetzgebung und Verwaltung des Bundes beteiligt und wirken in Angelegenheiten der EU mit.

Einspruchsgesetze

Sogenannte „einfache Gesetze" können auch zustande kommen, wenn der Bundesrat diese nicht billigt. Der Bundesrat kann aber bei nicht zustimmungspflichtigen Gesetzentwürfen mit der Mehrheit seiner Mitglieder (35 Stimmen) Einspruch einlegen. Hierfür muss er zunächst den Vermittlungsausschuss – wiederum mit mindestens 35 Stimmen – einberufen. Kommt es dort zu keinem Kompromiss, kann der Bundesrat Einspruch einlegen. Soll das Gesetz zustande kommen, kann der Bundestag diesen Einspruch mit entsprechender Mehrheit überstimmen.

Vermittlungsausschuss

Bundestag und Bundesrat entsenden in dieses Verhandlungsgremium jeweils 16 Mitglieder, wenn im Bundesrat bei zustimmungspflichtigen und zum Teil auch bei nicht zustimmungspflichtigen Gesetzentwürfen keine Mehrheit gefunden wird. Wie alle Ausschüsse tagt auch der Vermittlungsausschuss nicht öffentlich. Ziel ist es, einen Kompromiss zu finden, damit das Gesetz zustande kommt.

Zustimmungspflichtige Gesetze

Zustimmungsgesetze können nur zustande kommen, wenn der Bundesrat eine Gesetzesinitiative billigt. Gelingt dies nicht, wird versucht, im Vermittlungsausschuss einen Kompromiss zu erarbeiten. Gelingt dies nicht ist der Gesetzentwurf gescheitert.

Sitzverteilung im Bundesrat

Im Bundesrat sind insgesamt 69 Vertreter der Landesregierungen versammelt. Jedes Land hat mindestens drei Stimmen. Je nach Einwohnerzahl können dazu noch einmal drei Stimmen hinzukommen. Bei Abstimmungen geben die Landesvertreter ihr Votum geschlossen, also einheitlich, ab.

Gewaltenteilung

Eine Gewalt im politischen Sinne ist gleichbedeutend mit „Macht" oder „Herrschaft". Damit die staatliche Gewalt nicht zu stark konzentriert ist und missbraucht werden kann, wird diese auf die gesetzgebende Gewalt (Legislative), die ausführende Gewalt (Exekutive) und die rechtsprechende Gewalt (Judikative) verteilt. Diese Funktionen werden unabhängigen Staatsorganen (Parlamenten, Regierung, Gerichten) zugewiesen.

Gewaltenverschränkung

Im politischen System Deutschlands sind die Gewalten zum Teil stark miteinander verschränkt. So war z.B. bisher der Bundeskanzler (Exekutive) immer auch Parlamentarier (Legislative). Da der Bundestag den Bundeskanzler wählt, bilden zudem die Regierungsfraktionen eine Handlungseinheit mit der Exekutive.

Gesetzgebung des Bundes

Bundesgesetze, die für ganz Deutschland gelten, müssen gemeinsam von Bundestag und Bundesrat beschlossen werden. Das Grundgesetz unterscheidet zwischen Zustimmungs- und Einspruchsgesetzen. Zustimmungsgesetze berühren die Rechte der Bundesländer in besonderer Weise, indem sie z.B. die Finanzen der Länder betreffen.

Wissen im Kontext

Wie ist die politische Gewalt in Deutschland aufgeteilt?
M 2 – M 4

Die 16 deutschen Bundesländer haben eigene, von der jeweiligen Bevölkerung gewählte Landesparlamente (z.B. Bayerischer Landtag) und Regierungen. Je nach Größe des Bundeslandes entsenden diese zwischen drei und sechs Vertreter in den Bundesrat, wodurch die Länder an der Gesetzgebung des Bundes mitwirken. Gleichzeitig wirkt der Bundesrat als Kontrollorgan, deshalb spricht man auch von der „doppelten Gewaltenteilung" in Deutschland: Neben der horizontalen Gewaltenteilung (Legislative, Exekutive, Judikative) existiert durch die Verteilung der Macht auf Bund und Länder auch eine vertikale Gewaltenkontrolle.

Muss der Bundesrat den Gesetzen zustimmen?
M 2, M 4 – M 6

In einem föderalen Staat unterscheidet man zwischen Bundesgesetzen (im gesamten Bundesgebiet gültig) und Landesgesetzen (gelten nur im jeweiligen Bundesland). Die Bereiche Kultur, Bildungs-, Schul- und Polizeiwesen sind die bekanntesten Befugnisse, in denen die Länder selbstständig verantwortlich sind. Für die Verabschiedung von Bundesgesetzen sind Bundestag und Bundesrat gemeinsam zuständig. Bei sogenannten Zustimmungsgesetzen ist die Zustimmung des Bundesrates erfoderlich, wohingegen ein Einspruchsgesetz unter Umständen auch ohne Einverständnis des Bundesrates zustande kommen kann. Hat eine Gesetzesinitiative die Legislative erfolgreich passiert, unterzeichnen sie der Bundeskanzler und der zuständige Minister. Nach der abschließenden Unterschrift des Bundespräsidenten kann das Gesetz im Bundesgesetzblatt veröffentlicht werden und tritt somit in Kraft.

Bundesländer und Europäische Union – ein Gegensatz?

Im Zuge der europäischen Integration werden nationale Kompetenzen zunehmend an die Europäische Union übertragen. Damit die Mitwirkungsrechte der Länder dabei nicht übergangen werden, sichert das Grundgesetz dem Bundesrat diese verfassungsrechtlich zu (Art. 23 Absatz 2 Satz 1; Art. 50).

Warum ist der Bundesrat in der Öffentlichkeit oft so umstritten?
M 2 – M 4, M 6

Da es keine „Bundesratswahl" gibt, sondern die Landesregierungen ihre Vertreter entsenden, kann sich die parteiliche Zusammensetzung dieses Verfassungsorgans immer wieder dann verändern, wenn in einem Bundesland Landtagswahlen (bzw. Bürgerschaftswahlen) stattfinden. So kann es dazu kommen, dass die Regierungsfraktionen des Bundestages im Bundesrat in der Minderheit sind. Diese Pattsituation erschwert den Gesetzgebungsprozess enorm. Bisweilen herrschen dann Zustände wie unter einer „Großen Koalition" bzw. man spricht davon, dass die Opposition „mitregiert". Im Extremfall führt dies dazu, dass die Regierung handlungsunfähig wird. Besonders in diesen Zeiten wird die Kritik am Bundesrat besonders laut. Beanstandet wird v.a. eine Politik des Stillstands und eine ständige Wahlkampfstimmung, die entstehe, da bei 16 Bundesländern ständig irgendwo gewählt werde und dies durch den Bundesrat auch Auswirkungen auf die Bundespolitik habe. Andere wiederum führen durchaus erfolgte Reformen als Gegenbelege für diese Thesen an. Die auftretenden Konflikte im Gesetzgebungsprozess kämen nicht ausschließlich von einer grundsätzlichen Kontrahaltung, sondern durch unterschiedliche Interessen von Bund und Ländern.

3.5 Bundesverfassungsgericht und Bundespräsident – Bremser oder Korrektive?

M1 Das Bundesverfassungsgericht karikiert …

Karikatur: Klaus Stuttmann

M2 Und immer wieder ein Veto aus Karlsruhe …

Das Bundesverfassungsgericht durchkreuzt immer wieder die Pläne der Bundesregierung und verwirft verfassungswidrige Gesetze. […]

Juli 2012: Das Gericht erklärt die seit 1993 unveränderten Leistungen für Asylbewerber für verfassungswidrig. Sie verstoßen gegen das Grundrecht auf ein menschenwürdiges Existenzminimum. […]

Juni 2012: Bei den Verhandlungen über den Euro-Rettungsschirm ESM 2011 informierte die Regierung das Parlament nicht ausreichend, wie die Richter feststellen. […] Nach dem Grundgesetz müssen Bundestag und Bundesrat in EU-Angelegenheiten „umfassend und zum frühestmöglichen Zeitpunkt" unterrichtet werden. Das gelte schon, bevor die Regierung nach außen wirksame Erklärungen abgebe.

Februar 2010: Die Hartz-IV-Regelsätze für Kinder und Erwachsene müssen neu berechnet werden. Das Verfassungsgericht entscheidet, dass die bisherige Berechnungsmethode gegen das Grundgesetz verstößt.

dpa, Urteile des Bundesverfassungsgerichts – und immer wieder ein Veto aus Karlsruhe, in: http://www.tagesthemen.de, 25.7.2012

M3 Bundesverfassungsgericht – Aufgaben und Zusammensetzung

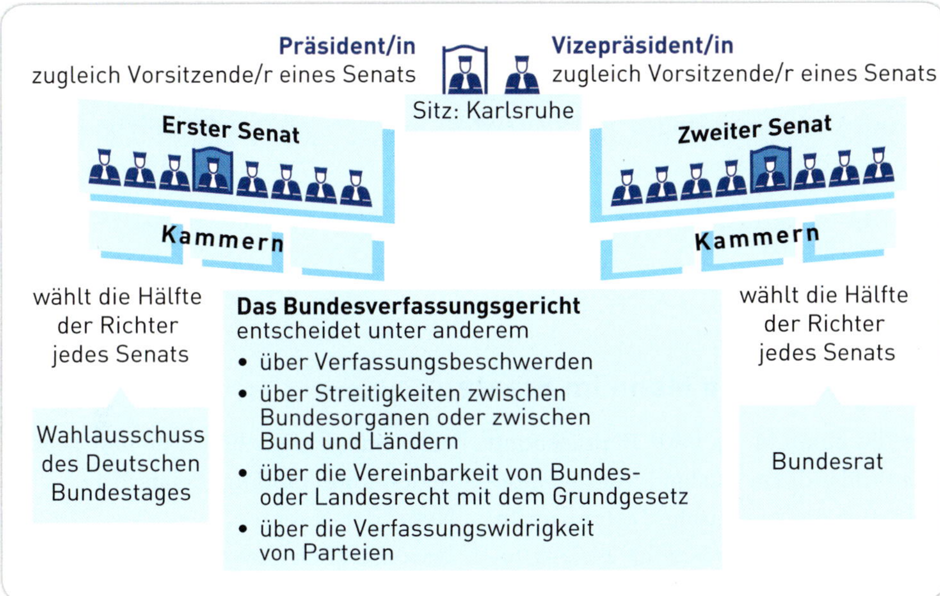

Bergmoser + Höller Verlag AG *129015*

M4 Politische Bedeutung des Bundesverfassungsgerichts

Beschlüsse des Bundesverfassungsgerichts sind besonders wichtige Entscheidungen. Sie binden Regierung und Verwaltung, Parlament und Bundesrat sowie alle Gerichte und Behörden. [...] Allerdings wird das Bundesverfassungsgericht erst auf Anrufung hin tätig. Von einer aktiv-selbständigen Rolle des Gerichts sah der Gesetzgeber ausdrücklich ab, um die Judikative nicht zum Hegemon über die Exekutive und die Legislative zu machen. [...] Obwohl es ein passives Gericht ist, kann das Bundesverfassungsgericht durch seine Beschlüsse zum Vetospieler werden [...]. Mitunter wirkt das Bundesverfassungsgericht als „Mitregent", so die Wortwahl seines ehemaligen Präsidenten Hans-Jürgen Papier, bisweilen als „Parallelregierung", manchmal als „Reservegesetzgeber", auf jeden Fall als Mitspieler. [...] So erklärte das Bundesverfassungsgericht zwischen 1951 und dem 31. Dezember 2009 441 Gesetze, Verordnungen oder Einzelnormen des Bundes für teilweise oder ganz nichtig oder mit dem Grundgesetz unvereinbar. Das ist angesichts der 7037 Gesetze, die der Bundestag bis zum Ende der 16. Wahlperiode (2009) verabschiedete, nicht wenig. [...]

Das Karlsruher Gericht fasste Beschlüsse nicht nur zu wichtigen innenpolitischen Angelegenheiten, sondern auch zu Fragen von zentraler außenpolitischer Bedeutung, etwa 2009 zum Lissabon-Vertrag der EU, den das Gericht nur mit massiven Auflagen zugunsten einer stärkeren Stellung des Parlaments in EU-Angelegenheiten passieren ließ.

Manfred G. Schmidt, Das politische System Deutschlands, 2011, S. 230-234

M5 Der Bundespräsident in der Presse

Gauck mahnt zu Einsatz für Frieden – Gedenkstunde zum Volkstrauertag im Bundestag

Deutschlandradio, in: http://www.dradio.de, 19.11.2012

Gauck beklagt Wildwuchs im Finanzsektor

ZEIT ONLINE, dpa, Reuters, AFP, tis, in: http://www.zeit.de, 15.11.2012

Gauck redet Journalisten ins Gewissen – Deutscher Presseclub feiert 60-jähriges Bestehen

dapd, in: http://www.welt.de, 12.11.2012

M6 Der erste Mann im Staate

Für die einen ist er DER Repräsentant Deutschlands im Ausland, für die anderen ist er die moralische Instanz im Inland: Der Bundespräsident. Bislang haben nur Männer das Amt ausgeführt. Bundespräsidenten haben Neuwahlen angesetzt und Gesetze nicht unterzeichnet. Claus Heinrich über die Rolle des deutschen Staatsoberhaupts.

Politisch allzu viel zu sagen hat der deutsche Bundespräsident nicht. Der erste Mann im Staate steht laut Grundgesetz protokollarisch an der Spitze der Republik, vor Bundestag und Bundesregierung, also auch vor der Bundeskanzlerin, die diese Formalie schon mal ganz gerne vergisst: „Dazu habe ich mich geäußert und das muss ich als deutsches Staatsoberhaupt oder besser gesagt als deutsche Bundeskanzlerin tun", korrigiert sich Merkel.

Der Präsident verdient auch mehr Geld: rund 200.000 Euro im Jahr plus Aufwandsentschädigung und kostenloser Amtswohnung, aber er steht weder der Armee vor wie sein österreichischer Amtskollege, noch führt er die politischen Geschäfte wie der französische Staatspräsident. Der deutsche Bundespräsident repräsentiert die Bundesrepublik Deutschland nach innen und nach außen. Das heißt, er hält schöne Reden und empfängt Staatsgäste.

Notar der Nation

Die wirklich wichtigen Staatsbesuche aber macht selbstverständlich die Kanzlerin, die auch die Richtlinien der Politik bestimmt. Immerhin schlägt der Bundespräsident den Bundeskanzler oder die Bundeskanzlerin zur Wahl vor – kaum mehr als eine verfassungsmäßige Höflichkeitsformel, denn gewählt wird der Regierungschef selbstverständlich vom Parlament.

Praktische Bedeutung bekommt das Amt aber bei der Unterzeichnung von Bundesgesetzen, die der eine oder andere Amtsinhaber auch schon mal gerne aus verfassungsrechtlichen Bedenken verweigert hat. Notar der Nation ist der Präsident auch bei einer vorzeitigen Auflösung des Bundestages, die er absegnen muss. Die Bundeskanzler Brandt, Kohl und Schröder hatten durch extra verlorene Vertrauensabstimmungen im Bundestag Neuwahlen erzwingen wollen. Die amtierenden Bundespräsidenten hatten dies jeweils gehorsam durchgewunken.

Claus Heinrich, Der erste Mann im Staate, in: http://www.tagesschau.de, 22.3.2012

Funktionen als Staatsoberhaupt

- die Repräsentation der Bundesrepublik Deutschland nach innen und außen (durch sein öffentliches Auftreten bei staatlichen, gesellschaftlichen und kulturellen Veranstaltungen, durch Reden, durch Besuche in Ländern und Gemeinden, durch Staatsbesuche im Ausland und den Empfang ausländischer Staatsgäste),
- die völkerrechtliche Vertretung der Bundesrepublik Deutschland (Art. 59 Abs. 1 Satz 1 GG), der Abschluss von Verträgen mit auswärtigen Staaten (Art. 59 Abs. 1 Satz 2 GG), die Beglaubigung (Bestellung) der deutschen diplomatischen Vertreter und der Empfang (Entgegennahme der Beglaubigungsschreiben) der ausländischen Diplomaten (Art. 59 Abs. 1 Satz 3 GG).

M7 Wie wird der Bundespräsident gewählt?

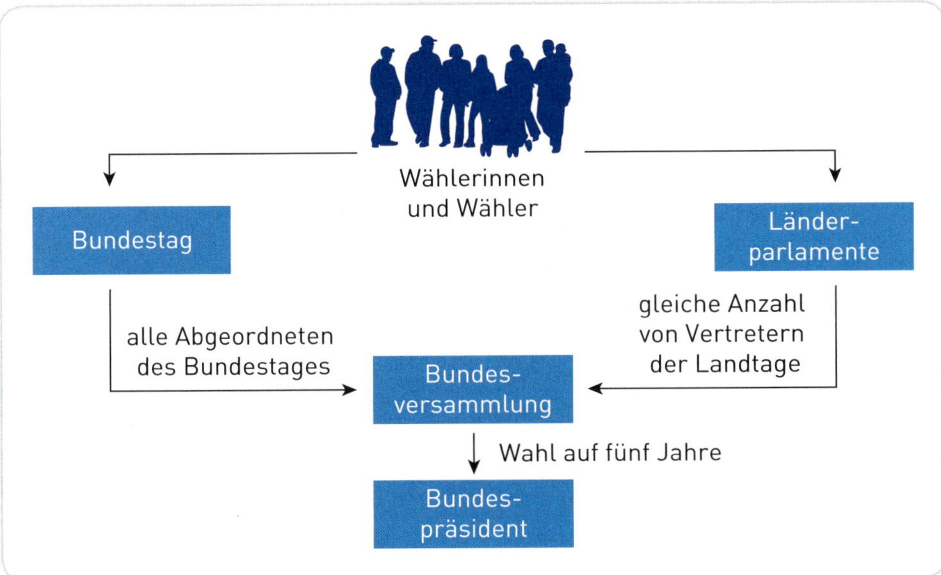

Quelle: Bearbeiter

Weitere wichtige Aufgaben des Bundespräsidenten

- u.a. der Vorschlag für die Wahl des Bundeskanzlers (Art. 63 GG),
- die Ernennung und Entlassung des Bundeskanzlers (Art. 63, 67 GG) und der Bundesminister (Art. 64 GG),
- die Auflösung des Bundestages (Art. 63 Abs. 4 Satz 3, Art. 68 GG),
- die Ausfertigung (Unterzeichnung) und Verkündung von Gesetzen (Art. 82 GG)

M8 Kontrovers diskutiert: Soll der Bundespräsident direkt gewählt werden?

Die Frage, ob man die Bedeutung des Amtes durch eine Direktwahl heben kann, wird immer wieder diskutiert. Der Bremer Politologe Lothar Probst, ansonsten durchaus für plebiszitäre Elemente offen, hält in SWR2 Kontext dagegen: „Ich glaube, dass es sich einfach nicht mit der Verfassung verträgt, weil das Amt des Präsidenten – das ist allen bekannt – ist ja sehr schwach mit Kompetenzen ausgestattet.

Der Bundespräsident, wenn er direkt durchs Volk gewählt werden würde, wäre sozusagen durch seine Legitimität, die er dann ausüben könnte, höher gestellt als der Bundeskanzler, der durch eine Parteienkoalition in der Regel im Bundestag gewählt wird. Ob das eine gute Konstellation ist, ist eine ganz andere Frage. Ich halte das nicht für vernünftig", so Probst. Unstrittig ist bislang, dass die Amtszeit des Bundespräsidenten fünf Jahre beträgt und nur einmal verlängert werden kann.

Claus Heinrich, Der erste Mann im Staate, in: http://www.tagesschau.de, 22.3.2012

Lernen aus der Vergangenheit: bewusste Machtverteilung

Der Parlamentarische Rat hat nach den Erfahrungen der Weimarer Republik die Befugnisse des Präsidenten bewusst beschränkt. Der Reichspräsident, vom Volk auf sieben Jahre gewählt, hatte nach der Weimarer Verfassung eine bedeutende Machtfülle. Er konnte Grundrechte außer Kraft setzen und mit Notverordnungen regieren. [...] Eine solche Macht sollte [...] nicht noch einmal in einer Hand liegen.

Horst Pötzsch, Die Deutsche Demokratie. 5. überarbeitete und aktualisierte Auflage, Bonn: Bundeszentrale für politische Bildung 2009, S. 97

Aufgaben

1. Setzen Sie sich mit den Einflussmöglichkeiten des Bundesverfassungsgerichts auf die deutsche Politik auseinander (M 1 – M 4).
2. Diskutieren Sie, inwiefern die Wiedereinführung der Direktwahl des Staatsoberhaupts wünschenswert wäre (M 6 – M 8).
3. Vergleichen Sie die Machtausstattung von Bundeskanzler und Bundespräsident (M 2, M 4, M 6, M 7 und Kap. 3.1) und beziehen Sie Stellung: Welches Amt würden Sie persönlich bevorzugen?

Wissen kompakt

Bundesverfassungsgericht (BVerfG)

Das BVerfG ist als eigenständiges Verfassungsorgan den anderen vier Verfassungsorganen gegenüber gleichgestellt. Die Entscheidungen dieses Organs der rechtsprechenden Gewalt (Judikative) sind unanfechtbar und für die anderen Organe bindend.

BVerfG – Wahl und Zusammensetzung

Das Bundesverfassungsgericht besteht aus insgesamt 16 Richterinnen und Richtern, die je zur Hälfte von einem speziellen Wahlausschuss des Bundestages und zur anderen Hälfte vom Bundesrat mit jeweils Zweidrittel Mehrheit gewählt werden. Die Richterinnen und Richter des Bundesverfassungsgerichts haben eine Amtszeit von zwölf Jahren und können nicht wiedergewählt werden. Damit verfügen sie über eine persönliche Unabhängigkeit. Das Bundesverfassungsgericht ist aufgeteilt in zwei Senate und hat seinen Sitz in Karlsruhe.

Aufgaben des BVerfGs

Als „Hüter der Verfassung" schützt es die Grundrechte der Bürger und kann auf Antrag jeden Akt der anderen Organe auf seine Verfassungsmäßigkeit hin prüfen, d.h. ob das Ergebnis mit dem Grundgesetz vereinbar und ordnungsgemäß zustande gekommen ist.

BVerfG – Verfassungsbeschwerde

Der Schutz der Grundrechte ist die oberste Prämisse des BVerfGs. Wenn bereits alle anderen Instanzen durchlaufen wurden, kann hier jedermann Klage einreichen, wenn er sich in seinen Grundrechten durch die öffentliche Gewalt verletzt fühlt.

BVerfG – Organstreitigkeiten

Das BVerfG klärt bei Streitigkeiten zwischen Bundesorganen, Landesorganen, Bund und Ländern.

BVerfG – Normenkontrolle

Die zu prüfende Frage lautet: Stimmt ein Gesetz (eine Norm) mit dem Grundgesetz überein? Konkrete Normenkontrolle: Überprüfung eines Gesetzes während eines konkreten Falls (bei einer Verhandlung); Abstrakte Normenkontrolle: Bevor ein Gesetz rechtmäßig gültig wird (also noch abstrakt ist), wird es auf seine Verfassungsmäßigkeit hin überprüft.

Bundespräsident

Das Staatsoberhaupt wird für fünf Jahre gewählt. Voraussetzung für das Amt ist, dass man die deutsche Staatsbürgerschaft und das Wahlrecht zum Bundestag besitzt sowie mindestens 40 Jahre alt ist. Eine einmalige Wiederwahl ist möglich.

Politische Funktionen des Bundespräsidenten

Im Gegensatz zur Weimarer Republik sind die eigenständigen Entscheidungsmöglichkeiten des Bundespräsidenten im politischen Prozess grundsätzlich stark begrenzt.

Integrationsfunktion des Bundespräsidenten

Die Hauptaufgabe des Staatsoberhauptes ist es, das Land nach innen und außen zu repräsentieren. In seinem überparteilichen Amt fungiert er als „Präsident aller Deutschen". Die größte Macht eines Präsidenten liegt in seinen Reden, diese erreichen oft enorme Beachtung und Aufmerksamkeit.

Welchen Einfluss hat die Judikative auf den politischen Prozess?
M 1, M 2, M 4

Obwohl das BVerfG kein politisches Organ ist, bewegt es sich oft im Spannungsfeld zwischen Recht und Politik. Dies liegt daran, dass die bewusst allgemeinen und grundsätzlichen Formulierungen des Grundgesetzes immer wieder neu interpretiert und den aktuellen Gegebenheiten angepasst werden müssen. Der „Gang nach Karlsruhe" (dort hat das Gericht seinen Sitz) als Drohung oder Konsequenz gehört mittlerweile fast zum Alltag im politischen Prozess. Die Bevölkerung respektiert die Entscheidungen des Bundesverfassungsgerichtes zwar sehr, dennoch muss darauf geachtet werden, dass die Politisierung der Judikative nicht überhandnimmt, denn Fragen der Politik sollten dort besprochen und beschlossen werden, wo die Verfassung sie vorsieht: im parlamentarischen Raum.

Kann das BVerfG Parteien verbieten?
M 3

Eine undemokratische Partei verbieten zu können, ist eine Besonderheit des Grundgesetzes gegenüber anderen westlichen Demokratien. Möglich ist dies nur über das Bundesverfassungsgericht. Die Hürden für ein Parteienverbotsverfahren sind sehr hoch gesteckt, denn der Pluralismus (Anerkennung und Respekt vor den vielfältigen individuellen Meinungen, Überzeugungen, Interessen und Zielen) ist das Herzstück moderner Demokratien. In der Geschichte der Bundesrepublik wurde erst zweimal eine Partei verboten: 1952 die nationalsozialistisch orientierte Sozialistische Reichspartei (SRP) und 1956 die Kommunistische Partei Deutschlands (KPD). Der Antrag auf ein NPD-Verbotsverfahren scheiterte 2003 wegen Verfahrensfehlern. Ob die Partei gegen das Grundgesetz verstößt, wurde in diesem Zusammenhang nicht geprüft. Sowohl in der breiten Öffentlichkeit als auch unter Politikexperten ist umstritten, ob der Versuch, die NPD durch das Bundesverfassungsgericht verbieten zu lassen, noch einmal unternommen werden sollte.

Was unterscheidet den Bundespräsidenten vom Regierungschef?
M 5 – M 7, Randspalte S. 114f.

Mit Joachim Gauck residiert derzeit der elfte Bundespräsident seit 1949 im Schloss Bellevue (Berlin, Hauptsitz des Bundespräsidenten). An das Staatsoberhaupt sind hohe Erwartungen geknüpft, obwohl er mit den ihm zugedachten Reservevollmachten lediglich in Krisenzeiten weiterreichende Rechte wahrnehmen kann.
Die Einführung einer Direktwahl wird medial zwar gelegentlich diskutiert, wäre jedoch angesichts des Aufgabenbereichs unangemessen. Neben repräsentativen Aufgaben wird vom Staatsoberhaupt erwartet, vornehmlich als moralische Instanz zu wirken. Dazu gehört auch, sich nur wohl dosiert zur Tagespolitik zu äußern, denn der Bundespräsident soll sich – ungeachtet dessen, welcher Partei er sich persönlich zugehörig fühlt – aus der Parteienkonkurrenz heraushalten.

Wo kann man den Bundespräsidenten im politischen System einordnen?

Da der Bundespräsident durch seine Unterschrift Gesetze in Kraft setzen kann, gehört er für einige Politikwissenschaftler zur Exekutive. Es besteht innerhalb der Politikwissenschaften aber die Ansicht, dass der Bundespräsident aufgrund seiner vom Amt erwarteten politischen Parteiferne und seiner Befugnisse über den drei Gewalten steht.

3.6 Die Verfassungsorgane im Zusammenspiel – der Atomausstieg

M1 Das Problem: Energiesicherheit in Deutschland

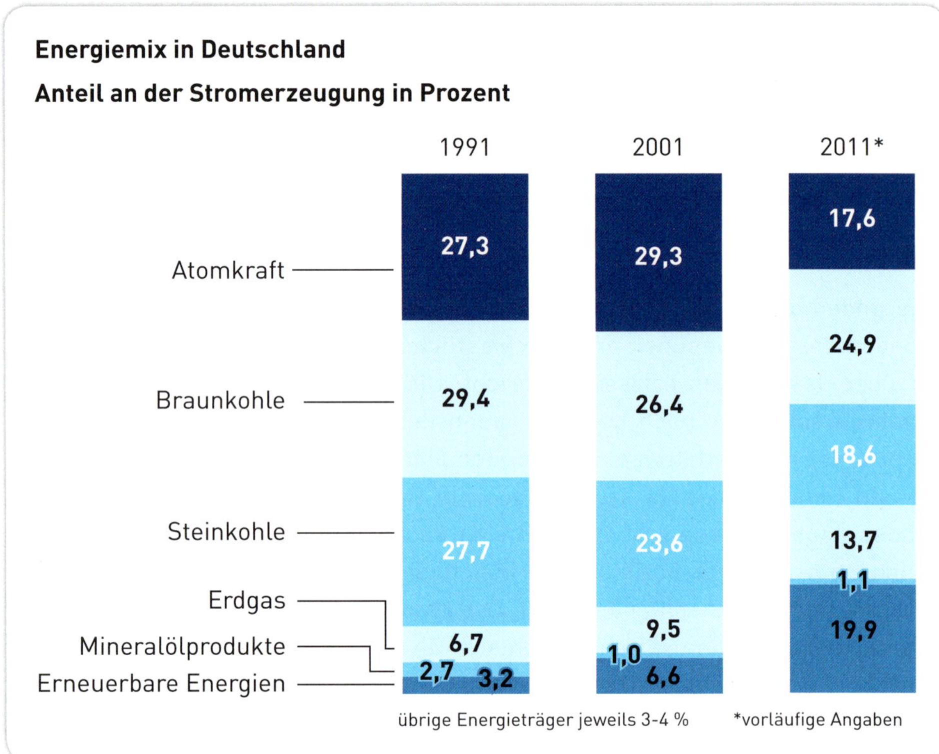

dpa-Grafik 16752; Arbeitsgemeinschaft Energiebilanzen (AGEB)

Der Streit um die Kernenergie

Die rot-grüne Bundesregierung hatte nach ihrem Wahlsieg 1998 die Atomkraft neu bewertet und war zu dem Ergebnis gekommen, dass die Risiken der kommerziellen Nutzung zu hoch sind. 2002 wurde der geordnete Ausstieg aus der Atomkraft beschlossen. Bis Ende 2005 wurden die Atomkraftwerke Stade und Obrigheim stillgelegt. Im Jahr 2022 sollte das letzte deutsche AKW vom Netz gehen. Nach dem Wahlsieg der CDU/CSU und FDP im Jahr 2009 haben sich die neuen Regierungsparteien im Koalitionsvertrag auf eine Neuausrichtung der Atompolitik geeinigt: „Kernenergie wird als Brückentechnologie gesehen, die erneuerbare Energien bis zu deren verlässlichem Einsatz ersetzen soll. Laufzeiten sollen unter Einhaltung deutscher und internationaler Sicherheitsstandards verlängert werden." Im Herbst 2010 stellte die Bundesregierung dann ihr neues Energiekonzept vor. Der damalige Bundesumweltminister Norbert Röttgen (CDU) verteidigte das Konzept als „Meilenstein" der deutschen Wirtschafts- und Umweltpolitik.

M2 Ausstieg vom Ausstieg – Gesetzentwurf der Bundesregierung zur Änderung des Atomgesetzes

Die Sicherstellung einer zuverlässigen, wirtschaftlichen und umweltverträglichen Energieversorgung ist eine der größten Herausforderungen des 21. Jahrhunderts. Die Herausforderungen einer nachhaltigen Energieversorgung ergeben sich auch aus den langfristigen globalen Trends. Die weltweit steigende Energienachfrage wird langfristig zu deutlich steigenden Energiepreisen führen. Zudem würde die Abhängigkeit Deutschlands von Energieimporten kontinuierlich steigen. Derzeit verursacht der Energieverbrauch 80 Prozent der Treibhausgasemissionen. Die heutigen Energieversorgungsstrukturen müssen mittel- bis langfristig grundlegend umgebaut werden, damit die Ziele Versorgungssicherheit, Preiswürdigkeit sowie Klimaschutz erreicht werden.

Deutscher Bundestag, Drucksache 17/3051

M3 Das Parlament debattiert und entscheidet

Der Ausstieg aus dem Atomausstieg ist beschlossene Sache. Der Bundestag billigte [...] das Energiekonzept der schwarz-gelben Regierung und damit die längeren Laufzeiten der 17 deutschen Atomkraftwerke um acht bis 14 Jahre. [...] Die Opposition will weiter für den Ausstieg kämpfen und kündigte den Gang vor das Bundesverfassungsgericht an, um eine Beteiligung des Bundesrates an der Gesetzgebung zu erzwingen. Den Entscheidungen ging eine turbulente Debatte voraus, die deutlich machte, wie aufgeladen die Stimmung zwischen Regierung und Opposition in der Atom-Frage ist. [...]

Der Parlamentarische Geschäftsführer der FDP, Jörg van Essen, [...] warf den Grünen vor: „Ihnen fehlt Stil und Anstand" und sprach von „Affentheater". Sein Amtskollege von der Linksfraktion, Jörn Wunderlich, beklagte, die Koalition demonstriere eine „bis dato nicht dagewesene Arroganz der Macht" und schimpfte mit Hinweis auf einen Vertrag der Regierung mit vier großen Energieversorgern: „Die Beteiligung der Atomenergie ersetzt noch nicht die Beteiligung des Parlaments." Der Parlamentsgeschäftsführer der Union, Peter Altmaier, wies alle Vorwürfe zurück und warf den Grünen vor, durch „Klamauk" und zahlreiche, sachlich nicht weiterführende Anträge eine sachliche Ausschussberatung verhindert zu haben. SPD-Parteichef Sigmar Gabriel warf der Regierung vor, sie schaffe „Wettbewerbsvorteile für vier Energieriesen" und würde den Ausbau von Arbeit im Sektor der erneuerbaren Energien verhindern.

Sibylle Ahlers, Laufzeit-Turbolenzen, in: Das Parlament, 44/2010, S. 1

Am 28. Oktober 2010 beriet der Bundestag in einer hitzigen und emotionalen Debatte über die Gesetzesvorlagen der Regierungskoalition zur Änderung des Atomgesetzes. Die Fraktion der Grünen erschien zur Debatte in schwarzer Kleidung im Bundestag, mit gelbem Kreuz am Revers, dem Anti-Atom-Symbol aus Gorleben.

M4 Bundesrat und Bundespräsident machen den Weg für das neue Atomgesetz frei

Nun hat auch der Bundespräsident Christian Wulff das kontrovers diskutierte Gesetz unterschrieben. Das teilte das Bundespräsidialamt in Berlin mit. Damit kann die Regelung endgültig in Kraft treten. [...]

Die am 26. November vom Bundesrat gebilligte Neuregelung sieht eine Verlängerung der AKW-Laufzeiten um acht bis 14 Jahre vor. Der letzte Meiler würde so um das Jahr 2035 vom Netz gehen. Mehrere SPD-regierte Länder wollen dagegen vor dem Bundesverfassungsgericht klagen. Auch die Bundestagsfraktion der Partei wird sich daran beteiligen. „In Karlsruhe wird die Sache endgültig geklärt", sagte deren innenpolitischer Sprecher, Dieter Wiefelspütz. Die Sozialdemokraten werfen der Bundesregierung vor, die Laufzeiten unzulässigerweise in einem sogenannten Einspruchsgesetz formuliert zu haben. Findet sich im Bundesrat keine Mehrheit, die das Gesetz ablehnt, gilt es als gebilligt. SPD, Grüne und Linkspartei haben aber keine Mehrheit in der Länderkammer und scheiterten mit ihren Anträgen.

dpa, Reuters, Bundespräsident unterzeichnet Atomgesetz, in: http://www.zeit.de, 8.12.2010

Atomgesetz vor dem Bundesverfassungsgericht
Da die Atompolitik ausschließlich in die Gesetzgebungskompetenz des Bundes fällt, nahm die Bundesregierung an, dass das Gesetz kein zustimmungsbedürftiges Gesetz sei. Ende Februar 2011 reichten die SPD regierten Länder jedoch beim Bundesverfassungsgericht in Karlsruhe eine Verfassungsklage gegen die Verlängerung der AKW-Laufzeiten ein. Nach Auffassung der Kläger hätte die Koalition die Laufzeitverlängerung nicht ohne Mitwirkung des Bundesrats umsetzen dürfen. Diese Länder begründen ihre Forderung nach Mitbestimmung mit der Atomaufsicht, die sie laut Gesetz ausüben sollen, sowie damit, dass sie finanziell mithaften müssen, wenn ein Kernkraft-Unfall passiert.

M5 Nach dem Gesetz ist vor dem Gesetz – Fukushima liegt auch in Deutschland

RWE-Chef Jürgen Großmann verwies am Montag darauf, dass es in Deutschland keinen Tsunami geben könne – und gegen Erdbeben seien die deutschen Reaktoren gesichert. In der Tat müssen Atomkraftwerke bei der Genehmigung nachweisen, dass sie dem sogenannten Bemessungserdbeben standhalten können. Das ist die größte wissenschaftlich anzunehmende Intensität in der jeweiligen Region. Das AKW Krümmel hält laut Vattenfall zum Beispiel bis zur Stärke 6,0 – ein hoher Wert für die norddeutsche Tiefebene. Aber auch in Japan hielt die Regierung ein Erdbeben der Stärke 8,2 für das größtmögliche. Am vergangenen Freitag waren 9,0 möglich. „Die Natur kann immer noch einen drauflegen", sagt Greenpeace-Atomexperte Karsten Smid.

Nikolai Fichtner, Fukushima liegt auch in Deutschland, in: http://www.ftd.de, 15.3.2011

M6 Ausstieg vom Ausstieg vom Ausstieg – energiepolitische Kehrtwende

Die Bundesregierung macht Ernst: Das Kabinett beschließt, bis 2022 schrittweise aus der Atomkraft auszusteigen und den Umstieg zu erneuerbaren Energien zu fördern. Damit vollendet die Kanzlerin ihre energiepolitische Kehrtwende – und lässt diese von Umweltminister Röttgen begeistert präsentieren. [...] Röttgen nennt das [Gesetzes-, Anm. d. Red.] Paket einen „Meilenstein für die wirtschaftliche und gesellschaftliche Entwicklung des Landes", er schwärmt von einem „gesellschaftlichen Pionierprojekt, das Industrie erhalten und Wachstum ermöglichen wird", und hebt die „nicht zu überschätzende Bedeutung für unser Land" hervor.

Wolfgang Jaschensky, Schwarz-Gelb übt sich in Eigenlob, in: http://www.sueddeutsche.de, 6.6.2011

Aufgaben

1. Interpretieren Sie die Grafik aus M 1 mithilfe der nebenstehenden Methode und stellen Sie dar, welche Gründe die Regierung für die Änderung des Atomgesetzes im Herbst 2010 anführte bzw. wie die Opposition darauf reagierte (M 1, M 2).
2. Gestalten Sie in Gruppenarbeit einen Zeitstrahl des Atomgesetzes von 2002 bis heute. Heben Sie dabei einzelne Verfassungsorgane besonders hervor und stellen Sie Ihre Ergebnisse der Klasse mit eigenen Worten vor (M 1 – M 6).
3. Beurteilen Sie den Gesetzgebungsprozess in Deutschland. Aus welchen (historischen) Gründen gibt es diese komplizierten Regeln? Überlegen Sie Vor- und Nachteile des Gesetzgebungsverfahrens – auch mithilfe der Kriterien „Legitimität" und „Effizienz".

Diagramme und Schaubilder auswerten

Methode

Interpretationen von Statistiken

Eine Statistik ist die systematische Sammlung und Ordnung von Informationen in Form von Zahlen. Diese Zahlen werden entweder in Tabellen oder optisch aufbereitet als Diagramme und Schaubilder ausgewertet und dargestellt. Statistiken helfen uns in vielen Alltagssituationen. Es gibt kaum einen Lebensbereich, der nicht statistisch erfasst wird. So gibt es u.a. Statistiken zu den Bereichen Bevölkerung, Beschäftigung, Gesundheit, Kriminalität, Wohnungen, Verkehr, Wirtschaft. Aus diesen Statistiken können wichtige Erkenntnisse zum Beispiel für die Verkehrsplanung oder den Bau von Kindergärten und Schulen gezogen werden. Die Zahlen oder auch Daten müssen nach strengen Regeln erhoben werden. Weil Zahlen sehr abstrakt sind, stellt man sie gerne in Diagrammen dar. Es gibt unterschiedliche Formen von Diagrammen: Kreis- oder Tortendiagramm, Säulendiagramm, Balkendiagramm, Kurvendiagramm. Zahlen kann man als absolute (genaue, gerundete) Zahlen oder als Prozentzahlen angeben. Die Prozentzahlen verdeutlichen den Anteil an einer Gesamtmenge.

Auswertung und Interpretation

Uns sollte immer bewusst sein, dass man mit der Unterstützung von Zahlenmaterial Tatsachen verfälscht darstellen kann. Häufig werden damit ganz bestimmte Interessen verfolgt. Dies gilt v.a. in der Wirtschafts- und Sozialstatistik. Deshalb ist es notwendig, nicht nur nach der Quelle einer Statistik zu fragen, sondern auch kritisch zu überprüfen, wie die Zahlen in einer grafischen Darstellung präsentiert wurden. Denn mit unterschiedlichen Darstellungen lassen sich bei denselben Zahlen durchaus unterschiedliche Wirkungen erzielen.

Arbeitsschritte

1. Beschreiben

- Woher stammen die Daten? Wer hat sie erfasst und veröffentlicht? (Quelle)
- Welcher Sachverhalt wird dargestellt? Wie lautet das Thema? Welcher Zeitraum wird dargestellt?
- Welche Darstellungsform wurde gewählt? (Säulen-, Balkendiagramm etc.)
- Absolute oder relative (= im Verhältnis stehende) Zahlen?

2. Auswerten

- Welche Entwicklung ist zu erkennen? (Dabei sind hohe und niedrige Werte, Trends, Veränderungen zu beachten!)

3. Erklären

- Erst wenn Sie das Diagramm/die Tabelle genau beschrieben und ausgewertet haben, können Sie versuchen, Aussagen zu erklären oder Schlussfolgerungen zu ziehen.

4. Bewerten

- Wurden die Zahlen sinnvoll im Diagramm umgesetzt? Wurden die Abstände auf den Achsen richtig gewählt?
- Sind die Zahlen noch aktuell?

Beispiele

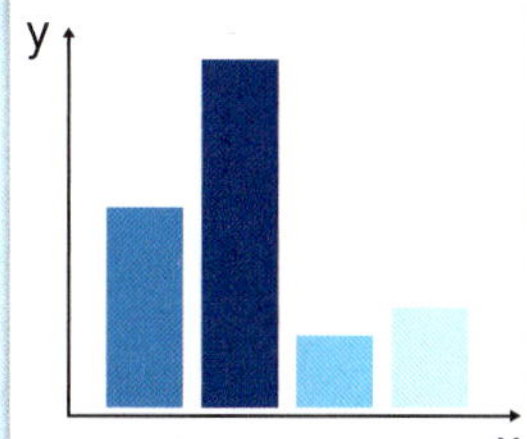

Säulen-/ Balkendiagramm

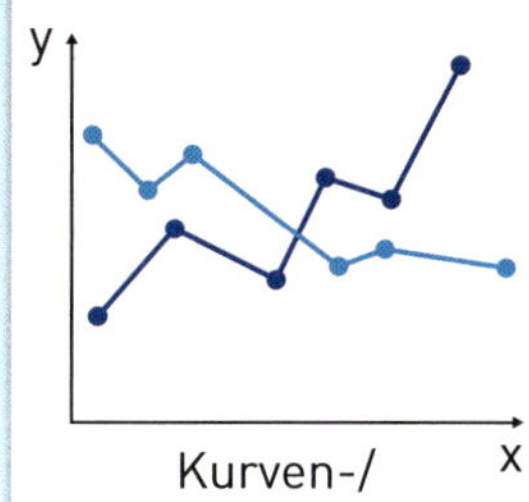

Kurven-/ Liniendiagramm

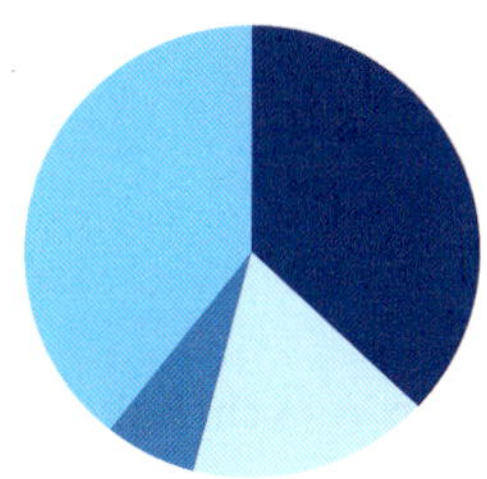
Kreis-/ Tortendiagramm

Wissen kompakt

Verfassungsorgane in Deutschland

Die in der Verfassung festgeschriebenen obersten Organe eines Staates nennt man Verfassungsorgane.

In Deutschland gibt es auf Bundesebene fünf ständige Verfassungsorgane:

- *Bundestag,*
- *Bundesrat,*
- *Bundesregierung,*
- *Bundespräsident und*
- *Bundesverfassungsgericht.*

Zudem gibt es noch zwei nichtständige Verfassungsorgane:

- *Bundesversammlung* (konstituiert sich für die Bundespräsidentenwahl) und
- *Gemeinsamer Ausschuss* (gilt im Verteidigungsfall als „Notparlament").

Die Verfassungsorgane in der Gesetzgebung

Die Gesetzgebung ist ein langwieriger Prozess, an dem Bundesregierung, Bundestag und Bundesrat mitwirken. Aber auch einzelne Interessengruppen versuchen, über ihre Interessenorganisationen oder die öffentliche Meinung Einfluss zu nehmen. Das Initiativrecht haben Bundesregierung, Bundesrat und Bundestag (mindestens fünf Prozent der Abgeordneten). Die meisten Initiativen kommen von der Bundesregierung. Die Entwürfe werden von den Fachministerien ausgearbeitet, vom Kabinett abgesegnet und in den Bundestag eingebracht. Nach den Beratungen im Plenum (1. Lesung) wird der Entwurf an die Ausschüsse verwiesen. Dort findet eine intensive Beratung statt. Experten können befragt, strittige Themen ausdiskutiert und Kompromisse gefunden werden. Unter anderem versuchen hier Interessenverbände, Gesetze in ihrem Sinne zu beeinflussen. Der überarbeitete Entwurf kommt zur 2. und 3. Lesung und zur Beschlussfassung ins Plenum zurück. Anschließend wird (bei zustimmungspflichtigen Gesetzen) im Bundesrat beraten und abgestimmt und am Ende muss der Bundespräsident das Gesetz unterzeichnen, damit es in Kraft treten kann.

Die Verschränkung der Verfassungsorgane

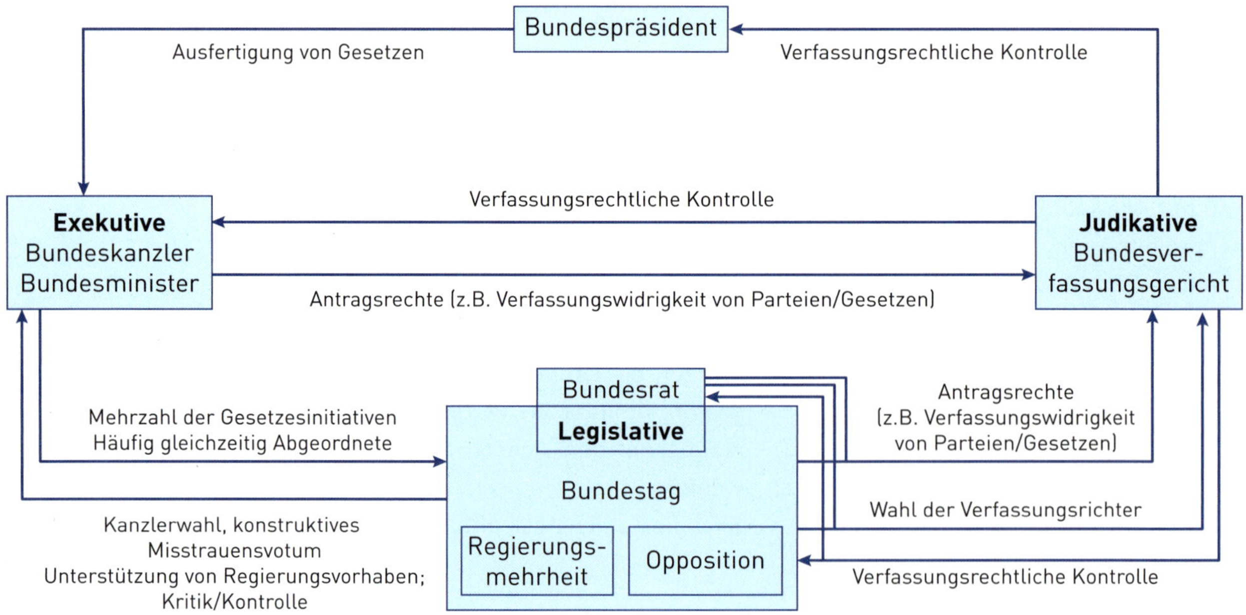

Wissen im Kontext

Wie lange dauert in der Regel die Verabschiedung eines Gesetzes?
M 1 – M 6

Es gibt keine festgelegte Frist, innerhalb der ein Gesetz verabschiedet werden muss. Im Falle des Atomgesetzes aus dem Herbst 2010 ging die Verabschiedung sehr schnell: Die Regierung hat es zur Verlängerung der Atomlaufzeiten am 28.9.2010 initiiert. Schon am 8.12.2010 hat der damalige Bundespräsident das umstrittene Gesetz unterzeichnet.
Es kann aber auch passieren, dass ein Gesetzesverfahren sich über mehrere Jahre hinzieht. So geschehen beim Zuwanderungsgesetz: Am 7.11.2001 wurde das Gesetz in den Bundestag gebracht und erst am 30.7.2004 vom Bundespräsidenten verabschiedet.
Insgesamt kann die Dauer eines Gesetzesverfahrens nicht bestimmt werden, da viele unterschiedliche Akteure – auch jenseits der Verfassungsorgane (Interessenverbände, Demonstranten, Nichtregierungsorganisationen etc.) – auf ein Gesetz einwirken können.

Welches Verfassungsorgan in Deutschland initiiert die meisten Gesetze?
M 2

Seit 1949 wurden über 10.000 Gesetzesvorlagen in den Bundestag eingebracht, von denen bis heute über 6.600 als Gesetze verabschiedet wurden. Die meisten Gesetzesvorlagen werden von der Regierung initiiert. So wurden z.B. im 14. Bundestag (1998-2002) insgesamt 559 Gesetze verabschiedet. Davon kamen 394 Gesetzesvorlagen (= ca. 70%) von der Regierung. Der Bundestag und der Bundesrat haben jeweils 108 bzw. 22 Gesetze initiiert. Im Vergleich dazu hat der 16. Bundestag (2005-2009; große Koalition) insgesamt 616 Gesetze verabschiedet, von denen 488 Vorlagen (= 79%) von der Regierung, 89 aus dem Bundesrat bzw. 19 aus dem Bundestag selbst kamen.
In der Regel kommen etwas mehr als zwei Drittel aller Gesetzesvorlagen von der Regierung, 20% vom Bundestag und ca. 10% aus dem Bundesrat. Diese Zahlen sind natürlich immer abhängig von den jeweiligen Stimmenverhältnissen in den Verfassungsorganen und variieren entsprechend.

Inwiefern verhindert die Gewaltenverschränkung einen Machtmissbrauch?
M 2 – M 5

Es gibt mehrere Gründe, warum ein Machtmissbrauch in Deutschland durch die Gewaltenverschränkung verhindert wird. Zum einen befinden sich die verschiedenen Gewalten Exekutive, Legislative und Judikative in verschiedenen Händen und Gruppen. Ferner herrschen zwischen den Gewalten eine Vielzahl von Verbindungen und Verflechtungen. Die Verfassungsorgane sind zum anderen schließlich durch ein System von Hemmungen und Gegengewichten (checks and balances) aufeinander angewiesen und können sich somit auch gegenseitig kontrollieren.

Karika-Tour

Eine Möglichkeit, mithilfe von Karikaturen einen Überblick über ein komplexeres Thema zu erhalten oder ein Themengebiet abzuschließen, ist die der Karika-Tour. Dabei werden vier bis sechs unterschiedliche Karikaturen an den Wandseiten eines Klassenzimmers aufgehängt. In Kleingruppen werden die einzelnen Darstellungen betrachtet und analysiert (→ S. 61). Immer nach etwa zwei bis drei Minuten wechseln die Gruppen auf ein Signal des Lehrers im Uhrzeigersinn zur nächsten Karikatur, bis schließlich alle Zeichnungen an der Reihe waren. Dann werden die Bilder abgehängt und jede Gruppe muss verdeckt eine Karikatur ziehen. Die jeweils gezogene Karikatur wird nun ausführlich von der Gruppe vorgestellt, anschließend können die anderen Gruppen Ergänzungen und Kritik an den vorgetragenen Ergebnissen liefern.

Karikatur: Heiko Sakurai

Karikatur: Gerhard Mester, Baaske Cartoons

Karikatur: Heiko Sakurai

Karikatur: Heiko Sakurai

Karikatur: Janson

Aufgabe

Analysieren Sie die Karikaturen in Gruppenarbeit und stellen Sie Ihre jeweiligen Ergebnisse in der Klasse vor.

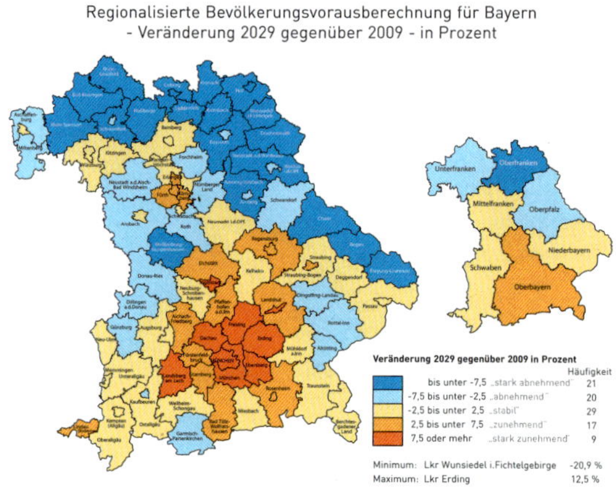

Leitfragen zum Projekt: Bürgerschaftliches Engagement und Zivilgesellschaft seit 1945

- Wie wäre unsere Gesellschaft ohne Ehrenamt?
- Welche Aufgaben müssten der Staat und die Wirtschaft übernehmen?
- Was sind die Beweggründe für ehrenamtliches Engagement?
- Wie hat sich das Ehrenamt seit 1945 verändert?

Leitfragen zum Projekt: Bayerische Ortschaften im Wandel

- Wie verändert der demografische Wandel unsere Ortschaften?
- In welchen Bereichen gibt es eine „Landflucht"?
- Wie sahen einzelne Ortschaften in Bayern vor 20 Jahren aus – wie werden sie sich in den nächsten 20 Jahren verändern?

Karikatur: Thomas Plassmann, Baaske Cartoons

Leitfragen zum Projekt: Migration in Bayern

- Welche Bevölkerungsgruppen kamen seit 1945 nach Bayern?
- Ist Bayern ein Einwanderungsland?
- In welchen Bereichen kommt es in Bayern zu Integrationserfolgen bzw. Integrationsproblemen?

Leitfragen zum Projekt: Der Freistaat Bayern und seine Landesteile

- Was ist „typisch bayerisch"?
- Wie unterscheiden sich die verschiedenen Identitäten Bayerns?
- Welche (politischen) Maßnahmen dien(t)en der Integration der bayerischen Landesteile in den Freistaat Bayern?

4

Fächerübergreifende Unterrichtsprojekte

Fächerübergreifende Projekte sind keine besonderen Projekte. In der Wirtschaft begegnen wir ihnen jeden Tag – egal ob eine Brücke gebaut, eine Straße verlegt oder neue Produkte hergestellt werden sollen. Auch in der Schule finden Sie an den allermeisten Orten „fächerübergreifende Projekte". So wirken an Veranstaltungen wie Projekttagen, Bundesjugendspielen oder Klassenfahrten immer mehrere Menschen aus verschiedenen Bereichen mit.
Der Begriff Projekt ist abgeleitet aus dem lateinischen Wort *„proicere"* (das heißt u.a. entwerfen, planen, hinauswerfen) und steht heute für ein Verfahren im Unterricht, in dessen Verlauf ein umfassendes Problem oder Thema von Schülern weitgehend eigenständig untersucht wird. Nach gemeinsamer Planung des Vorgehens, wie das Problem angegangen bzw. gelöst werden kann, wird ein so genanntes Produkt erstellt, das anschließend präsentiert wird.
Dieses Kapitel gibt Ihnen Anregungen, Methoden und Hilfen, ein fächerübergreifendes Projekt durchzuführen.

Am Ende des Kapitels können Sie u.a.:
- ein Projekt von Anfang an planen und durchführen
- das Projekt vor einer Gruppe präsentieren

Aufgabe

Die Bilder, die Grafik und die Karikatur symbolisieren die Themenbereiche *Bürgerschaftliches Engagement und Zivilgesellschaft seit 1945, Bayerische Ortschaften im Wandel, Migration in Bayern* und *Der Freistaat Bayern und seine Landesteile.* Diese Themenbereiche eignen sich hervorragend, einen jeweiligen Zusammenhang zwischen der historischen Dimension und den Aufgaben für Staat und Gesellschaft herauszuarbeiten, um zu erkennen, inwieweit heutige Entscheidungen in der Vergangenheit begründet liegen.
Bestimmen Sie einen Themenbereich, den Sie in Gruppen als fächerübergreifendes Unterrichtsprojekt mit dem Fach Geschichte bearbeiten möchten. Die Anleitungen der nachfolgenden Seiten helfen Ihnen dabei.

Praktische Umsetzung eines fächerübergreifenden Projekts

Ablauf eines Projekts

Um sich eine grobe Vorstellung vom Ablauf eines fächerübergreifenden Unterrichtsprojekts zu machen, ist es ratsam, sich an folgenden Phasen zu orientieren.

Nach: Rainer Denker, u.a., Die Projektarbeit, Das P-Seminar zur Studien- und Berufsorientierung, Bamberg 2012, S. 84

1 Definition des fächerübergreifenden Projekts

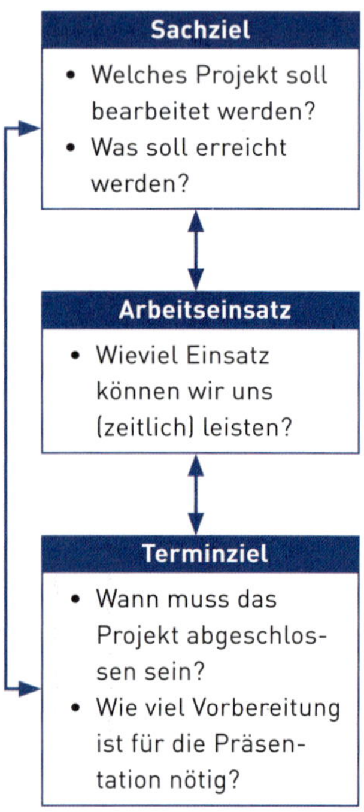

Das gewählte fachübergreifende Unterrichtsprojekt steckt einen sachlichen Rahmen ab, gibt aber noch nicht die konkreten Ziele an, die erreicht werden sollen. Die erste Aufgabe ist es daher, sich auf ein klar bestimmtes Ziel, die daraus resultierende Aufgabe und das anzustrebende Ergebnis in der Gruppe zu verständigen. Vor der Ausformulierung des Ziels steht auch eine Reflexion der Rahmenbedingungen, die für das Projekt wichtig sind. Neben der Klärung des Abgabetermins bzw. des Termins für die Präsentationen gehören dazu insbesondere Überlegungen zu den zur Verfügung stehenden Ressourcen: Welche Ressourcen können von Seiten der Schule gestellt werden, was muss durch Eigenarbeit oder externe Hilfe geleistet bzw. welche Ressourcen können durch etwaige Projektpartner zur Verfügung gestellt werden?

Daraus ergibt sich eine grobe Schätzung der anstehenden Arbeitsschritte. Die Absteckung eines groben Rahmens ist bereits hier erforderlich. Sachziel, Arbeitseinsatz und – das bei einem Schulprojekt in der Regel bereits feststehende – Terminziel bilden ein magisches Dreieck, in dem jede Zielgröße von der jeweils anderen abhängig ist. Vorüberlegungen zum Arbeitseinsatz können davor bewahren, ein unrealistisches Sachziel zu formulieren.

2 Planung

In der Planungsphase wird der lange Weg zwischen Ausgangspunkt und Ziel gesucht und gedanklich abgeschritten. Von der Schlüssigkeit der Planung, ihrer Flexibilität, den hier eingebauten Steuerungs- und Kontrollmechanismen hängt letzten Endes der Erfolg des Projekts ab. Insgesamt geht es in der Planungsphase nicht darum, den ganzen Arbeitsprozess in allen Details vorauszuplanen und die Lösungen im Einzelnen schon vorauszudenken, doch sollten grobe „Meilensteine" gesetzt werden. Darunter sind Zwischenziele zu verstehen, die Sie auf dem Weg zum Endergebnis erreichen müssen. [...] Dabei ist die Planung nicht als ein Prozess zu verstehen, der nur in der Planungsphase stattfindet. Unvorhergesehene Probleme, überraschende Entwicklungen und neue Ideen machen es erforderlich, dass die Planung immer wieder überarbeitet und an die neuen Gegebenheiten angepasst wird. [...]

Halten Sie darüber hinaus in der Gruppe schriftlich fest, wer bis wann welche „Meilensteine" erreichen wird. Sinnvoll ist es auch, die Methoden zu klären, wie die einzelnen Zwischenergebnisse erreicht werden sollen.

Leitfragen für die Planungsphase:

- Was muss erledigt werden?
- Wann muss es erledigt werden?
- Wo und wie wird es gemacht?
- Mit welcher Priorität?
- Wie viel Zeit ist erforderlich?

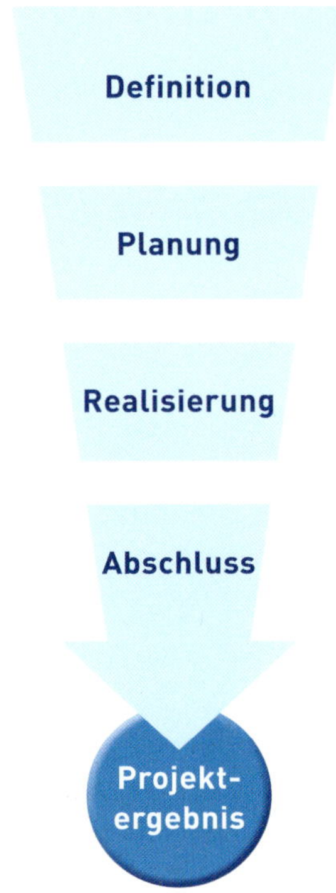

Quelle: Bearbeiter

3 Realisierung

In dieser Phase werden die gesetzten (Zwischen-)Ziele konkret umgesetzt. Hier wird das Material beschafft, bearbeitet und das Endprodukt erstellt. Es ist empfehlenswert, dass Sie sich an die in der Planungsphase gefassten Entschlüsse halten, um das ganze Projekt nicht zu gefährden. Wenn Sie Ihre Zwischenziele erreicht haben, fügen Sie alle Ergebnisse zusammen und bereiten das Endergebnis vor.

4 Abschluss

Das fächerübergreifende Unterrichtsprojekt wird in der Regel mit einer Präsentation der ermittelten Ergebnisse abgeschlossen. Dies können Sie z.B. in Form eines Vortrags, einer Ausstellung, einer Wandzeitung oder eines Informationsstandes erreichen.

Ein letzter wichtiger Schritt dieser Abschlussphase ist die Evaluation über Prozess und Ergebnis des ganzen Projekts. Diese Evaluation kann in der Gruppe geschehen, aber auch im Klassenverbund. Letzteres böte die Möglichkeit, von anderen zu lernen, wie bestimmte Arbeitsschritte besser zu lösen sind.

Nach: Rainer Denkler, u.a., Die Projektarbeit, Das P-Seminar zur Studien- und Berufsorientierung, Bamberg 2012, S. 82ff.

Methode

Eine Erkundung durchführen

Was ist eine Erkundung?

Bei einer Erkundung geht man aus der Schule heraus und versucht, etwas an anderen Orten „auszukundschaften". Zunächst ist es erforderlich, ein klares Thema und eine Fragestellung zu haben. Je nach fächerübergreifendem Projekt kann dies unterschiedlich ausdifferenziert werden.

Dann kann überlegt werden, welcher Ort für welches Projekt geeignet ist, um den Menschen zu begegnen, die die richtigen Informationen „aus erster Hand" geben können.

Eine Erkundung ist nie spontan, sondern immer gut geplant. Während der Erkundung braucht man Medien, zumindest einen Stift und Notizblock, besser noch ein Aufnahmegerät und eine Kamera. Das Ergebnis der Erkundung sollte aufbereitet und präsentiert werden.

1. Schritt: Was wollen wir herausfinden?

Am Anfang stehen die Fragen, die durch die Erkundung beantwortet werden sollen. Stellen Sie zunächst eine übergeordnete Frage und entwickeln Sie dann daraus mehrere Teilfragen.

2. Schritt: Vorbereitung

Eine gute Vorbereitung und eine geeignete Ausstattung sind die Voraussetzung für eine gelungene Erkundung.
Klären Sie vorab folgende Fragen:

1. Welche Erkundungsorte sind geeignet?
2. Wann kann der Ort aufgesucht werden?
3. Wie melden wir unseren Besuch an?
4. Welche Fragen sollen wem gestellt werden?
5. Was lohnt sich zu dokumentieren? (Interviews, Räume, Schilder, Szenen, Baustellen u.a.)
6. Wie soll dokumentiert werden? (Notizen, Digitalbilder, Tonaufnahmen u.a.)

3. Schritt: Der Erkundungsgang

Wenn Sie den Erkundungsort aufsuchen, ist es wichtig, sich zunächst selbst vorzustellen und das eigene Vorhaben zu beschreiben. Möglicherweise wird ein Repräsentant (z.B. ein Rathausangestellter oder ein Ratsmitglied) Ihnen zunächst einen Überblick geben. Danach können Sie Ihre Fragen stellen und die ausgewählten Stellen aufsuchen.

4. Schritt: Dokumentation

Dokumentieren Sie die Ergebnisse z.B. in Form eines Zeitungsberichts. Wählen Sie eine passende Überschrift, die Interesse weckt. Der Bericht kann auch Teile eines Interviews und Bilder enthalten.

5. Mögliche Erkundungsziele

- *Projekt „Bürgerschaftliches Engagement und Zivilgesellschaft seit 1945":* Seniorenheim, Jugendtreff, Sportverein, etc.
- *Projekt „Bayerische Ortschaften im Wandel":* Bürgermeisteramt, Stadtmarketing, etc.
- *Projekt „Migration in Bayern":* Migranten- und Integrationsbeirat der Stadt/Gemeinde, etc.
- *Projekt „Der Freistaat Bayern und seine Landesteile":* Ausschuss für Kultur der Stadt/Gemeinde, Stadtmarketing, etc.

Präsentation der Projektergebnisse

Methode

Das Ziel der Präsentation

Mit dem Thema Ihres fächerübergreifenden Unterrichtsprojekts sind Sie durch Ihre intensive Auseinandersetzung gut vertraut. Nun gilt es diese Ergebnisse zu präsentieren.

Ablauf der Präsentation

Beginnen Sie Ihren Vortrag pünktlich. Eine gelungene **Eröffnung** der Präsentation ist die beste Möglichkeit, um beim Publikum Interesse für die Darbietung zu wecken. Sie können Ihrem Thema entsprechend verschiedene Einstiegsvarianten auswählen. Sicher kennen Sie die schlechteste Variante aus eigener Erfahrung: *„Wir wollen heute einen Vortrag zum Thema ... halten."* Und schon haben Sie das Desinteresse der Zuhörer auf Ihrer Seite. Also sollten Sie einen Einstieg wählen, der das Publikum
• visuell einstimmt, • provoziert, • persönlich anspricht, • durch eine kluge Fragestellung einbezieht, • mit einem Vergleich konfrontiert, • spontan anspricht, • überrascht oder • erheitert.

Interessiert sich Ihr Publikum erst einmal für Ihr Thema, können Sie Thema und Gliederung vorstellen. Damit beginnen Sie den **Hauptteil** der Präsentation – das eigentliche „Filetstück". Ihre Gliederung als „Fahrplan" der Darbietung schreiben Sie am besten auf eine Folie oder bringen Sie vor Beginn des Vortrags auf einer Flipchart oder Tafel an. So kann das Publikum dem Inhalt Ihrer Präsentation gut folgen.

Planen Sie den Hauptteil wie eine Regieanweisung. Da Sie im Team Ihr Thema präsentieren, ist es umso wichtiger, für jeden handhab- und nachvollziehbar den Ablauf zu skizzieren. Bei Aufregung ist schon so manches in Vergessenheit geraten. Es sollte auch vermerkt werden, wer den gerade Vortragenden mit dem Auflegen einer Folie oder dem Zeigen von Bildern usw. unterstützt, damit dieser sich voll seinem Vortrag widmen kann und nicht aus dem Konzept kommt. Planen Sie die Übergänge zwischen den einzelnen Gliederungspunkten genau.

Der **Schluss** fasst die wesentlichen Aspekte Ihrer Präsentation zusammen. Hüten Sie sich aber vor solchen Formulierungen: „Jetzt sind wir am Ende unseres Vortrages" oder „Alles Wesentliche wurde gesagt, wir fassen nur noch einmal zusammen". Gut ist es, wenn Einstieg und Schluss einen gewissen Rahmen der Präsentation bilden. Eventuell greifen Sie hier eingangs genannte Gedanken nochmals auf, klären eine gestellte Frage oder überprüfen eine gemachte Behauptung. Der Schluss ist auch dazu geeignet, offene Fragen zu formulieren und an das Publikum zur Diskussion weiterzugeben.

Der erste Eindruck ist entscheidend! ...

... Der letzte Eindruck bleibt!

Nach: Elke Deparade, Planung und Durchführung der Präsentation, Methodenlernen in der gymnasialen Oberstufe, Bamberg 2013, S. 97f.

Zur Benutzung des Registers:

- **Blau Gedrucktes:** Register der Begriffe, die auf den **„Wissen-kompakt“**-Seiten glossarartig erläutert werden.
- *Kursiv Gedrucktes:* Personenregister

Einband: iStockphoto
S. 8 akg-images, Berlin (mr); akg-images / Erich Lessing, Berlin (ol); AdsD, Friedrich-Ebert-Stiftung e.V., Bonn (or); dpa Picture-Alliance / akg-images, Frankfurt (ur); dpa Picture-Alliance / maxppp, Frankfurt (ml); Ullstein-Bild / Archiv-Gerstenberg, Berlin (ul)
S. 10 Bergmoser + Höller Verlag AG, Aachen
S. 12 dpa Picture-Alliance / Daniel Karmann, Frankfurt
S. 16 dpa Picture-Alliance / Asianet Pakistan / PPI Images, Frankfurt (o); dpa Picture-Alliance / Maxppp / Darek Szuster, Frankfurt (m); Financial Times Deutschland, Hamburg (u)
S. 17 Jürgen Tomicek, Werl (l); Ullstein-Bild / phalanx Fotoagentur, Berlin (r)
S. 18 akg-images, Berlin (u); Archiv der sozialen Demokratie der Friedrich-Ebert-Stiftung / Jupp Darchinger, Bonn (o)
S. 22 akg-images / RIA Nowosti, Berlin (u); dpa Picture-Alliance / Xinhua / Kcna, Frankfurt (o)
S. 24 Constitutio Criminalis Bambergensis (l); Ullstein-Bild / AP, Berlin (r)
S. 30 Ullstein-Bild / dpa, Berlin
S. 32 Bergmoser + Höller Verlag AG, Aachen
S. 34 Bergmoser + Höller Verlag AG, Aachen
S. 36 dpa Picture-Alliance / Frank Doebert, Frankfurt
S. 37 Friedrich-Ebert-Stiftung e.V., Bonn
S. 38 dpa Picture-Alliance / Sebastian Kahnert, Frankfurt
S. 39 dpa Picture-Alliance / Bodo Marks, Frankfurt
S. 42 dpa Picture-Alliance / Citypress24 / Werner Scholz, Frankfurt (u)
S. 48 dpa Picture-Alliance / Bodo Marks, Frankfurt (u); TITANIC Verlag GmbH, Heft 7/12, Frankfurt (o)
S. 50 argum / ©Thomas Einberger, München (ol); ddp images, Hamburg (or); OMNIBUS für Direkte Demokratie, Köln (ml); ©Linus Morgen, Lünen (ul); ©Peter Homann, Berlin (ur)
S. 53 Bergmoser + Höller Verlag AG, Aachen
S. 54 Bildarchiv Preußischer Kulturbesitz / Kunstbibliothek, SMB / Knud Petersen, Berlin
S. 61 Jürgen Tomicek, Werl
S. 66 Bergmoser + Höller Verlag AG, Aachen
S. 72 dpa-infografik / Globus-Grafik, Frankfurt
S. 73 Birte Rodenberg, Berlin
S. 75 iStockphoto / ©killerbayer
S. 77 dpa Picture-Alliance / Stephanie Pilick, Frankfurt
S. 80 dpa Picture-Alliance / Frank Leonhardt, Frankfurt (r); ©Erich Haefele / JOKER, Bonn (l)
S. 82 ©Peter Dörfel / www.nuernberg.de
S. 86 Jennifer Paetsch, Berlin
S. 88 dpa Picture-Alliance / Peer Grimm, Frankfurt (or); dpa Picture-Alliance / Wolfgang Kumm, Frankfurt (m); dpa Picture-Alliance / Stephanie Pilick, Frankfurt (ur); www.wikipedia.org / Janericloebe (ul)
S. 90 Archiv für christlich-demokratische Politik der Konrad-Adenauer-Stiftung, St. Augustin (4); Archiv für soziale Demokratie der Friedrich-Ebert-Stiftung, Bonn (2); iStockphoto / ©EdStock
S. 96 dpa Picture-Alliance / akg-images, Frankfurt (or); dpa Picture-Alliance / Maurizio Gambarini, Frankfurt (mr); dpa Picture-Alliance / Rainer Jensen, Frankfurt (ur); dpa Picture-Alliance / Wolfgang Kumm, Frankfurt (ol); dpa-infografik, Frankfurt (ul);
S. 105 www.wikimedia.org / Deutscher Bundestag / ©Melde
S. 111 DER SPIEGEL, Hamburg (2)
S. 116 Klaus Stuttmann, Berlin
S. 117 Bergmoser + Höller Verlag AG, Aachen
S. 122 dpa-infografik, Frankfurt
S. 123 dpa Picture-Alliance / Wolfgang Kumm, Frankfurt
S. 128 Baaske Cartoons / Mester, Müllheim (u); Heiko Sakurai, Köln (o)
S. 129 Jürgen Janson, Landau (u); Heiko Sakurai, Köln (o, m);
S. 130 Baaske Cartoons / Plassmann, Müllheim (ul); Bayerisches Landesamt für Satistik und Datenverarbeitung, München (or); Bürgernetzwerk Bürgerschaftliches Engangement (BBE) / www.engangement-macht-stark.de (ol); thinkstock / iStockphoto (4; ur)